Un livre

Tiens, un livre!
C'est, je n'hésite pas à le dire,
Une invitation à partir,
Un voyage au pays du rire,
Un poème frivole plaisant à lire.

Devrais-je l'ouvrir et le feuilleter?
S'il est rempli d'effroi, devrai-je me cacher?
Pour le savoir, il faut oser.
J'ai envie de rire, de pleurer, de frissonner.
Ce bouquin, je peux aussi le laisser fermé.
Mais alors, jamais je ne saurai
Jusqu'où il aurait pu m'emmener…
Aujourd'hui est le jour où je dois me décider.
J'ouvre ce livre et ensuite je verrai.

Jessica McCain, 14 ans

Les citations

Pour chacune des citations contenues dans cet ouvrage, nous avons fait une traduction libre de l'anglais au français. Nous pensons avoir réussi à rendre le plus précisément possible l'idée d'origine de chacun des auteurs cités.

Les enfants ont de la chance d'avoir un Bouillon de poulet *juste pour eux. Je suis le fils d'un prédicateur ; enfant, je devais me comporter en conséquence. J'aurais aimé avoir des exemples d'autres enfants qui vivaient eux aussi le stress de grandir.*

SINBAD, acteur, comédien

Un livre formidable pour les enfants ! Bouillon de poulet pour l'âme de l'enfant *aborde avec tact plusieurs sujets difficiles. Les enfants pourront se reconnaître et, espérons-le, tirer des leçons de ces histoires, ce qui les aidera à bien grandir à la fois dans leur corps et leur âme.*

LORI BETH DENBERG, actrice

La série Bouillon de poulet pour l'âme *propose des histoires qui éclairent, encouragent et inspirent. Je crois du plus profond de mon cœur que ce* Bouillon de poulet pour l'âme de l'enfant *touchera les jeunes et leur fournira un formidable outil de motivation qui les aidera sûrement à penser de manière positive.*

MALCOLM-JAMAL WARNER, acteur

Après avoir terminé la lecture de ce livre, j'ai eu envie de me précipiter à la maison pour le faire lire à mes enfants. Ces histoires m'ont à ce point inspirée et encouragée que j'attends avec impatience le deuxième bol de Bouillon de poulet pour l'âme de l'enfant.

ADRIENNE LOPEZ,
vice-présidente, Nickelodeon

Lire ce Bouillon de poulet pour l'âme *avec votre enfant vous aidera à renforcer l'amour qui vous unit l'un à l'autre. Et comme l'amour d'un enfant est l'ultime* Bouillon de pou~~'~~ pour l'âme, *vous aurez envie de lire ce livre encore et en~~'~~*

ANN PLESHETTE ~~'~~
rédactrice en chef, *Pare~~'~~*

Les histoires de Bouillon de poulet pour l'âme de l'enfant *vous redonnent foi en l'humanité et vous aident à prendre conscience des moments précieux de l'existence.*

LARISA OLEYNIK, actrice

Bouillon de poulet pour l'âme de l'enfant *montre à nos enfants que la vie est un fabuleux voyage parsemé de succès et d'échecs, de rires et de larmes, et que nous possédons tous la capacité de relever des défis et d'accomplir nos rêves.*

ROXANNE SPILLETT,
présidente, Boys and Girls Clubs of America

Enfant, j'étais membre d'un club du livre. Les histoires que je préférais étaient celles qui me permettaient de rêver. Bouillon de poulet pour l'âme de l'enfant *est un ouvrage de cette trempe. Ses histoires inciteront les jeunes lecteurs non seulement à rêver, mais à se consacrer corps et âme à la découverte de nouveaux horizons.*

LARRY JONES,
président, Feed the Children

Ce qui me plaît dans ce Bouillon de poulet pour l'âme*, c'est que ce sont des enfants qui parlent à d'autres enfants pour partager leurs joies et leurs peines. Leurs histoires aideront les enfants à comprendre qu'ils ne sont pas seuls et que d'autres ressentent et vivent la même chose qu'eux.*

SARA O'MEARA et YVONNE FEDDERSON,
fondatrices, Childhelp USA

Pour un enfant qui traverse une période difficile, il est rassurant de voir que d'autres enfants ont vécu la même chose et ont survécu. Grâce aux histoires de Bouillon de poulet pour l'âme de l'enfant*, les enfants découvrent qu'ils peuvent eux aussi surmonter les difficultés.*

DAVID S. LIEDERMAN,
directeur exécutif, Child Welfare League of America

JACK CANFIELD, MARK VICTOR HANSEN
PATTY HANSEN ET IRENE DUNLAP

Bouillon de Poulet pour l'âme de l'enfant

Des histoires de courage,
d'espoir et de joie de vivre

Traduit par Annie Desbiens et Miville Boudreault

BÉLIVEAU
★
é d i t e u r

Montréal, Canada

L'édition originale de cet ouvrage a été publiée sous le titre
CHICKEN SOUP FOR THE KID'S SOUL
101 Stories of Courage, Hope and Laughter
© 1998 Jack Canfield, Mark Victor Hansen
Patty Hansen and Irene Dunlap
Health Communications, Inc.
Deerfield Beach, Floride (É.-U.)
ISBN 1-55874-609-9

Réalisation de la couverture : Morin Communication • Design

Tous droits réservés pour l'édition française
© 2000, *Éditions Sciences et Culture Inc.*

Dépôt légal : 1er trimestre 2008
Bibliothèque et Archives nationales du Québec
Bibliothèque nationale du Canada

ISBN 978-2-89092-398-0

BÉLIVEAU 5090, rue de Bellechasse
——★—— Montréal (Québec) Canada H1T 2A2
é d i t e u r **514-253-0403** Télécopieur : 514-256-5078

www.beliveauediteur.com
admin@beliveauediteur.com

Gouvernement du Québec – Programme de crédit d'impôt pour l'édition
de livres – Gestion SODEC – www.sodec.gouv.qc.ca.

Nous reconnaissons l'aide financière du gouvernement du Canada par
l'entremise du Programme d'Aide au Développement de l'Industrie de
l'Édition pour nos activités d'édition.

IMPRIMÉ AU CANADA

*Nous dédions ce livre
à tous les enfants de la terre
qui ont soif de ces histoires.*

*Nous voulons vous insuffler de l'espoir,
de la joie, de l'inspiration et du courage.
Nous voulons vous faire comprendre
que vous n'êtes pas seuls.*

*Nous dédions tout particulièrement
ce livre à nos enfants :
Christopher ; Elizabeth et Mélanie ;
Marleigh et Weston.
Vous êtes nos héros.*

❧ ☙

Mon professeur dit que quand je serai grand, je pourrai choisir de devenir ce que je veux. Je choisirai d'être un enfant.

Table des matières

4. Attitude et perspective

5. La mort

6. Réaliser ses rêves

10. Sagesse éclectique

Avant-propos

Le livre que tu tiens entre tes mains est un objet très précieux. À l'intérieur, tu trouveras des histoires inspirantes. Certaines sont écrites par des célébrités et des adultes, mais la majorité, et c'est ça le plus important, sont écrites par des jeunes de ton âge. Leurs histoires t'encourageront, t'éclaireront et, peut-être même, te feront pleurer. Fais de ce bouquin ton livre de chevet et lis-le souvent, dès que tu as besoin d'un conseil ou d'une simple pensée d'espoir.

Ne cesse jamais de croire en toi-même. Avec l'aide de Dieu et grâce au pouvoir et aux talents que tu possèdes, tu pourras réaliser tous tes rêves. Mon ami, tu es la relève de demain.

Muhammad Ali
Triple champion du monde de boxe,
catégorie poids lourds

Découvertes

Contrées lointaines,
Vestiges du passé,
Figures humaines,
Faites-moi rire, faites-moi pleurer.

Cités inconnues
À mon regard se dévoileront.
Mystères non résolus
Devant moi se dénoueront.

Assis dans mon lit
Les plus hauts sommets j'ai escaladés;
Au fil des pages que je lis
Sur les sept océans j'ai navigué.

Page après page,
Des fables me sont révélées.
Mon esprit se remplit d'images
Que seul un livre peut évoquer.

Jesse Damazo, 14 ans

Remerciements

Tout au long des 18 mois durant lesquels nous avons travaillé sur ce livre (en fait, c'est plutôt ce livre qui nous a « travaillés »), nous avons eu la chance de pouvoir compter sur la collaboration et le soutien de nombreuses personnes.

Un merci tout spécial à la « policière anglaise », Killeen Anderson, qui a consacré de nombreuses heures à la révision et à la correction des textes; à Gina et DeeDee Romanello, et plus particulièrement à Michelle René Martin, qui n'ont ménagé aucun effort dans leur travail; à Nancy Richard-Guilford, qui a collaboré à la recherche et qui est l'auteure de « Suffit de le demander »; à Nancy Mikaelian Madey, qui a collaboré à la recherche et qui a écrit « Le club »; à Sally Redd qui a collaboré à la photographie.

En tout, nous avons reçu 7800 histoires; de ce nombre, 376 ont été retenues pour une deuxième lecture. Grâce à l'aide des personnes suivantes qui ont consacré plusieurs semaines à la relecture de ces 376 textes, nous avons choisi 205 histoires et les avons acheminées à nos lecteurs pour la sélection finale.

Merci aux collaborateurs de Mark Victor Hansen: Lisa Williams, DeeDee Romanello, Michelle René Martin, Trisha Holland, Gill Torres, Michelle Adams, Laurie Hartman, Paula Childers et Ami Garcia; merci à Pam, Kyle et Jack Brown, Pattie et Makenna Buford, DeDe Moore, Megan Niedermeyer, Laurie Walker, Jody Sherman, Dawn Siemonsma et Kathi Fischer. Merci à Sandy Asper et ses élèves de 7e année de l'école Ensign Intermediate School, à Dee Mattern et ses élèves de 4e année, à Cindy Branson-Waller et ses élèves de 6e année, à Shirley Kwan et ses élèves des 3e et 4e années de l'école élémentaire Kaiser à Costa Mesa, en Californie. Un énorme merci à Donna Thompson (nous t'aimons, Donna!) et ses élèves des 7e et 8e années de Riverchase Middle School à Birmingham, en Alabama. Merci également à Virginia Becker, Jennifer et Angela Sarb, Jordan Curry, Jacob Hackler-Roy, Carol Kline, Meladee McCarty, Kim Kirberger, Nancy Siebert et sa petite-fille, Brittney, Sara Krehbiel, Elyse et Dana Wilhm. Merci à vous tous.

Plus de 375 enfants ont participé à la lecture et à la sélection des histoires contenues dans le livre que vous avez entre les mains. Nous remercions nos propres enfants, Elisabeth et Melanie Hansen, Christopher Canfield, Marleigh et Weston Dunlap qui nous ont soutenus pendant nos longues heures de travail. Merci à Kasey Mullins qui nous a permis de sauver notre livre après une panne d'ordinateur; à Eva Espinosa qui s'est occupée de nos maisons; à Kent Dunlap qui nous a accueillis chez lui pendant la préparation de ce livre. Merci également à Marieth Mitchell; Anne Thompson; Jennifer Fishel; Donny Wilson et Michael Parris du bureau de Shaq; Skye de Sterling Winters Compagny; Kathy Ireland et sa firme de gestion; Adrienne Lopez de Nickelodeon; Dana et Pilar de Savage Agency; Jordan Dabby de Shade Global; la Children's Authors and Illustrators Society. Merci à Lisa Williams qui nous a aidés sur le plan technique; à John Sokalski qui s'est chargé de maintenir nos ordinateurs en réseau; à Christine Jurenka de Kaiser Elementary qui nous a soutenus et qui nous a suggéré des idées; à Christine Russell qui a dactylographié les manuscrits; et à Melissa Pool qui a passé en revue des centaines d'histoires.

Merci à Georgia Noble qui nous a généreusement accueillis dans sa maison pendant que nous mettions la touche finale à ce livre. Toujours au chapitre de l'hospitalité, mille fois merci à Clark Albright et au Westin Los Angeles Airport Hotel qui ont hébergé nos enfants. Vous avez été fantastiques! Nous voulons également remercier les personnes suivantes pour leur soutien sans faille et leur amitié.

Merci à Peter Vegso et Gary Seidler de Health Communications, Inc, qui ont cru dès le début à notre projet et qui ont permis à des millions de gens de lire nos livres. Merci, Peter et Gary!

Merci à Patty Aubery, qui a toujours été là lorsque nous avions besoin de conseils et qui a permis au quartier général de *Bouillon de poulet* de fonctionner normalement au beau milieu d'une activité bouillonnante.

Merci à Nancy Mitchell, qui nous a prodigué de précieux conseils et qui a accompli comme toujours un travail remarquable pour obtenir des autorisations pour les histoires, les poèmes et les caricatures — spécialement pour les plus difficiles à retracer. Merci, Nancy, pour ta présence!

Merci à Heather McNamara, rédactrice principale de la série *Bouillon de poulet pour l'âme*, qui nous a aidés dans l'évaluation des lecteurs et qui a été là lorsque nous en avions besoin.

Merci à Veronica Romero, Robin Yerian et Leslie Forbes, qui ont veillé au bon fonctionnement du bureau de Jack tout au long de la préparation de ce livre. Merci à Rosalie Miller, qui s'est occupée efficacement des communications tout au long de ce projet. Ton visage souriant et tes encouragements incessants ont égayé notre cœur. Merci à Teresa Esparza, qui a brillamment coordonné l'horaire de Jack (voyages, conférences, invitations à la radio et à la télévision) pendant cette période.

Merci à Christine Belleris, Matthew Diener, Allison Janse et Lisa Drucker, nos rédacteurs chez Health Communications, qui n'ont ménagé aucun effort pour que ce livre atteigne un niveau d'excellence. Merci à Randee Goldsmith, chargée de projet de la série *Bouillon de poulet pour l'âme* chez Health Communications, qui a coordonné avec brio la production de cet ouvrage et qui a apporté un soutien sans réserve à tous les autres *Bouillon de poulet*.

Merci à Terry Burke, Kim Weiss, Ronni O'Brien, Larry Getlen, Kelly Johnson Maragni, Karen Baliff Ornstein et Yvonne zum Tobel qui ont abattu un boulot colossal sur le plan des ventes, de la publicité et du marketing. Merci à Laine Latimer de Latimer Group qui a travaillé sans relâche sur la publicité et qui a obtenu des résultats merveilleux.

Merci à Larissa Hise qui a fait montre d'une patience infinie dans la conception de la couverture de ce livre et à Lawna Oldfield qui a dactylographié les textes. Merci à Jerry Teplitz qui a fait preuve de créativité lors des études de marché sur le manuscrit et la couverture du livre.

Merci à John Reiner qui a nourri nos corps et nos esprits de son exquise cuisine durant la semaine finale de ce projet.

Finalement, nous aimerions remercier les milliers d'enfants, d'enseignants, d'auteurs et d'individus qui nous ont envoyé des histoires, des poèmes et citations pour publication dans *Bouillon de poulet pour l'âme de l'enfant*. Même s'il nous a été impossible de tout publier, votre désir sincère de nous raconter votre histoire ainsi qu'à nos lecteurs nous a profondément touchés. Merci!

Nous avons peut-être oublié de mentionner le nom de gens qui nous ont aidés à un moment ou à un autre. Nous nous en excusons et vous prions de croire que nous avons beaucoup apprécié votre contribution.

Merci aux mains et aux cœurs qui ont rendu ce livre possible. Nous vous aimons tous!

Introduction

*Un grand homme est celui qui a su
préserver son cœur d'enfant.*

Mencius

C'est tout de même étrange d'écrire un bouillon de poulet pour l'âme de quelqu'un, alors que l'âme est invisible. Une âme, c'est sûrement quelque chose de très spécial qu'on a en nous puisqu'on publie beaucoup de livres à son sujet.

Quand on prépare un bouillon de poulet, on doit mettre plusieurs ingrédients pour lui donner du goût. C'est peut-être ce qui rend ce bouillon de poulet pour l'âme de l'enfant amusant: on a dû mettre un grand nombre d'idées venant d'un grand nombre de personnes pour qu'il soit bon.

Certains enfants sont portés à écrire des choses gaies; d'autres ne trouvent que des choses tristes à raconter. C'est comme moi: j'ai de la peine quand je pense à ma cousine Kimmy parce que c'est la première personne que je connais qui est morte. Mais quand je joue avec la petite sœur de Kimmy, Emilie, je suis heureuse lorsqu'elle fait des choses qui me font rire.

Il y a quelque chose à l'intérieur de moi qui peut être gai et triste en même temps. Est-ce que c'est ça, avoir une âme?

Candice Hanes, 10 ans

Depuis la publication du premier *Bouillon de poulet pour l'âme* en juin 1993, des enfants de partout à travers le monde ont réclamé un *Bouillon de poulet* bien à eux. Voici donc le premier *Bouillon de poulet pour l'âme de l'enfant*, un recueil d'histoires écrites non seulement par des enfants, mais par des adultes qui n'ont pas oublié ce que c'est d'être un enfant.

Lorsque nous avons amorcé ce projet, il y a un an et demi, nous pensions connaître assez bien les sujets et les difficultés qui préoccupent nos enfants. Quand nos propres enfants — Christopher, Elisabeth, Melanie, Marleigh et Weston — partaient pour l'école chaque matin, nous présumions qu'ils vivaient à peu près les mêmes expériences que nous à leur âge. Nous nous souvenions, par exemple, que les moqueries au sujet d'un trait physique ou d'un handicap nous blessaient. D'autre part, se faire des amis et savoir les garder était important pour nous. Aussi, la trahison d'un ami nous brisait le cœur. Enfin, nous voulions tous avoir de bonnes notes, être acceptés par nos camarades, être aimés et appréciés de nos enseignants.

Au mois d'avril 1997, nous avons invité par télécopieur 5800 écoles primaires et du premier cycle du secondaire des États-Unis à nous soumettre des histoires. Ces écoles nous ont répondu de manière retentissante, et nous avons lu chacune des histoires qu'elles nous ont fait parvenir, c'est-à-dire plus de 4000! Et en comptant les 3800 textes que d'autres sources nous ont soumis, cela signifie que nous avons reçu et lu 7800 histoires en tout. Ce que ces histoires nous ont appris a été très instructif.

Vous, les enfants d'aujourd'hui, êtes confrontés à des problèmes plus graves et à des choix plus déchirants que nous ne l'avons été. Par exemple, les guerres de gangs font peut-être partie de ton quotidien, et nous devons nous rendre compte que ce genre de chose ne touche pas uniquement les enfants à risque ou ceux qui vivent dans les quartiers pauvres des grandes villes. La drogue, l'alcool, le tabagisme, la puberté précoce, la grossesse, la dépression et le suicide sont désormais des préoccupations courantes dans nos écoles primaires et secondaires. De même, les enlèvements d'enfants et les mauvais traitements infligés aux enfants sont des problèmes dont tu as entendu parler dans les médias ou dont tu as toi-même été témoin. Peut-être as-tu perdu des membres de ta famille ou des amis à cause d'un accident ou d'une maladie comme le SIDA ou le cancer. Ou peut-être la perspective d'une séparation ou d'un divorce te terrifie-t-elle; même lorsque tu sais que c'est pour le mieux, cela te bouleverse. Un des sujets qui est revenu le plus souvent dans ce *Bouillon de poulet*, c'est ta crainte et ton refus de déménager, la peur de perdre la seule maison que tu as connue dans ton existence.

Nous sommes heureux que les jeunes jouissent aujourd'hui d'une plus grande égalité entre les sexes et d'un vaste choix de carrières, mais il faut reconnaître tout le stress que cela vous impose. Tu es appelé de plus en plus tôt à déterminer ce que tu veux faire dans la vie et ce que tu attends d'elle. Ces choix peuvent être difficiles à faire. Nous avons reçu des histoires qui nous indiquent que les enfants ont l'impression de devoir comprendre et accepter tous les problèmes du monde.

Grâce à ces histoires, nous comprenons mieux ce que signifie être un enfant dans la société d'aujourd'hui.

Nous comprenons maintenant que les enfants ont demandé un *Bouillon de poulet* non seulement parce qu'ils en *voulaient* un, mais parce qu'ils en *avaient besoin*. Plus que jamais, les enfants ont faim d'un *Bouillon de poulet pour l'âme*.

Un livre est une fenêtre sur un monde magique où tu peux puiser savoir et inspiration. Quels que soient la couleur de ta peau, ton âge ou ton sexe, ce livre peut devenir ton meilleur ami et un conseiller impartial. Nous te le souhaitons.

Un recueil comme celui-ci est fait pour être lu, assimilé, puis relu encore et encore. Il est fait pour être partagé avec ta famille et tes amis. Il contient des histoires de héros, des enfants comme toi qui ont réussi à surmonter l'une ou l'autre des difficultés de la vie d'aujourd'hui. Ce recueil comprend aussi des histoires tout simplement amusantes. Il est important de s'amuser quand on est enfant; sinon, comment aspirer à une existence heureuse et équilibrée?

Ce livre a aussi été conçu pour te donner des outils et pour t'encourager à t'aimer, à t'accepter et à croire en tes rêves. Nous voulons également qu'il t'aide à trouver des réponses à tes questions et qu'il te donne espoir en un meilleur avenir.

Ce que nous espérons aussi, c'est que ce livre touchera et ravivera le "cœur d'enfant" des adultes et des adolescents qui le liront. Nous sommes convaincus qu'un petit coin, encore caché, de notre cœur et de notre âme croit encore que le père Noël existe, que les papillons devraient être libres et que le bien l'emporte toujours sur le mal. Au plus profond de nous — là où se trouve notre âme d'enfant — nous voulons tous être aimés, acceptés, encouragés, soutenus, quel que soit notre âge. De notre cœur à ton cœur, nous t'offrons ce *Bouillon de poulet pour l'âme de l'enfant*.

Puissent les enfants régner sur le monde à jamais!

1

L'AMOUR

Certains prétendent que l'amour est aveugle,
mais aimer est pour moi
la plus belle chose qui soit.
Toutes les créatures vivantes peuvent aimer
— les oiseaux, les animaux, les êtres humains.
Aimer, c'est se soucier des autres
et essayer de les comprendre.
Aimer, c'est être là
lorsqu'on a besoin de nous.
Aimer, c'est être un ami.
Tu peux aimer ton animal de compagnie,
ton fauteuil préféré, ton jouet favori,
ta famille et tes amis.
Tu peux aimer tout ce que tu veux.
L'amour est un choix.

Stephanie Lee, 11 ans

Kelly, l'ange volant

Kelly avait sept ans lorsqu'elle vit le poney pour la première fois. Ce jour-là, elle avait accompagné son père à la ferme du voisin pour y acheter des semences. Le poney au pelage ébouriffé et tacheté de brun et de noir était seul dans un enclos. Kelly passa la main entre les fils de fer pour caresser le chaud satin de sa tête. Elle parla doucement au poney qui frottait ses naseaux contre ses doigts. « C'est quoi ton nom ? Tu as l'air triste et seule. »

« Elle n'a pas de nom, grogna le fermier. Elle n'est plus bonne à grand-chose. Trop vieille. Sans compter qu'elle est aveugle d'un œil. Elle ne sert plus à rien depuis que les enfants sont partis. » Le fermier se tourna alors vers le père de Kelly qui sortait de sa poche quelques billets de banque froissés pour payer les sacs de semences qu'il venait de charger dans son camion. « Si tu me donnes quelque chose pour la selle, ce poney est à toi. »

« Combien ? » demanda le père de Kelly en jetant à peine un coup d'œil sur l'animal.

« Vingt dollars », dit le fermier en tendant une main calleuse vers l'argent. Le père sortit un autre billet de banque. Les doigts noueux du fermier saisirent les billets et les engouffrèrent prestement dans la poche de sa salopette sale et usée.

Pendant le trajet de retour, Kelly, de plus en plus excitée, serra le harnais contre elle en regardant sans cesse dans la boîte du camion pour s'assurer que le poney était toujours là.

« C'est toi qui t'occuperas de ce poney. Tu devras la nourrir et en prendre soin. Tu apprendras ainsi à assumer une responsabilité. Moi, je n'ai pas le temps de m'en occuper. Compris ? » dit le père sur un ton ferme.

« Je vais m'en occuper, papa. Merci de me l'avoir achetée. Je te promets d'en prendre bien soin. »

Une fois arrivés à la ferme, ils installèrent le poney dans sa stalle. Kelly mit du foin dans la mangeoire, puis elle rentra en courant dans la maison.

« Maman, tu devrais voir notre nouveau poney! Elle était si malheureuse. Mais ici, elle va être heureuse. » Les yeux de Kelly pétillaient. « Je vais l'appeler Magie, et je vais lui montrer des tours de magie. » Avant même que sa mère puisse lui répondre, Kelly ressortit pour s'assurer que Magie était confortablement installée. C'est à ce moment que Kelly présenta son ange à Magie.

Un jour, lorsqu'elle était encore toute petite, un violent orage avait réveillé Kelly. Kelly avait appelé sa mère qui l'avait rassurée en lui disant : « N'aie pas peur. Jésus envoie ses anges pour protéger les petits enfants. » À partir de ce moment, même si elle ne vit jamais d'ange, Kelly sentait une présence dans les moments où elle aurait normalement éprouvé de la peur ou de la solitude.

Kelly brossa le pelage de son poney, tailla sa crinière et rogna ses sabots. En retour, Magie frotta son nez contre la tête de Kelly, cherchant ses poches pour y trouver des friandises et obéissant à ses ordres. Lors d'une promenade entre la maison et le pâturage, Kelly enseigna au poney à ouvrir le loquet des portes avec son nez. De cette façon, les portes s'ouvraient et Kelly les refermaient sans avoir à descendre de son poney.

Kelly enseigna à Magie quelques numéros, s'inspirant des tours qu'elle avait vus dans un cirque. Elle réussit à se tenir debout sur son poney et parvint même à maîtriser un tour difficile: sauter à travers un semblant de cerceau à chaque tour de piste. Kelly et Magie devinrent les meilleures amies du monde.

Kelly avait dix ans lorsque ses parents divorcèrent. En compagnie de son chien, Laddie, Kelly déménagea avec sa mère sur une petite ferme située à plusieurs kilomètres. À cause des problèmes entre ses parents, Kelly ne voyait plus son père, et comme Magie vivait encore à la ferme paternelle, Kelly était doublement affligée.

Le jour où Kelly quitta la ferme de son père, elle marcha lentement jusqu'au pâturage pour dire au revoir à Magie. Jamais elle n'avait eu autant besoin de l'aide de son ange. « Je t'en prie, Ange, reste avec Magie pour qu'elle ne soit pas seule. Moi, j'ai maman et Laddie, mais Magie sera toute seule. Elle a besoin de toi », dit-elle en sanglotant. Ses petits bras posés autour du cou du poney, elle le rassura: « Tout va bien aller, Magie. Mon ange va s'occuper de toi. »

Le divorce de ses parents, une nouvelle école, un déménagement et la perte de Magie: la vie de Kelly devenait soudain sens dessus dessous. Sa mère l'encouragea à se faire des amis.

« Allez, Kelly, viens avec nous », insistèrent deux de ses compagnes de classe qui l'attendaient sur leurs bicyclettes en face de chez elle.

Suivant ses deux amies sur la route, Kelly sentit le vent flotter dans ses cheveux et les chauds rayons du soleil caresser son visage. Elle avait besoin d'amis, se rappela-t-elle, avant d'accélérer pour les rattraper.

Tout au long de cet été-là, Kelly et ses amies se promenèrent à bicyclette dans le parc et autour de la piste de l'école. Grâce à ses jambes musclées, Kelly pouvait battre n'importe qui dans une course.

Un jour ensoleillé, après avoir fait des courses sur la piste de l'école, Kelly rentra chez elle à bicyclette avec ses amies. La route était poussiéreuse et cahoteuse, et Kelly sentait le bord rigide de son siège s'enfoncer dans ses cuisses. Comme elle aurait préféré être assise sur la confortable selle de cuir de Magie et se promener dans l'herbe fraîche du pâturage!

Soudainement, la roue avant de sa bicyclette se coinça dans une crevasse. Kelly donna un brusque coup de guidon vers la gauche pour dégager la roue, mais trop tard. Elle passa par-dessus le guidon, s'écrasa sur le côté de la route et roula jusque dans le fossé. Ses camarades se précipitèrent à son secours.

« Ses blessures sont légères », déclara le médecin à sa mère après que Kelly eut rentré en boitant. « Mais il serait préférable qu'elle se repose à la maison pendant un jour ou deux. »

Quelques jours plus tard, faisant fi de la douleur et des égratignures, Kelly remonta sur sa bicyclette. Peu de temps après, à son réveil, elle sentit ses jambes engourdies. Lentement, elle se glissa vers le bord de son lit et tenta de se lever, mais elle s'effondra sur le plancher.

Intrigué par l'état de Kelly, le médecin l'examina soigneusement.

« Ses blessures sont guéries, mais il reste une sorte de traumatisme psychologique, dit-il. J'ai pris rendez-vous pour une thérapie. Des exercices d'étirement devraient aussi aider. » Kelly rentra à la maison en fauteuil roulant.

Assise sur le perron, elle serrait Laddie dans ses bras, le regard perdu au loin. « Mon Dieu, je t'en prie, redonne-moi Magie et mon ange. J'ai tant besoin d'eux. »

Un jour, Kelly reçut une lettre de son père.

Chère Kelly,

Ta tante m'a informé de ton accident. Je suis désolé. J'ai pris des dispositions pour qu'on t'apporte ton poney la semaine prochaine. Elle n'arrête pas d'ouvrir les portes et le bétail s'échappe dans le pâturage. Je crois qu'elle te cherche. Elle t'aidera peut-être à guérir.

Je t'aime,

Papa

Peu de temps après, un camion arriva et fit descendre Magie sur une rampe. Le poney frotta son nez contre Kelly et s'ébroua contre Laddie tout en inspectant sa nouvelle demeure. De son fauteuil roulant, Kelly caressa la tête et le cou de Magie du mieux qu'elle put et déposa un baiser sur sa tête. « Magie, Magie, je savais que tu viendrais. Merci, merci. »

Le lendemain, Kelly se réveilla animée d'une nouvelle détermination. Elle se rendit en fauteuil roulant jusqu'à l'enclos de la ferme pour donner une friandise à Magie. Une fois sur place, elle se leva en agrippant la crinière du poney et resta debout à côté. S'étirant pour atteindre le dos de Magie, elle brossa son pelage jusqu'à ce qu'il reluise.

Les jambes de Kelly se renforcèrent peu à peu. Un jour, impatiente de monter à cheval, elle grimpa sur la clôture et réussit à s'installer sur le dos du poney. Elle sentit sur ses jambes nues le pelage chaud et doux de Magie.

« Regardez! Je monte à cheval… je monte à cheval! » cria Kelly pendant que le trot lent de Magie la faisait sautiller comme une poupée de chiffon. « Allez, Magie! » Kelly enfonça ses talons dans les flancs du poney. Ensemble, elles franchirent la porte en direction du pâturage. Kelly poussa un cri de joie et Laddie, qui courait derrière elles, jappa avec frénésie.

Au début des classes, une Kelly pleine d'enthousiasme sauta à bord de l'autobus en lançant un salut joyeux. Le fauteuil roulant? Disparu. Dans sa chambre, Kelly avait accroché une affiche de cirque qui montrait un ange souriant. La phrase suivante y figurait, écrite en couleurs vives de la main de Kelly: « Kelly, l'ange volant. Représentations tous les soirs et la fin de semaine. »

Louise R. Hamm

Le pylône

Suis-je le gardien de mon frère? Absolument!

James McNeil, 17 ans

C'est une journée froide et venteuse de février. John McNeil, 10 ans, sort pieds nus de chez lui et court tout droit vers le pylône électrique haut d'une quarantaine de mètres qui se trouve derrière sa maison. John ignore les dangers de cette structure qui achemine l'électricité du barrage Hoover aux villes du sud de l'Arizona. Il ne sait pas que 230 000 volts grésillent dans ses câbles argentés. Il ne sait même pas qu'il a oublié de mettre ses chaussures. John souffre d'autisme, un trouble qui le coupe du monde extérieur, l'obligeant à vivre dans ses propres pensées. Aujourd'hui, il ne pense qu'à grimper au sommet de ce pylône, à toucher le ciel du bout du doigt et à éprouver la sensation de voler.

Ce n'est pas la première fois qu'il grimpe sur le pylône, mais il n'a jamais dépassé la rampe qui se trouve à sept mètres de hauteur. Et quand il y grimpait, son frère de 17 ans, James, se tenait toujours tout près pour surveiller et s'assurer que rien ne puisse le blesser. Aujourd'hui, toutefois, la situation est différente. John est sorti de la maison sans que personne s'en aperçoive. Lorsque James se rend compte de l'absence de John et qu'il finit par le repérer, John a déjà enjambé la rampe et se dirige tout droit vers le ciel. Comme la plupart des autres enfants autistiques, John ne connaît ni la peur ni le danger. James, de son côté, se rend compte qu'il va

32

devoir affronter sa plus grande peur : sa phobie des hauteurs.

James sait que le pylône est dangereux, mais il choisit néanmoins de suivre son frère, gardant ses yeux levés vers le ciel pour éviter de regarder le sol. Finalement, il rejoint son frère et l'agrippe fermement de la main droite. De la main gauche, il saisit un échelon de métal afin qu'ils puissent, son frère et lui, se stabiliser.

James est secoué de tremblements. Il a froid et il est mort de peur, mais il tient toujours fermement John. Celui-ci se débat ; il veut voler, mais James l'en empêche. Les mains de James sont engourdies. Il a peur car s'il lâche prise, c'est le plongeon vers la mort pour tous les deux.

Les minutes se transforment en heures tandis qu'ils se tiennent en équilibre sur l'étroite rampe. James chante des cantiques, tant pour calmer les tambourinements de son cœur que pour distraire John du remue-ménage qui a lieu sous leurs pieds.

De fait, des centaines de personnes sont rassemblées au pied du pylône. Aux yeux de James, du haut de son perchoir, ces gens ont l'air de fourmis. Les hélicoptères des stations de télévision tournoient bruyamment et envoient à des millions de téléspectateurs l'image de deux garçons agrippés à un pylône sur fond de ciel bleu. Les camions de pompier et les autres véhicules de secours arrivent en trombe sur les lieux. Un courageux pompier, membre de l'équipe de secours technique, gravit le pylône et rejoint les deux frères qui luttent pour leur vie. Rapidement, il les attache à une poutre de métal.

Pour le sauvetage de James et John, on a besoin d'un camion hautement spécialisé appelé Condor. Heureusement, il y en a un dans un chantier de construction tout près. Les sauveteurs attendent impatiemment son arrivée; finalement, ils aperçoivent le véhicule sur le chemin qui mène au pylône. Une fois le Condor en position, on actionne une plate-forme qui s'élève vers les garçons assis sur la rampe la plus élevée du pylône. Reliés par un câble, les deux frères et leur sauveteur redescendent alors lentement vers la terre ferme sous les cris et les applaudissements de la foule.

On traite immédiatement James en héros, mais celui-ci n'a guère de temps à accorder aux louanges. Il veut rester aux côtés de son frère qu'on transporte à l'hôpital pour engelures.

Ce ne sont pas tous les anges gardiens qui ont des ailes en plumes et une auréole dorée, et la plupart passent inaperçus. Pourtant, lors de cette journée froide et venteuse, des centaines de personnes ont aperçu pour la première fois — et peut-être la dernière — un ange gardien de dix-sept ans prénommé James.

Robert J. Fern

[NOTE DE L'ÉDITEUR : Pour souligner le courage dont James a fait preuve lors du sauvetage de son frère John, les Scouts des États-Unis lui ont décerné la Croix de bravoure. James, un aigle scout, est seulement la 113e personne sur 100 millions de scouts à recevoir cet honneur depuis 1910.]

Le camion de pompier

> *Certains donnent de leur temps, d'autres leur*
> *argent, d'autres encore offrent leurs talents et*
> *leurs contacts; certains donnent même leur*
> *sang... une chose est sûre, nous avons tous*
> *quelque chose à offrir.*

Barbara Bush

Après le divorce de ses parents, les choses changè-rent dans la maison de Tami. Sa mère se trouva du tra-vail et Tami devint responsable de l'entretien de la maison ainsi que des repas pour elle et sa petite sœur. Elles habitaient une jolie maison située dans un quartier modeste. Les filles ne vivaient pas dans l'abondance, mais elles ne manquaient de rien. Ou plutôt, il ne man-quait qu'une chose à Tami: une famille.

À la fin de son 3e secondaire, Tami travailla tout l'été dans un parc pour gagner son argent de poche. Elle s'occupait du terrain de baseball et organisait des acti-vités pour les enfants qui passaient leurs journées au parc.

Les enfants adoraient Tami, qui ne ménageait aucun effort pour les tenir occupés. Elle préparait des pique-niques, mettait sur pied des excursions et offrait même des tournées de crème glacée avec son propre argent. Elle en faisait toujours un peu plus que ce qu'on lui demandait, même si cela signifiait payer de sa poche.

Un jour, elle fit la connaissance d'un petit garçon qui vivait dans un logement situé en face du parc. Les parents de ce garçon travaillaient tous les deux dans des restaurants modestes, et Tami savait qu'ils gagnaient des petits salaires.

Le garçon lui parla de son anniversaire qui approchait et du camion de pompier qu'il désirait ardemment. Un jour, il serait pompier, disait-il. Il avait donc besoin d'un camion pour s'exercer. Il décrivit longuement le camion à Tami; celle-ci ignorait qu'un simple jouet pouvait compter autant de détails.

Le jour de l'anniversaire du garçon passa. Le lendemain, lorsque Tami l'aperçut, elle s'attendait à le voir arriver avec un étincelant camion rouge. Il arriva les mains vides. Elle s'informa de sa journée de la veille: avait-il reçu le camion tant désiré?

Le garçon répondit non et expliqua que ses parents ne pouvaient pas le lui offrir tout de suite, qu'ils le lui achèteraient dès que leur situation s'améliorerait. Il semblait un peu triste, mais il fit de son mieux pour garder la tête haute.

Cette semaine-là, Tami encaissa son chèque de paie et se rendit à un magasin de jouets. Elle trouva tout de suite le camion; après tout, le petit garçon le lui avait si bien décrit qu'elle en connaissait déjà tous les détails. Elle paya de sa poche le camion, puis le fit envelopper dans du papier d'anniversaire.

Tôt le lendemain, Tami se rendit à bicyclette chez le garçon et laissa le camion enveloppé sur le pas de la porte, sans laisser de note. Lorsque le garçon se présenta au parc un peu plus tard, il était au comble de l'excitation. Il montra fièrement son nouveau camion à Tami et joua avec toute la journée.

Cet après-midi-là, la maman du garçon vint au parc et aborda Tami. « Merci », dit-elle.

Tami feignit de ne pas comprendre, comme si elle n'avait pas la moindre idée de la raison pour laquelle cette femme la remerciait.

« Je me suis levée tôt ce matin, tout comme toi », dit la femme. Voyant qu'elle était démasquée, Tami voulut s'expliquer, mais la femme l'interrompit.

« Nous voulons te rembourser » dit-elle. Tami commença par dire non, mais la femme insista. « Nous n'avons pas d'argent à te donner, mais j'aimerais t'inviter à souper chez nous ce soir. » Tami hésitait, mais la maman du garçon n'aurait pas accepté un refus.

Après le travail, Tami se rendit donc chez le garçon. Elle huma une odeur de nourriture qui sortait de leur fenêtre, sans pouvoir deviner ce que c'était. Lorsqu'elle entra dans l'appartement, elle constata que cette famille de quatre personnes habitait dans un minuscule appartement d'une seule chambre à coucher. Il y avait seulement deux chaises autour de la table de fortune qui servait de coin repas. Au lieu de manger à table, Tami et la famille s'installèrent sur un sofa en lambeaux. Ils se servirent du chou rosette et des macaronis au fromage. On se moqua gentiment de Tami qui goûtait du chou rosette pour la première fois et du bout des lèvres.

Tami eut beaucoup de plaisir ce soir-là. Avant de repartir, c'est elle qui remercia ses hôtes. Ces gens vivaient modestement, mais ils lui avaient offert une chose qui lui manquait: la chaleur d'une famille.

Elle apprit non seulement qu'il est gratifiant de donner, mais que toute personne a quelque chose à offrir. Et qu'en acceptant ce qu'on nous offre, on boucle la boucle de l'amour.

Lori Moore

Après « aimer », « aider » est le plus beau verbe du monde.

Bertha Von Suttner

Oncle Charlie

Là où se trouve beaucoup d'amour
se produisent toujours des miracles.

Willa Cather

La première fois que je rencontrai oncle Charlie, il me fit peur. Après être descendue de l'autobus scolaire, j'étais entrée dans la maison et comme j'arrivais de la clarté du jour, je ne distinguais pas grand-chose. Dès que mes yeux s'habituèrent à la pénombre, je vis avec surprise qu'il y avait un lit dans la salle à manger. Un homme mal rasé à l'allure étrange y était assis, le dos soutenu par des oreillers. L'espace d'une seconde, je crus m'être trompée de maison.

« Patty, est-ce que c'est toi? » demanda ma grand-mère qui se trouvait dans une autre pièce. Je me précipitai à la cuisine.

« Mamie, c'est qui cet homme? »

« Te rappelles-tu ce Charlie dont je t'ai parlé, qui était revenu malade de la guerre et qu'on avait placé dans un hôpital pour anciens combattants? Eh bien, cet homme dans la salle à manger, c'est ton oncle Charlie. »

L'homme silencieux que je venais de voir ne ressemblait pas du tout à la photographie souriante posée sur le manteau de la cheminée.

« Patty, j'ai fait un rêve la nuit dernière », dit ma grand-mère. « Dans ce rêve, Dieu m'a parlé. Il a dit:

"Va chercher ton fils, amène-le chez toi et il prendra du mieux." C'est ce que j'ai fait. Ce matin, après ton départ pour l'école, j'ai pris l'autobus pour me rendre à l'hôpital. Je suis allée tout droit à la chambre de Charlie, je lui ai pris la main et j'ai dit: "On rentre à la maison." » Mamie laissa échapper un petit rire. « Ma foi du bon Dieu, quelle allure nous devions avoir quand nous avons traversé la grande pelouse de l'hôpital, lui dans sa jaquette ouverte qui battait sur son dos. Personne ne nous a arrêtés. Personne n'a rien dit, même lorsque nous sommes montés dans l'autobus. » Puis elle ajouta: « On aurait dit que nous étions invisibles. »

« Mamie, quand je suis passée à côté de Charlie tantôt, on dirait qu'il ne m'a pas vue. Peut-être que je suis invisible moi aussi. »

« Charlie t'a vue. C'est tout simplement qu'il est catatonique comme disent les médecins. C'est leur manière savante de dire qu'il a perdu sa langue. » Elle cessa de se bercer. « Ne t'en fais pas. Charlie va finir par parler. Tout ce dont il a besoin, c'est de sentir qu'on l'aime et qu'il est rentré à la maison. »

Effrayée par la pénombre qui régnait dans la salle à manger, je sortis par la porte arrière, descendis d'un bond de la véranda et courus dans le champ en frappant mes hanches, imaginant que j'étais à la fois la cavalière et son cheval.

Pendant des mois, j'évitai d'aller dans la salle à manger. Avec le temps, cependant, je finis par m'habituer au silence de Charlie. Je commençai même à jouer près de lui. Ses genoux recouverts d'une couverture devinrent les « tours » de mes châteaux.

« Charlie, es-tu réveillé ? » chuchotai-je un jour. « Aujourd'hui à l'école, j'ai vu un prince charmant dans le livre de contes de mon professeur. Il avait des cheveux longs, comme toi. »

De la poussière scintilla dans le rayon de lumière qui passait sous les rideaux tirés. J'essayai d'en attraper et toute la poussière se mit à tourbillonner.

« Regarde, Charlie, j'ai attrapé un peu de soleil ! Dedans, il y a des millions et des milliards d'étoiles minuscules. » Je tendis mon poing vers lui. « J'en ai ramassé un peu pour toi. »

« Patty, j'ai quelque chose pour toi », cria Mamie de l'extérieur de la maison.

Avant de quitter Charlie, je pris ma poupée préférée, qui avait les lèvres rouge vif et la tête à moitié chauve, je l'installai à côté de Charlie et je les bordai tous les deux.

« C'est une princesse. Je te la laisse pour qu'elle te tienne compagnie. »

« J'ai trouvé ce petit oiseau sous le vieux chêne », dit Mamie. « Ses yeux ne sont pas encore ouverts. Probablement qu'il vient tout juste de percer sa coquille. Il y a un compte-gouttes dans l'armoire à pharmacie de la salle de bains. Utilise-le pour lui donner des graines de tournesol moulues et de l'eau. »

Elle me donna l'oiseau. « Vide une boîte à chaussures et prends bien soin de placer quelque chose de moelleux dans le fond. Comment vas-tu l'appeler ? »

« Petit Oiseau. Je vais l'appeler Petit Oiseau, comme dans la chanson. »

J'entrai dans la maison et je vidai sur le tapis la boîte à chaussures qui contenait ma collection de cailloux.

« Charlie, regarde ce que Mamie a trouvé! » Je mis Petit Oiseau dans la boîte à chaussures. « Surveille-le une minute, Charlie. Je vais aller chercher le compte-gouttes. » Je déposai la boîte sur les genoux de Charlie.

Lorsque je revins avec le compte-gouttes, j'aperçus la boîte sur le plancher, vide. Charlie avait échappé l'oiseau!

« Charlie », chuchotai-je, essayant de retenir mes larmes, « où est Petit Oiseau? »

Charlie entrouvrit ses mains et regarda en souriant le minuscule bec affamé qui pointait entre ses doigts recourbés.

Ce soir-là, pendant que je mettais les pommes de terre en purée, je dis à Mamie: « Tu sais quoi, Mamie? C'est Charlie qui prend soin de Petit Oiseau. »

« Je sais. Je l'ai vu. Et tu ne sais pas tout: il fait des sons, comme s'il fredonnait. »

Peu après, alors que Mamie préparait le plateau-repas de Charlie, celui-ci entra dans la cuisine et s'assit à la table. Il était vêtu d'une salopette et d'une chemise à carreaux. C'était la première fois que je le voyais habillé autrement qu'en pyjama. Mamie ouvrit les yeux très grand, complètement ahurie. Elle avait l'air si ridicule que j'éclatai de rire.

Puis, pour la première fois, j'entendis Charlie émettre un son qui n'était ni un ronflement ni une toux. Il riait! Il se donna des claques sur les genoux et se tordit de rire jusqu'à en avoir les larmes aux yeux. Il fouilla ensuite dans la grosse poche de sa salopette et en sortit Petit Oiseau.

« Regardez, dit-il, avez-vous déjà vu une créature aussi mignonne et aussi fragile? »

Mamie faillit tomber de sa chaise. Puis elle se mit à pleurer. Moi, je n'étais pas surprise; je savais que même si on avait jeté un sort à Charlie, ce sort ne durerait pas pour toujours. Les sorts ne durent jamais toute la vie.

Patty Hathaway-Breed

Le jeu de l'amour

L'amour est éternel.

Vincent van Gogh

Papa le ramena d'une excursion de pêche en montagne, plein de chardons et si maigre qu'on pouvait compter chacune de ses côtes.

« Sainte mère de Dieu! s'écria maman. Il est crotté! »

« Non, il n'est pas crotté. On dirait qu'il est rouillé », dit John, mon frère de huit ans. « Est-ce qu'on peut le garder? S'il vous plaît… s'il vous plaît! »

« Il va devenir un gros chien », nous prévint papa en soulevant une patte pleine de boue. « C'est probablement pour cela qu'on l'a abandonné. »

« C'est quelle espèce de chien? » demandai-je. Difficile de s'approcher d'une bête aussi malodorante.

« Prédominance berger allemand », estima papa. « John, il est en bien piètre état. Ça se pourrait qu'il meure. »

John enlevait délicatement les chardons.

« Je vais bien m'occuper de lui. Parole d'honneur. On va l'appeler Rusty. »

Maman céda, comme elle le faisait souvent avec John. Mon petit frère souffrait d'une forme légère d'hémophilie. Quatre ans plus tôt, il avait presque perdu tout son sang après s'être fait enlever les amygdales. Depuis, nous faisions tous attention à lui.

« John, c'est d'accord, dit papa. On va garder Rusty. Mais c'est toi qui en seras responsable. »

« Marché conclu! »

C'est ainsi que Rusty entra dans notre famille. Dès son arrivée à la maison, il devint le chien de John, mais il tolérait les autres membres de la famille.

John tint parole. Chaque jour, il donna à manger et à boire à cet animal débraillé, le soigna et le brossa. J'ai l'impression que cela le changeait de prendre soin d'un animal plutôt que d'être celui dont on prenait soin.

À la fin de l'été, Rusty était devenu un beau gros chien. Lui et John étaient inséparables. Rusty accompagnait John partout. Une fois les classes recommencées, Rusty parcourait avec John les six pâtés de maison jusqu'à l'école, puis il revenait à la maison. Chaque jour d'école, à quinze heures précises, qu'il neige ou qu'il pleuve, Rusty attendait John au parc près de l'école.

« Tiens, voilà Rusty, disaient les voisins. Il doit être à peu près quinze heures. On peut régler sa montre avec ce chien. »

La ponctualité de Rusty n'était pas la seule chose incroyable dont il était capable. Je ne sais trop comment, Rusty avait senti que John était un garçon plus fragile que les autres. Il se montrait très protecteur envers lui. Si la brute du quartier essayait de narguer mon frère, petit pour son âge, le poil de Rusty se hérissait avant que ne sorte du fond de sa gorge un grondement sourd et menaçant. Une seule rencontre de ce genre avec Rusty suffisait à faire cesser définitivement les moqueries. Et lorsque John faisait semblant de lutter avec son meilleur ami Bobby, Rusty surveillait le tout d'un œil attentif. Si John était sur Bobby, parfait. Mais si c'était Bobby qui se trouvait sur John, Rusty bondissait, attrapait Bobby par le collet et le tirait. Bobby et John trouvaient ce jeu très amusant. Ils se livraient à leurs faux combats de lutte très souvent, au grand désarroi de ma mère.

« John, tu vas finir par te faire mal », le réprimandait-elle. « Et ce n'est pas juste envers Rusty. »

John n'aimait pas qu'on lui impose des limites. Il détestait être prudent — être différent des autres. « Maman, ce n'est qu'un jeu. Même Rusty le sait. Pas vrai, mon gros ? » Rusty inclinait la tête et faisait comme un sourire.

Le printemps suivant, John commença à livrer les journaux l'après-midi. Après l'école, il pliait ses journaux dans un sac et partait à bicyclette pour les livrer. Il empruntait toujours les mêmes rues, dans le même ordre. Bien entendu, Rusty participait aussi à la distribution des journaux.

Un après-midi, sans raison particulière, John changea d'itinéraire. Au lieu de tourner à gauche comme d'habitude à une certaine intersection, il tourna à droite. Boum!… Crack!… un crissement de freins… Rusty fut projeté dans les airs.

Quelqu'un nous téléphona pour nous prévenir. Je dus forcer John à laisser le corps inerte de Rusty afin que papa puisse le ramener à la maison.

« C'est ma faute », répéta John à plusieurs reprises. « Rusty a cru que la voiture allait me frapper. Il pensait que c'était encore un jeu. »

« Le seul jeu que Rusty connaissait, c'était le jeu de l'amour, dit papa. Et vous étiez tous les deux champions à ce jeu. »

John renifla: « Hein? »

« Tu étais là quand Rusty a eu besoin de toi. Il était là quand il a cru que tu avais besoin de lui. C'est ça, le jeu de l'amour. »

« Je veux qu'il revienne, gémit John. Mon Rusty est parti. »

« Non, il n'est pas parti », dit papa en serrant John et moi dans ses bras. « Il restera dans notre mémoire à tout jamais. »

Et c'est ce qui s'est passé.

Lou Kassem

« *Et mon baiser, alors ?* »

Il était une fois une petite fille appelée Cindy. Son père travaillait six jours par semaine et il rentrait souvent fatigué du bureau. Sa mère aussi trimait dur à faire le ménage, les repas et toutes les tâches qu'exige une famille. Cindy vivait dans une bonne famille qui menait une bonne vie. Il ne manquait qu'une chose, mais Cindy n'en avait même pas conscience.

Un jour, quand elle avait neuf ans, elle alla pour la première fois coucher chez une amie, Debbie. Quand arriva l'heure de se mettre au lit, la mère de Debbie borda les deux filles, puis elle les embrassa pour leur souhaiter bonne nuit.

« Je t'aime », dit la mère de Debbie.

« Je t'aime aussi », murmura Debbie.

Cindy fut si intriguée qu'elle ne parvint pas à s'endormir. Personne ne l'avait jamais embrassée pour lui souhaiter bonne nuit. En fait, personne ne l'avait jamais embrassée, point à la ligne. Toute la nuit, elle resta éveillée, pensant sans cesse *C'est comme ça que ça devrait se passer*.

À son retour chez elle, le lendemain, ses parents semblèrent heureux de la voir.

« Alors, tu t'es bien amusée chez Debbie ? », demanda sa mère.

« La maison était terriblement tranquille sans toi », dit son père.

Cindy ne répondit pas. Elle courut jusqu'à sa chambre. Elle les détestait tous les deux. Pourquoi ne l'avaient-ils jamais embrassée? Pourquoi ne l'avaient-ils jamais prise dans leurs bras? Pourquoi ne lui avaient-ils jamais dit qu'ils l'aimaient? Ne l'aimaient-ils pas?

Comme elle aurait aimé s'enfuir! Comme elle aurait voulu vivre avec la mère de Debbie! Mes parents ne sont peut-être pas mes vrais parents, songea-t-elle. C'est peut-être la mère de Debbie qui est ma vraie mère.

Ce soir-là, avant d'aller au lit, elle alla voir ses parents. « Eh bien, bonne nuit », dit-elle. Son père leva les yeux de son journal. « Bonne nuit », répondit-il. Sa mère cessa sa couture et sourit. « Bonne nuit, Cindy. »

Personne ne leva le petit doigt. Cindy n'en pouvait plus.« Pourquoi vous ne m'embrassez jamais? » demanda-t-elle.

Sa mère parut troublée. « Eh bien », bégaya-t-elle, « c'est que, j'imagine… c'est que personne ne m'a embrassée quand j'étais petite. C'était comme ça, c'est tout. »

Ce soir-là, Cindy s'endormit en pleurant. Sa colère demeura en elle pendant plusieurs jours. Finalement, elle décida de s'enfuir. Elle se rendrait chez Debbie et leur demanderait si elle pouvait rester avec eux. Jamais elle ne remettrait les pieds dans une maison où on ne l'aimait pas.

Elle remplit son sac à dos de vêtements et partit sans dire un mot. Une fois rendue chez Debbie, cependant, elle fut incapable de frapper à la porte. Elle se persuada que personne ne voudrait la croire et ne lui permettrait de rester avec les parents de Debbie. Elle renonça à son plan et rebroussa chemin.

Cindy sentit sa situation désespérée et sans issue. Elle n'aurait jamais de famille comme celle de Debbie. Elle resterait pour toujours avec les parents les plus cruels et les plus sans cœur du monde entier.

Au lieu de rentrer chez elle, elle alla au parc et s'assit sur un banc. Elle resta là un bon moment à réfléchir, jusqu'à la tombée du jour. Puis, tout d'un coup, elle imagina une solution. Ce plan fonctionnerait. Elle ferait tout pour qu'il fonctionne.

Quand elle rentra chez elle, son père parlait au téléphone. Il raccrocha immédiatement. Sa mère était assise, l'air très inquiet. Dès que Cindy franchit le seuil de la porte, sa mère s'écria : « Où diable étais-tu ? Nous étions fous d'inquiétude. »

Cindy ne répondit pas. Elle s'approcha plutôt de sa mère, l'embrassa sur la joue et dit : « Je t'aime, maman. » Étonnée, sa mère ne souffla mot. Cindy se tourna alors vers son père et le serra dans ses bras. « Bonne nuit, papa, dit-elle. Je t'aime. » Elle alla ensuite se coucher, laissant dans la cuisine ses parents muets de stupeur.

Le lendemain, lorsque Cindy descendit pour déjeuner, elle embrassa sa mère. Elle embrassa son père. À l'arrêt d'autobus, elle se mit sur la pointe des pieds et embrassa sa mère.

« Bye, maman, dit-elle. Je t'aime. »

Cindy répéta ce rituel chaque jour de chaque semaine de chaque année. Parfois, ses parents avaient un mouvement de recul, l'air crispé et mal à l'aise. Parfois, ils en riaient. Mais jamais ils ne lui rendaient son baiser. Cindy ne se découragea pas. Elle avait pris une décision et elle irait jusqu'au bout. Puis, un soir, avant d'aller au lit, elle oublia d'embrasser sa mère. Peu de temps après, la porte de sa chambre s'ouvrit. Sa mère entra.

« Et mon baiser, alors? » demanda-t-elle, feignant d'être fâchée. Cindy s'assit sur son lit. « J'ai oublié », dit-elle. Elle embrassa sa mère.

« Je t'aime, maman. » Cindy se recoucha. « Bonne nuit », dit-elle en fermant les yeux. Sa mère ne bougea pas. Finalement, elle parla.

« Je t'aime aussi », dit-elle. Puis elle se pencha et embrassa Cindy sur la joue. « N'oublie plus jamais de m'embrasser », dit-elle d'un ton faussement sévère.

Cindy éclata de rire. « Promis. » Et elle n'oublia plus.

Aujourd'hui, Cindy a un enfant qu'elle embrasse, dit-elle, « jusqu'à ce qu'il en ait les joues rougies ». Et lorsqu'elle rend visite à ses parents, sa mère l'accueille toujours avec ce commentaire: « Et mon baiser, alors? » Au moment de repartir, sa mère lui dit: « Je t'aime. Tu le sais, n'est-ce pas? »

« Oui, maman, répond Cindy. Je l'ai toujours su. »

M.A. Urquhart
Adaptation d'une chronique de Ann Landers

La visite

Il n'y a pas grand-chose que je puisse faire,
Sauf passer un moment avec toi,
Et en profiter pour te faire rire,
Avant de poursuivre chacun notre chemin.

Maude V. Preston

Tous les samedis, grand-papa et moi allons à pied au centre d'accueil situé tout près de chez nous. Nous rendons visite aux personnes âgées et malades qui doivent y vivre parce qu'elles sont incapables de s'occuper d'elles-mêmes.

« Celui qui rend visite aux malades leur redonne la vie », a l'habitude de dire grand-papa.

Nous allons d'abord voir Mme Sokol. Je la surnomme « le Cordon-bleu » parce qu'elle aime parler de l'époque où elle était renommée pour sa cuisine en Russie. Les gens venaient de partout pour goûter à son fameux *bouillon de poulet*.

Ensuite, nous rendons visite à M. Meyer. Je le surnomme « le Blagueur ». Nous nous assoyons avec lui autour de sa table à café et il nous raconte des blagues. Certaines sont très drôles, d'autres moins, et il y en a quelques-unes que je ne comprends pas. Il rit de ses propres blagues, se tient les côtes et devient cramoisi. Grand-papa et moi ne pouvons nous empêcher de rire avec lui, même lorsqu'il rate une blague.

Dans la chambre d'à côté vit M. Lipman. Je le surnomme « le Chanteur » parce qu'il adore nous chanter des chansons. Chaque fois qu'il chante, sa voix claire et puissante emplit l'air, une voix si énergique que nous chantons toujours en chœur avec lui.

Nous visitons ensuite Mme Kagan, « la Grandmère », qui nous montre toujours des photos de ses petits-enfants. Il y a des photos partout dans sa chambre, encadrées ou classées dans des albums; il y en a même qui sont collées directement sur les murs.

La chambre de Mme Schrieber, elle, est remplie de souvenirs qui reprennent vie quand elle nous raconte des histoires de son passé. Je l'appelle « la Conteuse ».

Puis il y a M. Krull, « le Taciturne ». Il parle peu et se contente de nous écouter parler, grand-papa et moi. Il hoche la tête et sourit, puis il nous invite à revenir le voir la semaine suivante. Tous nous lancent d'ailleurs la même invitation, y compris la surveillante assise derrière son bureau.

Chaque semaine, de fait, nous revenons, même les jours de pluie. Nous marchons ensemble pour aller voir nos amis: le Cordon-bleu, le Blagueur, le Chanteur, la Grand-mère, la Conteuse, le Taciturne.

Un jour, grand-père tombe gravement malade et on doit l'hospitaliser. Selon les médecins, il ne guérira peut-être pas.

Le samedi arrive et c'est l'heure de notre visite au centre d'accueil. Comment y aller sans grand-papa? Je me rappelle alors ce qu'il m'a dit un jour: « Rien ne devrait empêcher l'accomplissement d'une bonne action. » J'y vais donc toute seule.

Tous sont heureux de me voir, mais ils sont étonnés de l'absence de mon grand-père. Quand je leur annonce qu'il est malade et hospitalisé, ils se rendent compte de ma tristesse.

« Tout est entre les mains de Dieu », me disent-ils. « Fais de ton mieux et Dieu se chargera du reste. »

Le Cordon-bleu me révèle ensuite quelques-uns de ses ingrédients secrets. Le Blagueur me raconte ses plus récentes blagues. Le Chanteur chante une chanson qui m'est tout particulièrement dédiée. La Grand-mère me montre d'autres photos. La Conteuse me raconte d'autres souvenirs. Je pose un tas de questions au Taciturne; ensuite, à court de questions, je lui parle de ce que j'ai appris à l'école.

Puis je dis au revoir à tout le monde, y compris à la surveillante assise derrière son bureau.

« Merci d'être venue » dit-elle. « Espérons que ton grand-père se rétablisse vite. »

Les jours passent et grand-papa est toujours à l'hôpital. Il ne mange pas, est incapable de s'asseoir et balbutie à peine quelques mots. À un moment donné, je me cache dans un coin de la chambre pour qu'il ne me voie pas pleurer. Ma mère prend alors ma place au chevet de grand-papa et lui tient la main. La chambre est sombre et silencieuse.

Tout à coup, une infirmière entre dans la chambre et annonce: « Vous avez des visiteurs. »

« C'est ici qu'il y a une fête? » lance une voix familière. Je me retourne. C'est le Blagueur. À sa suite se trouvent le Cordon-bleu, le Chanteur, la Grand-mère, la Conteuse, le Taciturne et même la surveillante.

Le Cordon-bleu se met alors à énumérer à grand-papa tous les plats savoureux qu'elle lui cuisinera quand il aura pris du mieux. Elle lui a même apporté un bol de *bouillon de poulet* bien chaud.

« Du *bouillon de poulet*? Cet homme a plutôt besoin d'un sandwich au pastrami! » lance le Blagueur dans un gros rire sonore. Tout le monde éclate de rire. Puis le Blagueur nous raconte quelques-unes de ses nouvelles blagues. Quelques minutes plus tard, tous ont besoin d'un mouchoir pour essuyer leurs yeux d'avoir ri aux larmes.

Ensuite, la Grand-mère offre à grand-papa une carte de prompt rétablissement fabriquée par deux de ses petites-filles. Sur la carte, on voit un clown qui tient des ballons. À l'intérieur sont griffonnés les mots « Guérissez vite! »

Le Chanteur entonne alors un air que nous chantons tous avec lui. La Conteuse nous raconte qu'un jour grand-papa lui a rendu visite au beau milieu d'une tempête de neige, uniquement pour lui offrir des roses à l'occasion de son anniversaire.

L'heure des visites est maintenant terminée. Le temps a passé trop vite. Tous les visiteurs récitent une courte prière pour grand-papa. Ils lui disent au revoir et à bientôt.

Ce soir-là, grand-papa fait venir l'infirmière et lui annonce qu'il a faim. Rapidement, il redevient capable de s'asseoir et finit même par se mettre debout. Il prend du mieux à chaque jour, retrouvant peu à peu ses forces. Voilà qu'il est maintenant en mesure de rentrer chez lui.

Les médecins sont stupéfaits. Pour eux, sa guérison tient du miracle. Moi, je connais pourtant la vérité; c'est la visite de ses amis qui l'a guéri.

Grand-papa va mieux maintenant. Chaque samedi, beau temps mauvais temps, nous partons à pied rendre visite à nos amis: le Cordon-bleu, le Blagueur, le Chanteur, la Grand-mère, la Conteuse, le Taciturne et, bien sûr, la surveillante assise derrière son bureau.

Debbie Herman

Joyeux Noël, mon ami

L'amour est la seule chose que nous pouvons emporter avec nous pour le grand voyage, et il rend la fin si douce.

Louisa May Alcott

« Jamais je ne t'oublierai », dit le vieil homme. Une larme roula sur la peau tannée de sa joue. « Je suis vieux. Je ne peux plus prendre soin de toi. »

La tête penchée sur le côté, Monsieur DuPree regarda son maître. *Woof, woof, woof!* Il remua la queue en se demandant *Mais de quoi parle-t-il?*

« Je ne suis plus capable de prendre soin de moi, et encore moins de toi. » Le vieil homme se racla la gorge. Il sortit un mouchoir de sa poche et se moucha bruyamment.

« Bientôt, je vais aller dans une maison pour les vieux. Je suis désolé, mais tu ne peux pas venir avec moi. Ils n'acceptent pas les chiens là-bas. » Le dos voûté par l'âge, le vieillard s'approcha en boitant de Monsieur DuPree et caressa la tête du chien.

« Ne t'en fais pas, mon fidèle ami. On te trouvera une nouvelle maison. Une belle maison pour toi. » Il s'interrompit puis ajouta: « Tu es un si beau chien, ce ne sera pas difficile de te trouver une maison. N'importe qui serait fier d'avoir un si beau chien. »

Monsieur DuPree secoua vigoureusement la queue, puis se pavana sur le plancher de la cuisine.

Pendant un moment, le chien se sentit rassuré par l'odeur familière du vieillard qui se mêlait à une odeur de friture. Mais la peur reprit le dessus. La queue entre les pattes, le chien resta immobile.

« Viens ici. » Péniblement, le vieil homme s'agenouilla et serra affectueusement Monsieur DuPree contre lui. Il noua un ruban muni d'une énorme boucle rouge autour du cou du chien, puis il y attacha une note. *Qu'est-ce que la note dit?* se demanda Monsieur DuPree.

« Il est écrit » lut le vieil homme à haute voix, « Joyeux Noël! Mon nom est Monsieur DuPree. Pour le déjeuner, j'aime les œufs et le bacon, mais des céréales et du lait peuvent aussi faire l'affaire. Pour le dîner, je préfère des pommes de terre en purée et un peu de viande. C'est tout. Je mange seulement deux repas par jour. En retour, je serai ton plus fidèle ami. »

Woof, woof! Woof, woof! Monsieur DuPree était confus; ses yeux demandaient d'un air suppliant *Qu'est-ce qui se passe?*

Le vieillard se moucha de nouveau, puis il s'appuya sur une chaise pour se relever. Il boutonna son pardessus, prit la laisse du chien et dit doucement « Viens ici, mon ami ». Il ouvrit la porte. Une rafale de vent glacé entra dans la maison. L'homme sortit dehors avec son chien. Le crépuscule tombait. Monsieur DuPree opposa une résistance. Il ne voulait pas partir.

« Ne me rends pas la tâche plus difficile qu'elle ne l'est déjà. Je te promets que tu seras beaucoup mieux avec un nouveau maître. »

La rue était déserte. Fouettés par le vent d'hiver, le vieillard et le chien avançaient péniblement. La neige se mit à tomber.

Après un très long moment, ils arrivèrent près d'une vieille maison victorienne flanquée de grands arbres qui se balançaient et craquaient sous le vent. Grelottant de froid, ils contemplèrent la maison. Les fenêtres étaient ornées de lumières scintillantes et le vent charriait le son étouffé d'un chant de Noël.

« C'est la maison parfaite pour toi », dit le vieillard d'un ton faussement enjoué. Il se pencha et détacha la laisse. Ensuite, il ouvrit la porte de la clôture, lentement pour éviter qu'elle ne grince. « Allez, va. Monte l'escalier et gratte la porte. »

Monsieur DuPree regarda son maître, puis la maison, puis son maître. Il ne comprenait pas. *Woof! Woof woof!*

« Allez, remue-toi », dit le vieillard en poussant doucement le chien. « Je n'ai plus besoin de toi », ajouta-t-il d'un ton bourru. « Va-t'en! »

Monsieur DuPree avait de la peine. Il croyait que son maître ne l'aimait plus. Il ne comprenait pas que son maître l'aimait beaucoup, mais qu'il ne pouvait plus s'occuper de lui. Le chien avança d'un pas lent vers la maison, puis il monta l'escalier. D'une patte, il gratta la porte. *Woof, woof! Woof, woof!*

Le chien tourna la tête et vit son maître se cacher derrière un arbre au moment même où quelqu'un ouvrait la porte. Un petit garçon apparut dans l'embrasure, le corps rayonnant d'une lumière chaude qui venait du vestibule. Dès qu'il vit Monsieur DuPree, le petit garçon leva les bras et cria de plaisir. « Maman, Papa, venez voir ce que le père Noël m'a apporté! »

Tapi derrière l'arbre, le vieillard vit à travers ses larmes la mère du garçon lire la note et conduire tendrement Monsieur DuPree dans la maison. Un sourire fatigué aux lèvres, le vieil homme essuya ses larmes avec la manche froide et humide de son manteau. Puis, il disparut dans la nuit en murmurant: « Joyeux Noël, mon ami. »

Christa Holder Ocker

2

L'AMITIÉ

Une blessure ? Ils vont la guérir.
Un nuage sombre ? Ils vont le chasser.
Un mensonge ? Ils vont t'aider à voir la vérité.
Un élan de tristesse ? Ils vont te faire rire.

« Ils », ce sont tes amis,
Toujours là pour te protéger et te consoler,
T'écouter sans jamais te juger,
Te distraire les jours de pluie.

Beau temps mauvais temps,
Dans la joie comme dans la peine,
L'amitié est la plus grande des veines,
L'amitié sait traverser le temps.

Harmony Davis, 14 ans

Un extraterrestre
sur Internet

Sois toujours aimable, car tous ceux que tu croises livrent un combat encore plus dur que le tien.

Platon

Andy n'avait jamais rencontré Joey en personne, bien qu'il fût son meilleur ami. Il l'avait connu sur Internet. À l'école, pendant la récréation, Andy jouait à la *Guerre des étoiles* avec Kevin et Robin, et c'est grâce à tous les trucs que Joey lui avait appris sur le système solaire que ce jeu était si amusant. Joey n'allait pas à l'école; on lui faisait l'école à la maison. *Comme j'aimerais que Joey fréquente notre école, ici, à Portland. Je ne m'ennuierais jamais car il est si intelligent*, songeait Andy.

Un jour, l'institutrice d'Andy, Mme Becker, traça un grand cercle au tableau en disant qu'il représentait une pizza. « Andy, si je divisais cette pizza, préférerais-tu en recevoir un tiers ou un dixième? » lui demanda-t-elle.

Comme dix est plus grand que trois, Andy répondit dix. Kevin leva alors la main en criant qu'il choisirait le tiers. Mme Becker divisa alors la pizza avec sa craie pour montrer à Andy que le morceau de Kevin était plus grand que le sien.

« Tu ne mangeras pas à ta faim », lui dit Kevin pour le taquiner.

Sandra, la fille assise derrière Andy, se mit à ricaner. Puis toute la classe pouffa de rire. *Comme j'aimerais que la cloche de la récré sonne*, pensa Andy en se demandant à quel jeu il pourrait jouer seul plutôt qu'avec Kevin et Rob.

La voix sévère de Mme Becker ramena le silence dans la classe. « Andy, vois-tu que plus tu divises la pizza, plus les pointes sont petites? »

« Oui m'dame » mentit Andy.

Il restait une demi-heure avant que la cloche sonne, et Mme Becker en profita pour donner à faire vingt problèmes du manuel de mathématiques. Dans chaque problème, il y avait deux fractions séparées par un cercle vide. Les élèves devaient tracer dans le cercle le symbole plus grand que, >, ou le symbole plus petit que, <. La vue de toutes ces fractions donna le vertige à Andy. Il se dit qu'il avait une chance sur deux de trouver chaque bonne réponse, alors il essaya de les deviner. Et il se trompa.

Après l'école, lorsque Andy contacta Joey via Internet, il tapa sur le clavier: « J'ai coulé un mini-test de maths aujourd'hui. Je ne comprends rien aux fractions, je ne suis pas capable de dire laquelle de deux fractions est la plus grande. » Joey répondit par le message suivant: « Voici un bon truc. Prends tes deux fractions et multiplie le chiffre du bas d'une fraction par le chiffre du haut de l'autre fraction. » Puis il lui envoya une démonstration sur l'écran d'Andy en utilisant les fractions deux tiers et quatre cinquièmes.

« Cinq fois deux égale dix. Trois fois quatre égale douze. Dix est plus petit que douze. Donc, deux tiers est plus petit que quatre cinquièmes. » C'était un jeu d'enfants, même pour Andy. La semaine suivante, quand Mme Becker donna un test de fractions, Andy fut le seul à décrocher 100 pour cent. Grâce à Joey, Andy ne passa plus pour un cancre aux yeux de ses camarades de classe.

Puisque Joey et Andy étaient devenus si bons amis, Andy demanda à Joey de lui envoyer une photo et lui dit qu'il lui enverrait une de lui en retour. L'équipe de baseball d'Andy venait de tenir une séance de photos en uniforme; pour sa photo, Andy avait pris la pose du frappeur, le bâton appuyé sur l'épaule, comme s'il s'apprêtait à frapper un coup de circuit. Avant de mettre la photo dans une enveloppe pour l'expédier à Joey, Andy se dit *J'ai l'air cool, un vrai athlète*. Il alla ensuite poster son enveloppe à Joey, qui vivait à Tallahassee. Au cours des journées qui suivirent, Andy attendit que le facteur lui apporte la photo de son ami.

Chaque jour, lorsqu'il bavardait sur Internet, Andy demandait à Joey s'il avait reçu sa photo. Au bout de trois jours, Joey annonça: « Ta photo est arrivée et elle est vraiment formidable. Merci! »

« Parfait! La tienne ne devrait donc pas tarder à arriver », rétorqua Andy. Mais la photo de Joey n'arrivait pas. Chaque jour, Andy disait à Joey: « Toujours pas de photo. Tu devrais peut-être en envoyer une autre. »

Ça devenait intrigant. Pas de photo de Joey, et quand Andy lui en parlait, Joey changeait de sujet. Un jour, pendant qu'ils discutaient de la *Guerre des étoiles* et des extraterrestres, Andy lui demanda: « Et s'il y avait vraiment des extraterrestres qui vivaient sur terre sous les traits d'humains? Tu sais, comme dans les films? »

Une éternité sembla s'écouler avant que la réponse de Joey clignote sur l'écran. « Peux-tu garder un secret? »

« Je pense que oui », tapa Andy.

« Tu me le promets? C'est vraiment important! »

« Bien sûr. Promis. »

« Je suis un extraterrestre originaire d'une autre galaxie. C'est pour cela que je ne peux pas t'envoyer de photo. Mon champ d'énergie ne peut pas être capté sur pellicule photographique. »

Andy resta bouche bée, abasourdi, les yeux rivés sur l'écran, ignorant la voix de sa mère qui l'appelait pour souper. *C'est une blague de Joey ou quoi? C'est pour ça qu'il ne m'envoie pas de photo? Et qu'il en connaît autant sur les vaisseaux spatiaux et les autres planètes? Qu'il est si secret?*

Pendant le souper, son père annonça: « J'ai une bonne nouvelle à vous annoncer! On a accepté ma demande de transfert. Nous déménageons à Denver à la fin du mois. La compagnie nous a trouvé une maison à louer située près d'une bonne école pour Andy. Il y a même assez de place pour que grand-maman vienne vivre avec nous. »

Sa mère débordait de joie, car la grand-mère d'Andy vivait dans un centre d'accueil à Denver depuis qu'elle s'était fracturé une hanche à la suite d'une mauvaise chute, et les parents d'Andy voulaient depuis longtemps qu'elle vienne vivre avec eux. Andy, lui, éprouvait des sentiments contradictoires.

Ce soir-là, dans son lit, Andy songea qu'il allait encore déménager. *Je me rappelle comment je me suis senti quand nous avons déménagé ici. C'était difficile de me faire de nouveaux amis. Le premier jour, on aurait dit que tout le monde me dévisageait. Les autres m'ont traité différemment jusqu'à ce qu'ils apprennent à me connaître.* Ce fut la dernière pensée qu'il eut avant de sombrer dans le sommeil.

Le lendemain, pendant qu'Andy mangeait ses céréales dans la cuisine, sa mère regardait la télévision. Un reporter interviewait une femme qui vivait à Tallahassee, en Floride. « Dites-nous quel rôle joue Internet dans la vie de Joey », demanda le reporter.

« Eh bien, ça lui a donné une liberté qu'il n'avait jamais connue. Non seulement peut-il trouver de l'information sans bouger de son fauteuil roulant, mais surtout, il s'est fait des amis. »

Le reporter poursuivit: « Joey, parle-nous de tes nouveaux amis. » Apparut alors à l'écran un garçon assis dans un fauteuil roulant devant son ordinateur. Il était maigrichon, les jambes décharnées, la tête inclinée sur le côté. Quand il répondait, on comprenait difficilement ses mots. Il devait faire beaucoup d'efforts pour parler, et un peu de salive coulait au coin de ses lèvres.

« Quand les autres enfants me voient, ils voient uniquement que je suis différent. J'ai de la difficulté à parler et à me faire comprendre. Quand je suis sur Internet, ils croient que je suis un garçon comme les autres parce qu'ils ne me voient pas. Je me suis fait un tas d'amis », expliqua-t-il.

Toute la journée à l'école, les pensées se bousculèrent dans l'esprit d'Andy. *Joey, son ami sur Internet; Joey l'extraterrestre; Joey à la télé; se faire de nouveaux amis à Denver; grand-mère et sa marchette.* Aussitôt qu'il revint de l'école, il se précipita dans sa chambre, jeta son sac à dos sur le lit et ouvrit son ordinateur. Il avait pris une décision: *Je me fiche que Joey vienne de Mars, de Saturne ou de Tallahassee. Je me fiche de son allure. Je sais qui est Joey. Joey est mon ami.*

Andy tapa sur le clavier: « Joey, devine quoi? Nous déménageons à Denver. Je me trouve chanceux d'avoir un ami qui me suive partout. »

Joanne Peterson

Edna Mae et les préjugés

> *La principale cause des erreurs humaines réside dans les préjugés inculqués durant l'enfance.*
>
> Descartes

Edna Mae était une de mes meilleures amies quand j'étais en première année. À l'approche de son anniversaire, toutes les filles de la classe furent invitées à une fête. Nous attendions ce jour avec excitation.

« Quelle sorte de gâteau auras-tu? » lui demandions-nous.

« Y aura-t-il des jeux avec des prix? Des décorations? Des chapeaux d'anniversaire? »

Edna Mae se contentait de sourire et de secouer la tête. « Attendez et vous verrez », se bornait-elle à répondre. Ensemble, nous comptions les jours qui nous séparaient du samedi, le jour indiqué sur l'invitation.

Le samedi arriva enfin. J'emballai mon présent, j'enfilai ma plus belle robe et j'attendis ce qui me parut une éternité avant que ma mère dise: « C'est l'heure de partir! »

Je fus ravie d'arriver la première car on me demanda d'aider à placer des coupes pleines de bonbons, une pour chacune des douze invitées. La mère d'Edna Mae avait recouvert la table d'une nappe où apparaissaient des dizaines de fois des « Joyeux anniversaire », puis elle avait posé dessus des assiettes et des tasses assorties. Des ballons flottaient partout. Des serpentins traversaient les plafonds du couloir, du salon et de la salle à manger, là où trônait la table toute décorée. On aurait dit un conte de fées.

« Oh! Edna Mae! Oh! Edna Mae! » furent les seules paroles que je pus balbutier.

La mère d'Edna Mae nous demanda d'aller sur la galerie attendre les invitées. Edna Mae vivait aux limites de la ville et la plupart de ses camarades de classe n'étaient jamais allées chez elle.

« Certaines auront peut-être de la difficulté à trouver le chemin », dit la mère d'Edna Mae.

Assises sur les marches, nous nous mîmes à attendre, à attendre, à attendre. Edna Mae commença à pleurer. Je me sentais si désolée pour elle que je ne savais pas quoi dire.

Finalement, sa mère sortit et annonça: « Que la fête commence! » Elle nous fit entrer dans la maison, nous attacha un bandeau autour des yeux, nous remit une queue percée d'une punaise et nous dirigea vers l'âne collé au mur.

« Celle qui accrochera la queue le plus près du bon endroit remportera le premier prix! » expliqua-t-elle. J'accrochai ma queue près du nez de l'âne tandis qu'Edna Mae plaça la sienne dans un des sabots. Nous éclatâmes de rire.

Edna Mae et moi jouâmes à tous les jeux et partageâmes tous les prix. Nous eûmes même droit à deux morceaux de gâteau chacune.

Dans la voiture qui me ramenait à la maison, je demandai à ma mère: « Pourquoi les autres filles ne sont pas venues? Edna Mae a eu de la peine. »

Maman hésita, puis elle dit tristement: « Ma chouette, si elles ne sont pas venues, c'est parce qu'Edna Mae est noire. »

« Elle n'est pas noire, protestai-je. Elle a l'air d'une personne qui reste bronzée toute l'année. »

« Je sais, ma chouette. Mais Edna Mae est différente des autres filles de ta classe, et certaines personnes ont peur de ceux qui sont différents d'elles. Les gens ont des préjugés, ma chouette. C'est le mot que les adultes utilisent: *préjugés*. »

« Ces filles sont méchantes. Elles ont fait pleurer Edna Mae. Je n'aurai jamais de préjugés », dis-je.

Ma mère mit son bras autour de moi: « Je suis contente que tu dises cela, ma chouette. Et je suis contente qu'Edna Mae ait une bonne amie comme toi. »

Sandra Warren

Voir avec le cœur

Il avait le nez aplati, comme si sa mère l'avait échappé quand il était bébé. Ses oreilles étaient deux fois — et peut-être même deux fois et demie — trop grandes pour sa tête. Et ses yeux! Ses yeux étaient globuleux comme s'ils allaient sortir de leurs orbites. Il était plutôt bien vêtu, Tim ne pouvait le nier, mais c'était tout de même le garçon le plus moche qu'il avait jamais vu.

Pourquoi alors ce nouveau venu était-il aussi nonchalamment adossé au casier de Jennifer Lawrence, une des filles les plus « cool » de l'école? Et pourquoi Jennifer lui souriait-elle au lieu de se payer sa tête comme elle le faisait avec Tim? *Étrange*, pensa-t-il. *Vraiment étrange*.

À la pause du dîner, Tim avait oublié le petit nouveau. Il s'était assis à sa table habituelle, dans un coin, seul. Tim était un solitaire. Il n'était pas aussi laid que le petit nouveau, seulement un peu trop gros et du genre intello. On ne parlait pas beaucoup à Tim, mais il en avait l'habitude. Il s'était adapté.

Avant de s'attaquer à la seconde moitié de son sandwich au beurre d'arachide et au ketchup (il mettait du ketchup sur tout), Tim leva les yeux. Il aperçut le petit nouveau qui tenait son plateau-repas, debout à côté de Jennifer, le sourire fendu jusqu'aux oreilles comme s'il venait d'obtenir cent pour cent en maths. Elle aussi souriait. Elle se poussa pour lui faire une place à côté d'elle sur le banc. *Étrange. Vraiment étrange.*

Ce que fit alors le petit nouveau fut plus étrange encore. Il secoua la tête, regarda autour de lui et se dirigea tout droit vers Tim.

S'il avait été à sa place, Tim, lui, aurait pris place si rapidement à côté de Jennifer que son sac à lunch serait resté suspendu dans les airs.

« Ça te dérange si je m'assois avec toi? » demanda-t-il.

C'est ce qu'il demanda à Tim. *Si ça me dérange qu'il s'assoie avec moi? Comme si tous les élèves de 2e secondaire se bousculaient pour s'asseoir à ma table!*, pensa Tim.

« Oui, je veux dire, non, ça ne me dérange pas », répondit Tim.

Il s'installa donc à côté de Tim. Et il fit de même le lendemain ainsi que tous les jours qui suivirent, jusqu'à ce qu'ils deviennent des amis, de vrais amis.

C'était la première fois que Tim avait un véritable ami. Jeff, c'était le nom du petit nouveau, l'invitait à venir chez lui, à l'accompagner dans des excursions familiales et même à faire de la randonnée. Incroyable! Le gros Tim qui faisait de la randonnée!

Le plus drôle, c'est qu'un jour Tim se rendit compte qu'il n'était plus si gros. *Les bienfaits de la randonnée, j'imagine*, pensa-t-il. Peu à peu, les autres élèves se mirent à lui parler, à le saluer de la tête dans les couloirs et même à lui demander de l'aide pour leurs devoirs. Et Tim leur parlait à son tour. Il n'était plus un solitaire.

Un jour, quand Jeff vint s'asseoir pour dîner, Tim ne put s'empêcher de lui demander: « Pourquoi t'es-tu assis avec moi le premier jour où on s'est parlé? Jennifer Lawrence t'avait pourtant invité à t'asseoir avec elle? »

« Oui, elle m'avait invité à m'asseoir avec elle, mais elle n'avait pas besoin de moi. »

« Besoin de toi? »

« Toi, tu en avais besoin. »

« Moi? »

Tim espéra que personne n'écoutait. *C'est une conversation vraiment idiote*, pensa-t-il.

« Tu étais assis tout seul », expliqua Jeff. « Tu avais l'air seul et intimidé. »

« Intimidé? »

« Ouais, intimidé. Je sais de quoi je parle. C'est l'air que j'avais l'habitude d'avoir. »

Tim n'en croyait pas ses oreilles.

« Tu n'as peut-être pas remarqué, mais je ne suis pas exactement le plus beau gars de l'école », ajouta Jeff. « À mon ancienne école, j'étais toujours seul. J'évitais de regarder les autres, de crainte qu'ils rient de moi. »

« Qu'ils rient de toi? » Tim se sentit stupide en demandant cela, mais il imaginait difficilement que Jeff ait été un solitaire comme lui. Jeff était si sociable.

« Oui, j'avais peur qu'on rie de moi. Il a fallu qu'un ami m'aide à comprendre que ce n'était pas à cause de mes oreilles ou de mon nez que j'étais tout seul. J'étais tout seul parce que je ne souriais jamais et que je ne m'intéressais à personne. J'étais tellement préoccupé par moi-même que je ne voyais pas les autres. C'est pour ça que je me suis assis avec toi l'autre jour: pour te faire sentir que tu avais un ami. Jennifer sait qu'elle a déjà des amis. »

« Ah! oui, pour le savoir, elle le sait », dit Tim en voyant deux garçons qui se bousculaient pour s'asseoir à côté de Jennifer. Jeff et lui se mirent à rire. *Ça fait du bien de rire et j'ai beaucoup ri dernièrement*, se dit Tim.

Tim regarda Jeff. Il le regarda véritablement. *Il n'est pas si laid après tout. On ne peut pas dire que c'est un beau gars, mais il n'est pas moche non plus. Jeff est mon ami.*

Tim se rendit compte qu'il voyait Jeff pour la première fois. Quelques mois plus tôt, il n'avait vu qu'un nez bizarre et de grandes oreilles. Aujourd'hui, il voyait Jeff, il le voyait avec son cœur.

Marie P. McDougal

Le vase favori

Mon jeune frère et moi étions à la maison en train de regarder des dessins animés. Mon père dormait et ma mère était sortie faire des courses. J'avais laissé mon frère seul dans le salon, le temps d'aller me chercher un breuvage. Pendant que je me versais un verre de jus d'orange, j'entendis quelque chose se casser. Je vérifiai d'abord si mon père était descendu de sa chambre, mais il dormait toujours. Je me précipitai alors auprès de mon frère pour voir ce qui était arrivé. Lorsque j'entrai dans le salon, j'eus un choc: mon frère avait cassé le vase favori de ma mère.

« Qu'est-ce que t'as fait? » dis-je, le souffle coupé.

« Je l'ai cassé! répondit mon frère. C'est un accident! »

Sentant la panique s'emparer de mon frère et voulant le protéger, je fis ce que n'importe quelle amie aurait fait: j'essayai de l'aider. Je me dépêchai d'aller chercher de la colle, car ma mère ou mon père pouvait se pointer à tout moment. Je ramassai frénétiquement tous les morceaux et commençai à les recoller. Au bout d'une heure, j'étais *enfin* parvenue à réparer le vase. Or, le véritable désastre ne s'était pas encore produit.

« Oh! mon Dieu! Oh! mon Dieu! » hurlai-je.

J'avais réparé le vase, mais j'avais accidentellement collé mes cheveux entre deux morceaux!

Sous les yeux de mon frère qui me regardait comme si j'étais une véritable idiote, j'emportai le vase dans la salle de bains, les cheveux toujours collés. Je regardai dans le miroir.

« Mes beaux cheveux ! » dis-je en pleurant. Je pris une paire de ciseaux, car je voyais bien qu'il serait impossible de décoller mes cheveux. À chaque mèche que je coupais, je versais des larmes. Mes cheveux étaient fichus et le vase ressemblait à une perruque. Lorsque je sortis de la salle de bains, affublée de ma nouvelle et ridicule coupe de cheveux, j'entendis une clé tourner dans la serrure. « Les enfants, c'est moi ! »

Ma mère était de retour ! Mon frère se précipita dans sa chambre et fit semblant de dormir, m'abandonnant à mon triste sort. Avant que je puisse dire un mot, elle cria et m'envoya dans ma chambre pour réfléchir à ma gaffe, convaincue que j'avais cassé le vase. Non seulement j'étais punie, mais j'allais devoir aller à l'école avec une tête à faire peur !

Étendue sur mon lit, les yeux rivés au plafond, je songeai que mon geste envers mon frère était un geste d'amitié. Malgré nos fréquentes disputes, je m'étais sacrifiée pour lui. Un sacrifice énorme, cependant : mes cheveux et ma liberté !

Toc Toc. Quelqu'un frappait à ma porte.

« Qui est-ce ? » demandai-je.

Mon frère entra et me serra dans ses bras.

« Merci », dit-il.

« De rien, répondis-je. J'imagine que les grandes sœurs servent à cela : être là quand on en a besoin. »

Belladonna Richuitti, 12 ans

Tous pour un

L'été de mes dix ans, j'ai compris à quel point les liens qui nous unissent aux autres sont essentiels à notre survie.

Joel Walker, 11 ans

« Je vais mourir! Je vais mourir! » Je hurlais à en perdre haleine, m'accrochant désespérément à la vie. Soudain, mes orteils glissèrent hors de la fissure où j'avais trouvé un point d'appui. « Je vais mourir! » hurlai-je encore. *Si je ne trouve pas un endroit où placer mon pied, je vais tomber!* pensai-je. En tâtant avec mes orteils, je trouvai finalement un endroit où reprendre pied. Je levai les yeux et, à travers la vapeur, j'aperçus Warren, agenouillé au-dessus du trou.

« Prends ma main! » cria-t-il. J'étirai le bras autant que je pus sans perdre l'équilibre, mais le soufre qui couvrait mes mains m'empêchait d'agripper fermement la main de Warren.

« Ne crains rien. Je ne te laisserai pas tomber », me dit-il pour me rassurer. « On va te sortir de là, Joel. »

Warren resta près de la cheminée volcanique sans cesse de me parler tandis que les autres garçons partirent chercher de l'aide. Je savais que mes amis feraient l'impossible pour me sauver.

Nous étions membres de la même équipe de soccer et notre amitié était née des liens que nous avions tissés entre nous ainsi que de la confiance que nous avions

:quise les uns envers les autres. Le sport nous avait appris à communiquer les uns avec les autres.

Notre équipe avait bien joué toute l'année. Cet été-là, nous eûmes la chance d'être invités au tournoi Big Island Cup, à Hawaï. C'était la première fois en dix ans qu'une équipe de notre région y participerait. Tout ce qui nous manquait, c'était de l'argent. Nous fîmes donc du porte-à-porte, et les dons généreux que nous reçûmes couvrirent les coûts du tournoi. L'équipe partit donc pour Kona, en route pour une aventure de neuf jours.

Le premier jour, l'équipe s'installa à l'hôtel et s'entraîna pendant quelques heures. Le lendemain, comme nous n'avions pas de match à jouer, nous décidâmes de faire un peu de tourisme.

Nous allâmes visiter les ruines calcinées d'un village qui avait été anéanti par une rivière de lave en fusion lors d'une éruption volcanique. Comme le temps nous manquait pour monter jusqu'au sommet du volcan, nous décidâmes d'aller voir les cheminées volcaniques du Volcano National Park. Une cheminée volcanique est une crevasse dans la croûte terrestre causée par la chaleur et la pression d'un volcan. La vapeur qui jaillit d'un volcan sort également par ces cheminées. Certaines cheminées sont grandes et faciles à repérer grâce à la vapeur qui s'élève dans les airs. D'autres cheminées, en revanche, sont petites et difficiles à voir; nous devions donc marcher prudemment, car de petites cheminées étaient dissimulées un peu partout dans l'herbe du parc.

Comme je voulais prendre quelques photos, Warren et moi partîmes à la recherche de cheminées volcaniques. Lorsque j'entendis Warren me dire « Joel, il y en a une à côté de toi », je me retournai trop brusquement et me pris les pieds dans de longues herbes. Le temps de m'en rendre compte et je me retrouvai coincé dans une cheminée juste assez large pour tomber dedans.

C'est à ce moment que je commençai à hurler pour qu'on vienne à mon secours. Warren tenta de me sortir de cette fâcheuse position, mais le soufre, un sous-produit des volcans, me brûlait les mains et m'empêchait de m'agripper à lui.

Mon cerveau émettait des signaux de panique partout dans mon corps. Je poussai contre les parois de la cheminée avec mes mains si gravement brûlées par le soufre fumant que des cloques de presque cinq centimètres se formèrent sur mes doigts et mes paumes. Je sentis que si je m'enfonçais davantage, je périrais, victime de la chaleur mortelle de la vapeur ou, pire encore, d'une chute dans le mystérieux et obscur passage qui menait tout droit à la lave bouillante du volcan.

J'ignore comment, mais mes chaussures sortirent de mes pieds. Pourtant, je portais des chaussettes et ces chaussettes auraient dû en principe faire tenir mes chaussures à mes pieds, mais je les perdis. Heureusement, car cela empêcha le caoutchouc de mes semelles de fondre sur la peau de mes pieds. Le soufre brûlant, qui dégageait une odeur d'œufs pourris, me chauffait cependant la plante des pieds à travers mes chaussettes.

J'essayai de nouveau de distinguer quelque chose à travers la colonne de vapeur brûlante. Cette fois, j'aperçus un homme — un étranger — qui me cria que du secours arrivait. Voulant me rassurer, Warren ajouta: « Ils s'en viennent, Joel. Tiens bon! » Les adultes qui accompagnaient l'équipe arrivèrent enfin et formèrent immédiatement une chaîne humaine; de cette façon, la personne qui m'extirperait du trou ne serait pas entraînée avec moi. Une femme parmi nos accompagnateurs se pencha jusqu'à moi et établit le contact qui me sauva la vie.

Dès que nous fûmes fermement agrippés l'un à l'autre, elle tira de toutes ses forces et je me retrouvai sur le sol, à l'extérieur de la cheminée. Sans perdre une seconde, les adultes m'enlevèrent mes vêtements fumants pour éviter que mes brûlures ne s'aggravent. Je me fichais complètement de me retrouver flambant nu devant tout le monde! J'étais secoué de frissons et de tremblements, souffrant comme jamais je n'avais souffert auparavant, mais heureux d'être encore en vie!

L'étranger qui était venu à mon aide me transporta rapidement dans la voiture de mon entraîneur. Nous nous dirigeâmes vers le pavillon d'accueil où il serait possible d'appeler une ambulance. Un employé du parc qui circulait dans son camion nous croisa. Nous lui fîmes signe d'arrêter et il nous demanda de le suivre jusqu'au pavillon principal. Une fois sur place, il me plongea immédiatement dans un bassin d'eau froide pour prévenir l'aggravation de mes brûlures. Les ambulanciers arrivèrent peu après. À mi-chemin vers l'hôpital, après que les ambulanciers eurent pris ma pression sanguine et ma température, je dus changer d'ambulance à cause d'une idiote question de limites de territoire ou quelque chose du genre. Je ne cessais de supplier le chauffeur: « N'arrêtez pas! Je vous en prie! » Je souffrais le martyre: tout ce que je voulais, c'était arriver à l'hôpital. Les ambulanciers de la seconde ambulance reprirent tous mes signes vitaux pendant ce qui me sembla une éternité.

Ce n'est qu'une fois rendu à l'hôpital et traité pour mes brûlures que le choc initial commença à s'atténuer. Je me rendis compte alors à quel point les amis — les gens — sont importants. On m'avait sauvé la vie! Si j'avais été seul, je serais mort.

La nouvelle de mon accident fit la manchette de tous les journaux télévisés, de Hawaï à la Californie. Ma mère prit le premier avion pour Hawaï et me ramena à la maison. Dans l'avion et même à l'aéroport de Los Angeles, les gens me reconnaissaient; j'étais « le garçon tombé dans une cheminée volcanique ». Quand ils me voyaient, ils s'arrêtaient pour me parler, et je sentais que ma mésaventure les touchait. Beaucoup de gens me confièrent qu'ils avaient prié pour moi.

Ma famille et mes amis m'épaulèrent tout au long de ma douloureuse convalescence. Chaque jour, pendant quatre semaines, je dus aller à l'hôpital pour prendre des bains thérapeutiques. Chaque fois, ma mère ou mon père m'accompagnait. Ces bains furent l'expérience la plus douloureuse de toute ma vie. J'embrassais sans cesse les mains de ma mère ou de mon père pour distraire mon esprit de la douleur et cela semblait la rendre plus supportable.

J'ai beaucoup appris depuis ce jour d'été qui a failli être mon dernier. Mon accident a transformé mes relations avec mes amis. Nous parlons beaucoup plus qu'avant, de tout et de rien. Aussi, j'ai davantage envie d'être présent pour les membres de ma famille, comme eux l'ont été pour moi. Quand ma mère a reçu des points de suture au pouce, l'autre jour, je suis resté à ses côtés jusqu'à la fin de l'intervention pour lui tenir la main. Aujourd'hui, je comprends l'importance du soutien moral, d'être simplement présent pour les gens. Je suis plus disponible aux autres qu'auparavant.

À la fin de cet été-là, quand mes traitements furent terminés, j'ai recommencé immédiatement à jouer au soccer. Ce sport m'avait beaucoup manqué, certes, mais pas autant que la chose la plus importante pour moi: mes amis, les gens, ces liens qui m'unissent aux autres.

Joel Walker, 11 ans

Les meilleures amies

On ne se fait berner qu'avec notre permission.

Nathalie Sarraute

« Reste, je t'en prie », suppliai-je.

Ann était ma meilleure amie, la seule autre fille de mon âge du quartier, et je ne voulais pas qu'elle parte.

Elle s'assit sur mon lit, ses yeux bleus dénués d'expression.

« Je m'ennuie », dit-elle en tournant lentement son épaisse natte rousse entre ses doigts. Elle était arrivée depuis une demi-heure pour jouer avec moi.

« S'il te plaît, ne pars pas, implorai-je. Ta mère a dit que tu pouvais rester une heure. »

Ann se levait pour partir quand elle aperçut une paire de mocassins miniatures sur ma table de chevet. Faits de cuir caramel et ornés de perles brillantes, ces mocassins étaient mon trésor le plus précieux.

« Je reste si tu me les donnes », dit Ann.

Je fronçai les sourcils. Je ne pouvais pas imaginer me défaire de ces mocassins. « Mais c'est tante Reba qui me les a donnés! » protestai-je.

Ma tante avait été une belle femme très gentille. Je l'avais vraiment adorée. Elle ne refusait jamais de passer du temps avec moi. Nous nous racontions des histoires idiotes et nous en riions sans arrêt. Le jour de son décès, j'avais pleuré dans mon lit pendant des heures, incapable de croire que je ne la reverrais plus jamais.

Lorsque je pris les doux mocassins au creux de mes mains, de tendres souvenirs refirent surface.

« Allez, insista Ann. Je suis ta meilleure amie. » Comme si elle avait besoin de me le rappeler!

J'ignore ce qui m'a pris, mais je voulais vraiment que quelqu'un joue avec moi. Je le voulais tellement que je tendis les mocassins à Ann.

Elle les fourra dans sa poche et nous partîmes faire de la bicyclette dans la ruelle. Bientôt, ce fut pour Ann l'heure de rentrer. De toute façon, je n'avais plus le cœur à jouer, bouleversée que j'étais d'avoir donné les mocassins.

Ce soir-là, je prétendis manquer d'appétit et montai me coucher sans souper. Une fois dans ma chambre, les mocassins commencèrent à me manquer réellement.

Lorsque ma mère vint me border et éteindre la lumière, elle me demanda ce qui n'allait pas. Entre deux sanglots, je lui racontai comment j'avais trahi la mémoire de tante Reba et à quel point j'en avais honte.

Maman me serra tendrement dans ses bras et se contenta de dire: « J'imagine que c'est à toi de décider ce que tu vas faire. »

Ses paroles ne me furent d'aucun secours. Seule dans le noir, je finis toutefois par voir plus clairement la situation. *Entre amis, cela ne se fait pas de reprendre quelque chose après l'avoir donné. Mais ce marché a-t-il été juste? Pourquoi ai-je permis à Ann de jouer ainsi avec mes sentiments? Mais surtout, est-elle vraiment ma meilleure amie?*

Je pris alors une décision. Je me tournai et retournai dans mon lit toute la nuit, redoutant la levée du jour.

Le lendemain, à l'école, je coinçai Ann pour lui parler. Je pris une grande respiration et lui demandai de me rendre les mocassins. Elle plissa les yeux et me fixa pendant un long moment.

Je t'en prie, pensai-je. *Je t'en prie.*

« D'accord », dit-elle finalement en sortant les mocassins de sa poche. « De toute façon, je ne les aime pas. » Un sentiment de soulagement me submergea telle une vague.

Peu de temps après, Ann et moi cessâmes de nous voir. Je découvris que les garçons du quartier n'étaient pas si mal après tout, surtout lorsqu'ils m'invitaient à jouer à la balle molle. Je me fis même des amies qui habitaient les quartiers voisins.

Au fil des ans, je me suis fait d'autres amies. Toutefois, il ne m'est plus jamais arrivé de supplier quelqu'un de me tenir compagnie. Avec le temps, j'ai compris qu'une bonne amie est celle qui veut passer du temps avec toi sans rien te demander en retour.

Mary Beth Olson

Un ami...

*Grâce à l'amitié, les joies sont deux fois plus
grandes et les peines, deux fois moins lourdes.*

Thomas Fuller

Récemment, une de mes meilleures amies, avec
qui j'avais à peu près tout partagé depuis la maternelle,
passa le week-end chez moi. Depuis mon déménagement dans une nouvelle ville quelques années auparavant, nous attendions toujours avec impatience les rares
moments, au cours de l'année, que nous passions
ensemble.

Durant tout le week-end, nous parlâmes pendant
des heures et jusqu'à tard dans la nuit des gens qu'elle
fréquentait. Elle me raconta des choses au sujet de son
nouveau petit ami, de ses expériences avec les drogues
et de ses autres comportements autodestructeurs.
J'étais abasourdie! Elle m'avoua avoir menti à ses
parents à propos de ses allées et venues, sortant même
en cachette de la maison pour aller voir ce gars qu'ils
lui interdisaient de fréquenter. Malgré tous mes efforts
pour lui faire comprendre qu'elle méritait mieux, elle
refusait de m'entendre. Elle semblait ne plus éprouver
de respect pour elle-même.

Je tentai de la convaincre que non seulement elle
gâchait son avenir, mais qu'elle se dirigeait tout droit
vers un désastre. J'avais l'impression de ne pas l'atteindre, cependant. Je n'arrivais pas à croire qu'elle trou-

vait acceptable de côtoyer une bande de ratés, en particulier son petit ami.

Lorsqu'elle partit, j'étais très inquiète pour elle et épuisée par les moments que nous venions de vivre. L'expérience avait été si frustrante que plusieurs fois au cours du week-end, j'avais eu envie de lui dire que nous vivions désormais des vies trop différentes pour conserver nos liens d'amitié. Toutefois, je n'en avais pas eu le courage. Ce week-end avait mis notre amitié à rude épreuve. Depuis le temps que nous étions amies, j'espérais maintenant qu'elle m'estime suffisamment pour comprendre que j'essayais uniquement de lui éviter qu'elle se fasse du mal. Je voulais me convaincre que notre amitié pouvait surmonter tous les obstacles.

Quelques jours plus tard, elle me téléphona pour m'annoncer qu'après avoir beaucoup réfléchi à notre conversation, elle avait rompu avec son petit ami. Je l'écoutai sans dire un mot à l'autre bout du fil, le visage inondé de larmes de joie. Ce fut l'un des moments les plus gratifiants de toute ma vie. Jamais je n'avais été aussi fière d'une amie.

Danielle Fishel

Un ami...

... jamais ne permettra que tu te détruises.

... prendra le temps nécessaire pour t'écouter et te conseiller, la nuit comme le jour.

... sera capable de t'ouvrir son cœur et d'être lui-même en ta présence.

... mettra de côté son orgueil pour écouter tes conseils.

... ne t'abandonnera jamais.

Danielle Fishel

C'est quelqu'un qui tient ses promesses, qui dit la vérité, qui se réserve du temps pour toi et avec qui on aime bien s'amuser.

Leah Hatcher, 14 ans

C'est une personne qui devine ce que tu veux dire;
C'est quelqu'un qui comprend ce que tu ressens, même si tu ne le comprends pas toi-même;
C'est quelqu'un qui te pardonne avant même que tu ne l'aies fait pour toi-même.

Sarah Bennett, 13 ans

Un ami te rend service sans rien demander en retour.
Il assiste à tes matchs pour t'encourager.

Roman Zaccuri, 12 ans

Une amie te trouvera toujours belle, même si ce n'est pas tout à fait vrai.
Une amie te le dira si tu as quelque chose de pris entre les dents...

Katie Adnoff, 13 ans

Une amie ne dira jamais de mauvaises choses sur toi.

Martina Miller, 12 ans

Un ami occupe une place spéciale dans ton cœur et il est toujours là quand tu en as besoin.

Meghan Gilstrap, 14 ans

Un ami, c'est quelqu'un qui se retient de rire quand tu te couvres de ridicule.
C'est quelqu'un qui reste en retenue avec toi après l'école pour t'aider à recopier 250 phrases.

Danielle Uselton, 12 ans

C'est une personne que tu respectes, qui te respecte et à qui tu peux tout confier.

Jorge Prieto, 11 ans

Une amie te valorise, t'encourage à atteindre tes objectifs et n'est jamais jalouse de toi.

Megan Preizer, 12 ans

C'est quelqu'un qui partage les bons moments avec toi et qui t'écoute dans les moments difficiles.

Molly Oliver, 9 ans

Un ami ne révèle jamais un secret qu'il a juré de garder pour lui.
Il ne parle jamais de toi à d'autres amis.
Il est là pour toujours et toute la vie.

Angie Porter, 12 ans

Un ami reste à tes côtés même lorsque tout le monde semble être contre toi.

MeShelle Locke, 13 ans

Un ami, c'est une personne qui t'ouvre sa porte à toute heure du jour, qui ne te trahit jamais, qui t'aide à te faire de nouveaux amis.

Eun Joo Shin, 13 ans

C'est quelqu'un avec qui tu peux te disputer, mais qui te pardonnera toujours.

Gina Pozielli, 12 ans

C'est quelqu'un qui t'offre de partager son lunch quand tu as oublié le tien.

Hayley Valvano, 12 ans

Une amie ne rit pas quand quelqu'un se moque de toi.

Brittany Miller, 12 ans

Un ami t'aime pour ce que tu es et non pour ton apparence, car c'est ça qui est important.

Marleigh Dunlap, 11 ans

Un ami ne rit jamais de ce que tu as ou de ce que tu fais.

Jessica Ann Farley, 10 ans

C'est quelqu'un qui t'aide à te relever quand tu fais une chute en patins à roues alignées.

Elisabeth Hansen, 12 ans

C'est quelqu'un qui s'intéresse à ta personnalité, et non à ta beauté ou à ta popularité.
C'est quelqu'un qui est avec toi jusqu'à la fin.

Renny Usbay, 12 ans

Une amie ne pense pas toujours comme toi.
Elle ne restera pas sans rien dire si tu fumes ou si tu prends de la drogue.
Elle te dit quand tu as tort, mais sans te blesser.

Stephanie Lane, 12 ans

C'est quelqu'un à qui même ta mère fait confiance.

Mike Curtis, 13 ans

C'est quelqu'un qui n'a pas peur d'être vu en ta compagnie et qui rit de tes blagues, bonnes ou mauvaises.

Geoff Rill, 12 ans

Une amie ne te blâme jamais pour tout ce qui arrive.

Tania Garcia, 13 ans

C'est quelqu'un qui te donne la dernière bouchée de sa tablette de chocolat.
C'est un présent que tu peux ouvrir encore et encore.

Natalie Citro, 12 ans

C'est une personne qui te croit même si elle est la seule à le faire.

Ashley Parole, 12 ans

Tout le monde veut monter à bord quand tu roules en limousine, mais ce que tu veux, c'est quelqu'un qui prend l'autobus avec toi quand la limousine tombe en panne.

Oprah Winfrey

Tout ce dont j'ai besoin

Je me suis toujours sentie laissée-pour-compte à l'école. J'avais de bonnes amies, certes, mais elles ne figuraient pas parmi les élèves les plus populaires de l'école. De plus, j'étais persuadée d'avoir une drôle d'allure. Je me sentais tout simplement à part.

Devant moi paradaient constamment les « chouchous », c'est-à-dire les filles les plus populaires de l'école, toujours à rire et à chuchoter, jamais tristes ni déprimées, gambadant bras dessus, bras dessous dans les corridors de l'école. Les enseignants les adoraient; les garçons les adoraient; en fait, toute l'école les adorait. Pour ma part, je les admirais et je voulais être comme elles. Je rêvais du jour où elles m'accepteraient comme une des leurs.

Mon rêve se réalisa après mon 14e anniversaire de naissance, lorsque je tentai ma chance pour joindre les rangs des meneuses de claques. À ma grande surprise, je fus choisie. Presque instantanément, je me retrouvai « dans le coup », me sentant tel un papillon sorti de son cocon. Je changeai ma coiffure et ma garde-robe. Tout le monde applaudit à ma transformation: nouveaux vêtements, nouveau cercle d'amis, nouvelle attitude.

Du jour au lendemain, toute l'école savait qui j'étais ou, du moins, connaissait mon nom. On m'invitait à des fêtes, j'allais coucher chez des copines et, bien entendu, je participais aux matchs à titre de meneuse de claques. J'étais enfin devenue populaire. Je fréquentais tous les camarades que j'avais souhaité fréquenter; j'étais tout ce que j'avais souhaité être.

Une chose étrange se produisait, cependant. Plus je devenais populaire, plus j'étais confuse. En réalité, les filles que je fréquentais étaient loin d'être parfaites. Elles chuchotaient dans le dos l'une de l'autre tout en prétendant être les meilleures amies du monde. Elles ne s'amusaient jamais vraiment, elles souriaient et faisaient semblant. Ce qui importait à leurs yeux, c'étaient les vêtements que je portais et les gens que je côtoyais; la personne que j'étais réellement, mes croyances, mes rêves et mes origines ne les intéressaient aucunement. Ce fut un choc pour moi de voir ces filles telles qu'elles étaient plutôt que telles que je les *percevais*.

Au fil des jours, un immense sentiment de perte et de déception m'envahit. Pire encore, je me rendis compte que j'étais en train de devenir comme elles. Et ce constat ne me plut pas du tout. Je devais remettre de l'ordre dans ma vie.

Je commençai par essayer de découvrir qui étaient mes véritables amies, celles qui me prêtaient une oreille attentive et qui se souciaient de moi. Elles étaient les seules qui comptaient vraiment. Je continuai à faire partie des meneuses de claques parce que j'aimais cela, mais je cessai de me tenir uniquement avec les élèves « populaires ». Je m'efforçai plutôt d'agrandir mon cercle d'amis. Je découvris alors que mes véritables amies ne m'avaient pas abandonnée. Elles attendaient tout simplement que je reprenne mes sens. J'avais enfin compris que mes vieilles amies étaient tout ce dont j'avais besoin.

Kerri Warren

Mon ami Anthony

Chaque fois que je repense à ma troisième année d'école primaire, je pense à mon ami Anthony, à ses cheveux blonds et à ses grands yeux bruns expressifs. Sa présence dans ma classe m'avait étonnée, car il était plus vieux que moi.

En dépit du fait qu'Anthony avait le sida et que ses jours étaient comptés, il semblait toujours content de venir à l'école et d'essayer de mener une vie normale. Certains jours, il se fatiguait vite et devait partir plus tôt.

Presque tous les jours, sa mère venait à l'école pour manger avec lui ou pour lui tenir compagnie. Il semblait avoir une attitude positive envers la vie malgré ses problèmes de santé. Il venait à l'école avec ce qui semblait être une pochette de médicaments attachée à sa ceinture. Je me sentais souvent désolée pour lui, car je savais qu'il souffrait.

Au mois de juin de cette année-là, Anthony mourut. Je le vois encore dans son cercueil avec son blouson des Hornets de Charlotte, sa poupée Bout de chou à ses côtés et un petit sac de jouets.

Dans les semaines qui suivirent, il m'arriva parfois de rester éveillée la nuit parce que j'avais peur de m'endormir et de ne jamais me réveiller.

Je savais qu'Anthony avait quitté son corps pour un monde meilleur et sans souffrance, mais j'étais attristée pour sa famille qui vivrait toujours avec le vide qu'avait laissé Anthony.

Pendant l'année scolaire que j'ai passée avec Anthony, j'ai appris à le respecter et à respecter sa mère. Grâce à son amour et à sa compassion, elle a enseigné à Anthony ainsi qu'à tous les autres élèves, moi comprise, à être courageux, à aimer, à aider et à respecter les autres. Anthony, lui, m'a appris à vivre pleinement ma vie, et c'est bien ce que j'ai l'intention de faire.

Katie Short, 12 ans

Personne ne peut vous faire sentir inférieur sans votre consentement.

Eleanor Roosevelt

3

LA FAMILLE

Merci.
De m'apprendre à distinguer le bien du mal
Et de m'encourager à ne jamais cesser de rêver.

De m'inciter à foncer en dépit des obstacles
Et à ne pas perdre ma bonne humeur et ma gaieté.

De me faire sentir que tu tiens à moi
Et de montrer que seul l'amour doit compter.

D'essuyer mes larmes quand je pleure
Et de me calmer quand je suis énervé.

De ne jamais refuser d'aider les autres
Et de m'enseigner ainsi la charité.

De m'ouvrir tes bras quand j'en ai besoin
Et de me dire combien tu peux m'aimer.

Merci à toi, ma famille, pour tout ce que tu fais.
Sans toi, je serais une âme égarée.

James Malinchak

Où est passé papa?!

Par un matin d'hiver venteux du nord de la Californie, nous roulions sur les routes glacées en direction de l'aéroport pour prendre l'avion qui nous mènerait sous le chaud soleil d'Hawaï. Une semaine de vacances nous attendait.

La veille, mon père avait fait le quart de nuit à l'hôpital de notre région, et il était fatigué. Il dormait sur la banquette arrière de la fourgonnette. Ce n'était pas la première fois que, pour maximiser la durée des vacances, maman conduisait pour permettre à papa de dormir.

Mon frère cadet et moi étions assoupis. Mon frère aîné, Jesse, était absorbé dans la lecture d'un livre. Il passait la majeure partie de sa vie à lire. Et quand il lisait, son esprit était complètement déconnecté de ce qui se passait autour. Une bombe exploserait qu'il continuerait probablement sa lecture.

Après quelques heures de route, maman arrêta la voiture dans une halte routière. Nous sortîmes tous de l'auto pour nous étirer et bâiller, tous, sauf papa, qui continuait de ronfler sous les couvertures, et Jesse, qui se trouvait au beau milieu d'un « chapitre captivant ».

Lorsque nous eûmes fini de faire ce que l'on fait habituellement quand on arrête dans une halte routière, chacun remonta dans la voiture et nous repartîmes. Le temps passait lentement. Je regardais sans cesse ma montre, puis le ciel. Quand arriverions-nous à l'aéroport?

Après une trentaine de minutes, j'étirai mes bras en jetant un coup d'œil sur la banquette arrière. *C'est étrange*, me dis-je. *Où est papa?* Je regardai de nouveau, prenant la peine d'enlever les couvertures et de pencher la tête pour vérifier sous la banquette. Je regardai encore vers la banquette; je m'attendais à le trouver là où il était quand nous étions sortis de la voiture. Mais il n'y était pas. Convaincu qu'elle me donnerait une explication, j'interrogeai maman.

« Où est papa? »

« Il est couché sur la banquette arrière. »

Je m'adossai, hébété. Je tournai la tête une dernière fois pour vérifier. Papa n'était tout simplement pas dans la voiture.

« Complètement à l'arrière, avec les bagages? »

« Non, juste sur… »

Screeech!

La voiture s'arrêta brusquement sur la glace et dérapa sur 180°. Maman regarda à l'arrière et confirma mes soupçons. Papa avait disparu!

Affolée, maman nous questionna tour à tour pour savoir si l'un de nous savait où se trouvait papa. D'abord mon frère cadet, puis moi, puis Jesse. Jusqu'à ce moment, Jesse n'avait pas cessé de lire; il venait tout juste de se rendre compte de la panique générale.

D'une voix posée, il fit remarquer: « Calmez-vous. Il m'a dit de vous dire qu'il allait à la toilette et qu'il reviendrait dans un instant. »

Ma mère lui rétorqua que nous avions quitté la halte routière depuis une demi-heure. Jesse se contenta de cligner des yeux.

Maman fit donc demi-tour et retourna à la halte routière. Papa nous y attendait, grelottant de froid. Pour se tenir au chaud, il avait fait fonctionner continuellement le séchoir à mains des toilettes.

Inutile de dire que mon père demeura éveillé tout le reste du voyage…

Sommes-nous arrivés à temps pour prendre notre avion? Absolument. L'avion avait été retardé en raison d'une alerte à la bombe. Étions-nous surpris ou en état de choc? Nooooonn. Tout cela était plutôt typique de nos vacances en famille…

Jason Damazo, 12 ans

Terreur sur la route 83

« *Rodney!* Où est tante Emily? » demanda Jenny pour la troisième fois tandis qu'elle entrait dans le salon en faisant sécher ses cheveux.

Rodney gardait les yeux rivés sur l'écran vidéo. « Pourquoi le saurais-je? *Jennifer!* » Il n'aimait pas du tout que sa sœur l'appelle « Rodney ». C'est pourquoi il ne lui avait pas répondu les deux premières fois qu'elle lui avait posé la question au sujet de tante Emily.

« Allons, Rod! » fit Jenny. Elle était suffisamment inquiète pour supplier un peu. « Je t'ai demandé de surveiller tante Emily le temps que je prenne une douche. »

« Tu m'as demandé ça? » demanda Rod en prenant son air le plus innocent.

« Rod, s'il te plaît! Quand je suis entrée dans la douche, elle était en train de nettoyer le comptoir de la cuisine pour la dixième fois depuis ce matin. Maintenant, je ne la trouve plus! » Jenny alla de fenêtre en fenêtre, l'air inquiet.

« Sans blague, je ne sais pas, Jen », répondit Rod en se redressant. « Je ne me souviens pas que tu m'aies demandé de la surveiller. »

« Je ne la trouve nulle part et maman reviendra dans moins d'une heure du dentiste! » gémit Jenny.

« Où penses-tu qu'elle ait pu aller? » demanda-t-il.

« Je ne sais pas!, dit Jenny. Mais nous devons la trouver. Elle pourrait se blesser ou avoir des problèmes. » Maintenant, Jenny était folle d'inquiétude.

Rod se précipita dans le vestibule. Le manteau d'automne bleu de tante Emily pendait sur un crochet à côté de sa veste de jean délavée. « Jenny, regarde!, dit Rod. Nous ferions mieux de prendre son manteau avant de sortir pour la chercher. »

Lorsqu'il ouvrit la porte, le vent glacial de novembre s'engouffra dans la maison. « Tante Emily va tomber malade si elle reste trop longtemps dehors », dit Jenny.

« Va vérifier dans la cour et dans le garage. Moi, je vais faire le tour du pâté de maisons. Elle a peut-être encore essayé de se rendre à la plage », dit Rod en s'éloignant au pas de course.

Rod et Jenny habitaient à une bonne dizaine de kilomètres de la plage la plus proche. Cependant, quand elle était jeune, tante Emily vivait tout près de la plage Rainbow à Chicago. Quelques mois auparavant, elle était sortie par la porte arrière, vêtue de son peignoir. Elle disait que c'était sa sortie de bain et qu'elle allait nager un peu.

Tante Emily était la sœur aînée de grand-maman Berniece. Rod avait déjà eu beaucoup de plaisir en compagnie de tante Emily, car elle avait été institutrice à l'école primaire pendant quarante ans. Elle comprenait vraiment bien les enfants. Chaque fois qu'elle venait en visite, elle jouait au Monopoly. Tante Emily était la meilleure joueuse que Rod connaissait. Ces derniers temps, cependant, elle n'était plus capable de jouer au Monopoly car elle ne se rappelait plus les règlements et cela la fâchait.

Tante Emily oubliait régulièrement des choses, où elle se trouvait, par exemple, ou quel jour nous étions. Le médecin disait qu'elle souffrait de la maladie d'Alzheimer. Elle n'avait pas l'air malade ni rien, mais elle disait des choses bizarres. Parfois, même, elle ne savait plus qui étaient Rod et Jenny. Un jour que Rod rentrait de l'école, tante Emily avait verrouillé la porte; elle ne cessait de crier et de lui demander qui il était.

« Rodney », avait-il répondu.

« Rodney qui? » avait-elle demandé.

« Rodney Schuler; je suis le petit-fils de votre sœur. »

« Petit-fils! » tante Emily avait-elle dit avec un rire. « Ne sois pas ridicule! Berniece a seulement 12 ans! »

« Ouais, ce serait comique, n'est-ce pas? » Rod s'était mis à rire, lui aussi, car c'était la meilleure chose à faire quand tante Emily disait des choses insensées.

Depuis Noël dernier, tante Emily habitait avec grand-maman Berniece. Tous les mardis, cependant, elle venait passer la journée chez Rod et Jenny, histoire de donner un peu de répit à grand-mère. La plupart du temps, maman était là pour veiller sur tante Emily; toutefois, ce mardi-là, maman devait aller chez le dentiste.

Rod et Jenny habitaient dans une rue à sens unique. Il fallut donc peu de temps à Rod pour faire le tour du pâté de maisons. Quand il revint, Jenny l'attendait devant la maison avec le manteau de tante Emily, les yeux rougis et humides. On aurait dit qu'elle avait mangé du piment fort.

« Rod, Joey Nicholas m'a dit qu'il a vu tante Emily tantôt. Elle se dirigeait vers Devon Road. »

Rod sentit une boule se former dans sa gorge. Il parvint à peine à prononcer les mots suivants: « Allons-y! »

Rod et Jenny se mirent à courir. Quelques mètres plus loin, Jenny agrippa le bras de Rod: « Rod, on devrait prier! »

« Tu as raison, mais je pense qu'aujourd'hui on va prier en courant! » répondit Rod.

Ils se trouvaient à seulement quelques rues de Devon Road, mais Rod eut amplement le temps de prier. Il demanda à Dieu de protéger tante Emily et de les aider à la retrouver.

Lorsqu'ils tournèrent le coin de rue qui débouchait sur Devon Road, Rod aperçut tante Emily sur le terre-plein qui séparait les quatre voies de Devon Road. Les voitures filaient à cent kilomètres heure à côté d'elle. Elle tenait sa main levée dans les airs comme si elle voulait arrêter le trafic.

Rod s'apprêtait à crier, mais Jenny saisit son bras. « Rod, ne crie pas et prie pour qu'elle ne nous voie pas. Elle pourrait descendre du terre-plein sans réfléchir et se faire frapper par une voiture. »

« Qu'est-ce qu'on va faire? » demanda Rod.

« Je ne sais pas », dit Jenny. Elle se couvrit le visage avec les mains, s'accroupit et pleura.

Rod resta immobile à regarder tante Emily, désespéré et perplexe. « Tante Emily t'appartient, Seigneur, rappela-t-il à Dieu. S'il te plaît, aide-nous. »

Il prit le manteau de tante Emily et se précipita sur le bord de la route. Lorsqu'il fut vis-à-vis d'elle, il s'accroupit en espérant qu'elle ne le voie pas.

Ensuite, Rod attendit. Les minutes s'égrenèrent. Des voitures, des fourgonnettes, des camionnettes et d'énormes semi-remorques passaient entre lui et tante Emily. Mais elle restait là, la main dans les airs. Malgré le vent froid qui soufflait, un courant d'air chaud provenant du trafic parvenait jusqu'à Rod. Il passa sa langue sur ses lèvres ; le goût des gaz d'échappement lui resta dans la bouche.

Enfin, il y eut une brèche dans le flot de véhicules. Rod en profita pour traverser la route et saisir fermement le bras de tante Emily. Aussi calmement qu'il put, Rod dit : « Tu dois avoir froid, tante Emily ; voici ton manteau. »

Tante Emily le regarda avec des yeux sans expression. Dans son cœur, Rod implorait : *s'il te plaît, mon Dieu, fais qu'elle me reconnaisse !*

Lentement, un sourire familier illumina le visage de tante Emily. « Merci, Rodney. C'est plutôt frisquet aujourd'hui. »

Rod éprouva un immense sentiment de soulagement et de reconnaissance. Il prit tante Emily par le bras, confiant que Dieu l'aiderait pour la suite. « Cette route est très passante, tante Emily. Peux-tu m'aider à traverser et à rentrer à la maison ? »

« Tiens ma main, Rod », lui dit-elle avec un sourire rassurant. « Je vais m'occuper de toi. » Tante Emily serra la main de Rod en attendant que la circulation s'espace. « Fais attention, Rodney chéri; c'est une route très passante. »

Lorsqu'ils arrivèrent de l'autre côté de la route, Jennifer les attendait anxieusement. « Jennifer, qu'est-ce que tu fais ici? demanda tante Emily. Je ferais mieux de vous ramener à la maison avant que votre mère découvre que vous êtes venus près de cette route achalandée. »

Sur le chemin du retour, tante Emily parla toute seule, joyeuse. Jenny se pencha vers Rod et murmura « Merci, Rod ».

« Ne me remercie pas », répondit-il en pointa le doigt vers le ciel. « C'est Lui que tu dois remercier. »

Mary Ellyn Sandford

Dans l'attente d'un miracle

Toute chose est possible tant qu'on n'a pas prouvé le contraire.

Pearl S. Buck

Le frère de Cindy Plumpton était disparu depuis maintenant presque neuf mois.

La famille Plumpton incluait Cindy, qui avait alors douze ans, Kirk, son frère de quatorze ans, et leurs parents. Cet été-là, ils passaient leurs traditionnelles vacances à leur chalet, dans les montagnes du Colorado. Les chalets de l'endroit étaient relativement isolés les uns des autres par des arbres. Comme Cindy et Kirk connaissaient toutes les familles qui habitaient dans les chalets voisins, ils avaient beaucoup d'amis dans le coin. Le meilleur ami de Kirk vivait dans le chalet immédiatement à côté. Un soir, comme il le faisait fréquemment, Kirk soupa chez son ami. Juste avant que la nuit tombe, il partit de chez son copain pour rentrer chez lui, à une centaine de mètres de là. Il ne rentra jamais.

Des policiers, des bénévoles et toute la famille passèrent les montagnes au peigne fin dans l'espoir de trouver des indices de ce qui avait pu arriver à Kirk. L'hiver arriva bientôt, toutefois, et avec la neige qui recouvrit peu à peu le sol, ils durent cesser les recherches.

Je rencontrai Cindy à notre église, peu après la fin des recherches. Elle était très réservée, mais quelque chose de particulier m'attirait vers elle. Nous devînmes amies en fréquentant les ateliers de catéchèse du dimanche. Elle me parla de son frère quelques semaines plus tard seulement, un jour qu'elle m'avait invitée chez elle. Nous ne fréquentions pas la même école, mais nous nous voyions toutes les fins de semaine. Parfois, je restais à coucher chez elle, mais ses parents ne lui permettaient pas qu'elle dorme chez moi.

Un samedi ensoleillé du mois d'avril, je lui téléphonai pour lui annoncer que ma mère avait accepté de nous conduire au parc. Nous pourrions nous préparer un lunch, apporter nos bicyclettes et passer une belle journée. Cindy sembla aussi excitée que moi à l'idée de faire cette sortie. Toutefois, lorsque je passai la prendre une heure plus tard, je fus surprise de l'entendre m'annoncer qu'elle ne pouvait pas m'accompagner. Elle me dit qu'elle était désolée et qu'elle espérait que je comprenne; elle ajouta qu'il y avait un arc-en-ciel aujourd'hui et qu'elle devait rester à la maison pour attendre les nouvelles.

« Quelles nouvelles? » lui demandai-je.

« Des nouvelles de mon frère », répondit-elle, presque trop excitée pour parler. « Il va revenir à la maison aujourd'hui. »

« Quoi? Ils l'ont retrouvé? » demandai-je précipitamment.

« Pas encore, mais ils vont le retrouver. » Elle me donna alors quelques explications. « Au lieu de faire un vœu quand il voyait une étoile filante, mon frère faisait un vœu quand il voyait un arc-en-ciel. Il avait l'habitude de dire que les étoiles n'avaient rien d'unique, puisqu'on pouvait les voir tous les soirs, mais qu'un arc-en-ciel était comme un miracle. L'arc-en-ciel d'aujourd'hui signifie qu'un miracle va se produire. Kirk va rentrer à la maison. C'est pour cela que je dois rester et l'attendre. Tu comprends, n'est-ce pas ? »

Ne voyant que de l'espoir dans ses grands yeux bruns, je hochai la tête pour montrer que je comprenais. Je la serrai dans mes bras, puis nous contemplâmes l'arc-en-ciel par la fenêtre, le cœur chargé d'espoir.

Cindy et sa famille ne vinrent pas à la messe le len-demain. Le révérend annonça que la police d'un autre comté avait téléphoné aux Plumpton pour leur dire qu'on avait retrouvé un garçon qui correspondait à la description de Kirk. On l'avait trouvé errant dans la rue, marqué de nombreuses ecchymoses et à demi conscient. Cindy avait raison! L'arc-en-ciel avait ramené Kirk à la maison. Après l'appel téléphonique de la police, les Plumpton étaient immédiatement partis en voiture pour franchir les trois heures de route qui les séparaient de l'hôpital où l'enfant avait été admis.

Ce soir-là, au journal télévisé, nous apprîmes que le garçon n'était pas Kirk. Aussitôt que les Plumpton le virent, ils surent que ce n'était pas le visage de leur fils, même s'il était enflé et violacé. Aux nouvelles, on expliqua que l'adolescent, toujours dans le coma, n'avait pas encore été identifié.

Les Plumpton restèrent néanmoins au chevet du garçon pendant plusieurs jours. Ils ne voulaient pas qu'il soit seul quand il se réveillerait de son coma. Cinq jours plus tard, le garçon sortit du coma. Il raconta qu'il avait fait une fugue. Les Plumpton prévinrent les parents du garçon, qui habitaient dans un autre État et qui ne savaient pas qu'on avait retrouvé leur fils. Ils étaient transportés de joie, et les Plumpton repartirent seulement après d'émouvantes retrouvailles entre le garçon et ses parents.

Lorsque Cindy revint enfin à la maison, j'eus peur de lui rendre visite. J'avais peur parce que je ne voulais pas voir la déception sur son visage. Lorsque je me décidai finalement d'aller la voir, je la trouvai qui regardait par la fenêtre de sa chambre.

« Je suis désolée qu'ils n'aient pas retrouvé Kirk », lui dis-je d'une voix étranglée.

« Moi aussi, répondit-elle. Mais il y aura un autre arc-en-ciel. Je le sais qu'il y en aura un autre. »

« Comment fais-tu pour croire encore aux arcs-en-ciel? Le dernier n'a pas ramené ton frère. »

« Le garçon qu'ils ont retrouvé a le même âge que mon frère. Il s'appelle Paul et il a une sœur, lui aussi. Je savais que l'arc-en-ciel allait produire un miracle. Seulement, ce n'était pas encore notre tour. Je vais voir un autre arc-en-ciel. J'en suis convaincue. »

Ensemble, nous avons regardé par la fenêtre, le cœur rempli d'espoir.

Korina L. Moss

Enfin la fille à son père…

As-tu déjà eu l'impression de n'être rien?
De n'être qu'un grain de poussière,
De sentir que tu n'existes pas,
Alors qu'il y a du monde autour de toi?

Karen Crawford, 9 ans

Papa désirait un garçon. Il fut donc déçu le jour de ma naissance. Et quand maman apprit, de surcroît, qu'elle ne pourrait plus avoir d'enfants, il fut dévasté.

Papa n'essaya jamais de me cacher sa déception. Il se montra toujours d'une honnêteté brutale. Je pense que je comprenais son sentiment: nous vivions sur une petite ferme, dans l'Iowa, et mon père avait espéré qu'un fils puisse un jour l'aider au travail de la ferme et prendre la relève. Or, j'étais une fille…

Durant mon enfance, je fis tout dans l'idée de plaire à mon père. J'appris à grimper aux arbres comme un singe, à lancer une balle plus loin que les garçons de mon âge, à soutenir le regard du fier-à-bras du village.

Malheureusement, mon père ne remarquait pas mes efforts. J'avais beau revenir à la maison avec un excellent bulletin et toutes sortes de récompenses scolaires, rien ne semblait l'impressionner.

J'étais toutefois déterminée à gagner son amour et son admiration, quel qu'en soit le prix. Je redoublai d'effort et commençai à me lever très tôt le matin pour consacrer plus de temps à mes corvées: je trayais nos vaches, je cueillais les œufs de nos poules, puis je partais pour l'école.

Papa ne manifestait toujours pas son approbation. Maman essayait souvent de soulager ma frustration et ma peine. « Il s'en rendra compte, un jour, tu verras. »

L'année où j'eus treize ans fut aussi l'année du centième anniversaire de fondation de notre village. La municipalité avait décidé d'organiser un défilé et avait besoin d'une jeune fille qui trônerait sur le char de tête. On demanda donc aux familles du coin d'envoyer des photos de leurs enfants. Tous les parents de la ville espéraient que leur fille soit choisie. Tous, sauf mon père.

Maman envoya une photo de moi. Jamais je n'aurais songé à poser ma candidature pour le défilé, occupée que j'étais à être le garçon que papa désirait. J'ignorais que ma mère avait envoyé une photo de moi ; je fus donc très surprise quand le comité de sélection vint nous voir un soir pour nous annoncer que j'avais été choisie. Ma mère était ravie. Bien entendu, mon père resta de marbre.

Le jour du grand défilé arriva enfin. J'étais vêtue d'une ravissante robe blanche. Moi qui ne portais presque jamais de robe, je fus d'abord mal à l'aise dans cette tenue. Après quelques minutes, cependant, je me sentis comme une princesse dans un conte de fées.

Lorsque le défilé descendit la rue principale, j'aperçus ma mère et mon père dans la foule. Ma mère agitait un petit drapeau américain. Mon père, lui, eh bien… il était quelqu'un d'autre. Planté comme un piquet à côté de ma mère, il arborait un sourire que je ne lui connaissais pas! Lorsque je passai devant lui, je crois qu'il avait des larmes dans les yeux. À cet instant précis, je sus que j'avais enfin gagné son admiration. Et il m'admirait non pas comme substitut au garçon qu'il avait toujours désiré, mais comme la jeune femme que j'étais réellement.

Candace Goldapper

Du fond du cœur

Jimmy avait cinq ans lorsque ses parents adoptèrent Neil. Il se souvient encore de ce jour où le juge lui avait demandé de venir à la barre, seul, et lui avait dit: « Aujourd'hui, ce ne sont pas seulement ta mère et ton père qui acceptent la responsabilité d'élever un autre enfant. Je compte également sur toi. Être un grand frère, cela signifie que ce bébé va prendre exemple sur toi et comptera sur toi. Es-tu prêt à prendre cette responsabilité? » Jimmy avait tout juste l'âge d'aller à la maternelle à cette époque, mais il avait pris les paroles du juge très au sérieux.

Neil grandit avec l'idée qu'être « adocté », comme il disait, était la chose la plus *cool* du monde. Ses parents lurent à peu près tous les livres qu'on avait écrits sur l'art d'expliquer aux enfants un sujet aussi compliqué, et ils avaient très bien réussi. Non seulement Neil ne se sentait-il pas mal à l'aise d'être un enfant adopté, il avait l'impression d'être spécial. Chaque fois que l'occasion se présentait, que ce soit dans la vie de tous les jours, lors d'un spectacle de talents amateurs ou même à l'occasion d'une fête, il se levait fièrement et disait à qui voulait l'entendre qu'il avait deux mamans: une qui l'avait porté dans son ventre et l'autre qui le portait dans son cœur. Par moments, en fait, son frère Jimmy se sentait même un peu négligé.

Lorsque Neil commença sa deuxième année du primaire, il rencontra quelqu'un qui avait une tout autre idée de l'adoption: Andy, un garçon de cinquième année qui prenait le même autobus scolaire que Neil et qui n'avait pas beaucoup d'amis à l'école. Dans l'autobus, Andy se comportait en matamore avec les plus jeunes. Un jour, sans raison, il cria de l'arrière de l'autobus: « Eh, Neil, sais-tu ce que ça veut vraiment dire être adopté? »

Neil se sentit nerveux car c'était la première fois qu'Andy s'adressait à lui. Andy avait l'air furieux, comme si Neil avait fait quelque chose pour le provoquer. Sachant d'instinct qu'il ne servirait à rien de donner à Andy ses explications habituelles, Neil ne répondit pas.

Andy lui cracha alors: « Ça veut dire que ta vraie mère t'a jeté aux poubelles. » Tout le monde se tut dans l'autobus. « Tu as bien entendu. Aux poubelles. Tu as été chanceux que quelqu'un passe et te ramasse avant que les éboueurs t'embarquent pour le dépotoir. »

Neil crut que le cœur allait lui sortir du ventre. Il essaya de descendre à l'arrêt suivant, mais le chauffeur ne voulut pas le laisser descendre si loin de chez lui. Tout le monde parlait dans l'autobus, mais Neil n'entendait rien. Aussitôt que l'autobus s'arrêta devant sa maison, il sortit en courant et s'engouffra chez lui.

Déjà rentré de l'école, Jimmy était assis dans la cuisine avec sa mère. Le verre de lait et les biscuits Oreo de Neil attendaient sur la table.

« Qu'est-ce qui ne va pas? » demanda précipitamment la mère de Neil, avant même que celui-ci ouvre la bouche.

Neil lui raconta ce qu'Andy lui avait dit. Sa mère s'effondra sur sa chaise, sans aucune explication réconfortante à donner. Elle savait qu'aucun conseil et aucun livre ne pourrait effacer la dévastation qu'elle lisait sur le visage de son fils. Lorsqu'elle s'avança pour le serrer dans ses bras, Neil recula. D'instinct, cherchant des paroles de réconfort pour elle-même, elle saisit le téléphone dans le but de parler à son époux.

Soudain, Jimmy se leva. Il fit le tour de la table jusqu'à Neil qui sanglotait, la tête entre les mains.

« Neil », murmura Jimmy, « pense à ce qui est vrai dans tout ça. On n'adopte pas des bébés parce qu'on ne tient pas à eux. On adopte des bébés seulement quand on les aime. Quand on les aime beaucoup. »

La mère de Neil cessa de composer le numéro de son époux. Neil leva la tête. On dit parfois que la vérité blesse. D'autres fois, cependant, la vérité guérit, surtout quand elle vient du cœur.

Marcia Byalick

Un enfant, c'est comme une feuille de papier sur laquelle tout le monde laisse sa marque.

Proverbe chinois

Paul était unique

*L'optimiste voit le beigne; le pessimiste voit le
trou du beigne.*

McLandburgh Wilson

Mon petit frère Paul était spécial. Il était différent
de moi parce qu'il était aveugle et qu'il se déplaçait en
fauteuil roulant. Beaucoup de gens savaient qu'il était
différent parce qu'il prenait un autobus scolaire différent et qu'il fréquentait une école différente. Mais ce
n'est pas vraiment pour cela qu'il était spécial.

Paul était différent pour des raisons que nous seuls,
les membres de sa famille, connaissions. Par exemple,
il nous aidait à nous faire de nouveaux amis. Souvent,
quand nous nous promenions avec lui, des enfants
venaient nous voir et nous demandaient pourquoi Paul
était en fauteuil roulant. Ils voulaient aussi savoir pourquoi Paul était aveugle. Je leur disais alors de lui serrer
la main. Ensuite, nous parlions d'autres choses.

Paul savait écouter. Je pouvais lui dire toutes sortes
de choses et il ne se fatiguait jamais d'écouter. Il riait
quand je lui racontais une plaisanterie et il était le seul
de la famille à pouvoir garder un secret.

Paul m'incitait à faire de l'exercice. Parfois, quand
nous faisions une promenade, nous devions monter la
colline. Paul aimait sentir le soleil et le vent sur son
visage, et il se plaisait à écouter le chant des oiseaux. Je
poussais donc son fauteuil jusqu'à l'orée des bois en

haut de la colline, et cela me faisait faire beaucoup d'exercice!

Paul nous aidait à transporter des choses. Cela ne le dérangeait jamais quand j'accrochais mon sac à dos derrière son fauteuil, ou maman son sac à main. Parfois, il transportait nos paquets lorsque nous faisions des courses. Il devait avoir l'impression d'être notre chauffeur!

Paul m'aidait aussi à entendre les petits bruits. Quand j'étais avec lui, je devais être muette comme une carpe pour pouvoir entendre les suisses qui grignotaient et les arbres qui parlaient entre eux.

Paul me donnait l'occasion de pratiquer ma lecture. Quand je lui lisais un livre, je le faisais à mon propre rythme. Parfois, je devais m'arrêter pour examiner un mot difficile, mais cela ne dérangeait pas Paul. Il aimait surtout les histoires qui parlaient d'animaux, et tout particulièrement de vers de terre.

Lorsqu'il y avait un événement spécial en ville, comme le cirque en été ou la fois où le président américain arriva en hélicoptère, Paul partageait avec moi le siège qu'on lui réservait dans les premières rangées.

En hiver, Paul m'aidait également à garder mes pieds au sec. Quand il voulait entrer quelque part, il devait utiliser les rampes d'accès plutôt que les escaliers. Or, la neige était toujours pelletée sur les rampes et nous gardions tous les deux nos pieds au sec! Aussi, quand nous étions dans un édifice, Paul me permettait de faire des tours d'ascenseur, car son fauteuil roulant était trop large pour les escaliers roulants. J'en étais ravie car je déteste les escaliers roulants!

Paul ne se plaignait presque jamais. Il était d'accord pour faire ce que le reste de la famille voulait faire. Une fois, une fièvre le rendit un peu maussade, mais il ne cria pas après moi, ne chercha pas la dispute et ne me demanda pas de changer de chaîne de télé.

Paul me laissait poser des choses sur ses genoux. Nous avions l'habitude de jouer à un jeu qui consistait à deviner un objet seulement en le touchant. Parfois, je lui demandais de tâter différents jouets, ou je le surprenais en lui faisant toucher notre chien, Muffin. Une fois, j'ai mis un ver de terre grouillant sur ses genoux. Il était toujours étonné quand je déposais dans ses mains quelque chose de nouveau. Il faisait des grimaces et des sons pour me dire ce qu'il avait deviné.

Paul me permettait de l'accompagner dans les manèges à la foire. Il y avait toujours une journée organisée pour les personnes handicapées, et tous les enfants en fauteuil roulant pouvaient essayer gratuitement les manèges. Étant donné que Paul n'était pas capable de se tenir assis, seul, je m'assoyais à côté de lui pour ne pas qu'il tombe.

Paul était mon ami. Il ne pouvait pas me parler comme la plupart de mes amis le faisaient, et il ne pouvait pas courir ni jouer à cache-cache. Mais il était présent dans tous les autres moments et il avait le plus beau sourire du monde.

Paul est mort dans son sommeil il y a cinq ans. Ce fut un grand bonheur d'être sa sœur. Il m'a aidée à voir le côté positif de chaque chose, car il y en a un si on choisit d'essayer de le trouver.

Judy M. Garty

L'amour d'un frère

Elle tira sur les cordes en tendant les jambes pour aller plus haut et toucher les branches du grand érable auquel était suspendue la balançoire que son père avait fabriquée. Le vent froid fouettait ses joues. Elle avait cinq ans et elle se balançait, furieuse contre David, son frère de onze ans.

Comment a-t-il pu être aussi méchant?, se demanda-t-elle en se rappelant qu'il lui avait fait une grimace au déjeuner et l'avait traitée de « gros bébé ». *Il me déteste*, songea-t-elle, *seulement parce que j'ai pris le dernier muffin sous ses yeux. Il me déteste!*

La balançoire la fit monter si haut dans les airs qu'elle put voir des kilomètres à la ronde. Elle aimait bien regarder la cour de la ferme qui s'étalait en bas. Son chandail rouge scintillait dans le soleil du matin. Elle cessa de penser à sa dispute avec son frère et se mit à chanter une chanson pleine d'entrain.

Au loin, sur une colline située derrière la balançoire, un énorme taureau à cornes longues et pointues regardait le chandail rouge étinceler dans la lumière du matin. Le taureau s'était échappé de son pâturage; l'œil mauvais, il était prêt à charger n'importe quoi, n'importe qui. Il grogna et gratta le sol avec son sabot, puis il baissa sa grosse tête et se mit à courir en direction du chandail rouge qui se balançait d'avant arrière sous le grand érable.

Au même moment, David nourrissait les poules dans la basse-cour. Il leva la tête et vit sa petite sœur qui se balançait. *Les petites sœurs sont des casse-pieds,* songea-t-il en la regardant. Il aperçut alors le taureau qui traversait le champ dans l'intention évidente de charger sa sœur. Sans la moindre hésitation, David cria aussi fort qu'il put: « Regarde derrière toi! Sauve-toi! *Cours!* »

Sa sœur ne l'entendit pas. Elle continua de fredonner et de se balancer. Le taureau se trouvait maintenant à mi-chemin. Il approchait dangereusement. Le cœur de David battait fort. C'était maintenant ou jamais. Il traversa la basse-cour, sauta par-dessus la clôture et se rua vers sa sœur. Il n'avait jamais couru aussi vite.

Arrivé près de sa sœur, il saisit une des cordes, arrêta la balançoire et jeta sa sœur sur le sol. Une seconde après, le taureau chargea l'endroit exact où sa sœur se trouvait. Celle-ci laissa échapper un cri de terreur. Le taureau se tourna et gratta le sol de nouveau avec son sabot. Ensuite, il baissa la tête pour charger encore.

David tira sur une manche du chandail rouge. Puis sur l'autre manche. Il lui enleva son chandail et le lança aussi loin qu'il put. Le taureau poursuivit le vêtement et, avec ses cornes et ses sabots, il le déchira en mille morceaux pendant que David traînait sa sœur effrayée en lieu sûr.

C'était moi, la petite sœur. Depuis ce jour-là, je me contente de rire quand mon frère me traite de « gros bébé ». Il ne peut pas me tromper: je sais qu'il m'aime. Il n'a pas besoin d'affronter la charge d'un taureau pour me le prouver. Ceci dit, je n'oublierai jamais le jour où il l'a fait.

Diana L. James

La vente de garage

« Ils nous offrent vingt dollars pour ça? » demandai-je, perplexe, à ma sœur Melva. « Es-tu certaine? »

« Ils ont dit vingt dollars », répéta ma sœur. « Et trente si nous ajoutons la vieille radio. »

« Vendu! » Nous lançâmes ce cri à l'unisson en nous tapant dans les mains. Nous avions du mal à y croire: il avait suffi de planter sur la pelouse une affiche « Vente de garage » pour que notre cour se remplisse de chercheurs d'aubaines. Nous vendîmes le lit de bébé qui ne me servait plus depuis longtemps, des vêtements, des bijoux, de la vaisselle, de vieux disques, bref tout ce que nous pûmes trouver dans la maison qui semblait vieux et inutile.

Mes parents étaient partis en vacances, et nous étions déterminées à leur faire une surprise en amassant plus d'argent qu'ils n'en seraient capables en une fin de semaine. Chaque fois que le stock d'articles à vendre diminuait dans la cour, nous courions dans la maison pour trouver d'autres objets à offrir. Une fois, nous restâmes trop longtemps dans la maison et des clients entrèrent.

« Combien demandez-vous pour ces sofas? » demanda une femme.

Nous nous regardâmes, ma sœur et moi. Ces sofas étaient loin d'être neufs et maman avait déjà parlé de les remplacer, mais ils faisaient encore partie de notre ameublement de salon. Si nous les vendions, la famille n'aurait plus rien pour s'asseoir.

« On ne sait pas si on peut les vendre... », répondis-je, hésitante.

« Je vous donne dix dollars pour chacun », offrit-elle pour nous amadouer.

Dix dollars? Cela faisait vingt dollars pour les deux! Nous n'avions aucune idée du coût de remplacement de ces meubles, mais nous savions que ces vingt dollars porteraient le total des ventes de la journée à plus de trois cents dollars! Maman et papa allaient être fiers de nous. Ils seraient ravis. Ils seraient ...

« Vous avez fait *quoi?* » demanda maman tandis qu'elle arpentait la maison et apercevait les espaces vides laissés par les meubles vendus.

Nous répliquâmes en brandissant une liasse de billets de banque: « Mais maman, cela nous a rapporté trois cents dollars! »

« Savez-vous quelle était la valeur réelle des objets que vous avez vendus? »

Au ton de sa voix, il était difficile de dire si elle riait ou pleurait.

Nous répondîmes humblement: « Plus de trois cents dollars? »

Selon nos calculs, il nous faudra attendre encore trois ans avant d'avoir la permission de sortir de nos chambres.

Martha Bolton

Ton nom en lettres d'or

Assise à la table, Anne mangeait ses céréales en lisant le texte imprimé sur la boîte de céréales posée devant elle. « Les délicieux Cornflakes — Offre sensationnelle! » pouvait-on lire. « Détails au dos de la boîte. »

Assise en face d'elle, sa sœur aînée, Mary, lisait le dos de la boîte. « Eh, Anne! dit-elle. Devine ce qu'ils offrent. *Votre nom en lettres d'or.* »

Tandis que Mary continuait de lire les détails de l'offre, Anne devenait de plus en plus intéressée. « Envoyez un dollar accompagné d'une preuve d'achat et inscrivez votre prénom dans l'espace prévu à cet effet. Nous vous ferons parvenir une épinglette sur laquelle sera écrit votre prénom en lettres d'or (un seul envoi par famille). »

Anne prit la boîte pour l'examiner, les yeux brillants d'excitation. Le nom *Jennifer* était écrit en lettres étincelantes sur la boîte. « Quelle bonne idée! dit-elle. Une épinglette avec mon propre nom écrit en lettres d'or. Je vais envoyer un dollar pour en recevoir une. »

« Désolée Anne, j'ai vu l'offre la première », rétorqua Mary. « C'est à moi de décider. De toute façon, tu n'as pas un dollar, moi, si. »

« Mais je la veux cette épinglette! » supplia Anne. « Laisse-la-moi, je t'en prie. »

« Pas question », répondit sa sœur.

« Tu fais toujours comme tu veux, simplement parce que tu es la plus vieille », dit Anne, la lèvre tremblante et les yeux remplis de larmes. « Vas-y, envoie ton dollar. Je m'en fiche », cria Anne avant de lancer sa cuillère et de sortir de la cuisine en courant.

Plusieurs semaines passèrent. Un matin, le facteur apporta un petit paquet adressé à Mary. Anne mourait d'envie de voir l'épinglette, mais elle ne voulait pas que Mary s'en aperçoive. Mary emporta le paquet dans sa chambre. D'un air désinvolte, Anne lui emboîta le pas et s'assit sur le lit.

« Je pense qu'ils t'envoient ton épinglette. J'espère que tu vas l'aimer », persifla Anne. Mary déballa lentement le paquet. Elle ouvrit le petit écrin blanc et souleva délicatement la ouate. « Que c'est beau! dit Mary. C'est exactement comme ils disaient sur la boîte de céréales: *votre nom en lettres d'or.* Quatre belles lettres d'or. Veux-tu la voir? »

« Non, je m'en fiche de ta stupide épinglette! » répondit Anne.

Mary déposa l'écrin sur la commode et sortit de la chambre.

Anne était maintenant seule. Incapable de résister plus longtemps, elle s'approcha de la commode. Lorsqu'elle regarda dans le petit écrin blanc, elle eut le souffle coupé. Un sentiment d'amour pour sa sœur mêlé à un sentiment de honte envers elle-même l'envahit. La vue brouillée par les larmes, elle ne distinguait plus qu'un éclat doré dans l'écrin.

L'épinglette portait quatre magnifiques lettres d'or, mais c'étaient celles de son propre nom: A-N-N-E.

A.F. Bauman

Un monstre sous le lit

Rien n'est plus agréable que de rire avec quelqu'un qui a le même sens de l'humour que soi.

Gloria Vanderbilt

Il m'arriva deux choses au cours de ma 1re année de secondaire. Premièrement, je développai une dépendance au salami. Sandwiches au salami, salami et fromage, salami sur craquelins: je ne me lassais pas de cette charcuterie épicée et salée. Deuxièmement, ce fut une période où je ne m'entendais pas très bien avec ma mère. Ce n'est pas que nos disputes étaient violentes, mais il me semblait qu'elle cherchait sans cesse à argumenter et à me donner des ordres. De plus, nous ne nous amusions plus beaucoup ensemble. Les choses changeaient et nous étions, ma mère et moi, les premières à en ressentir les effets.

En ce qui avait trait au salami, ma mère refusait d'en acheter sous prétexte qu'il coûtait trop cher et n'était pas très bon pour la santé. Pour affirmer mon indépendance naissante, je décidai d'en faire à ma tête et de manger quand même tout ce que je voulais. Un jour, j'utilisai donc mon argent de poche pour acheter un saucisson de salami entier.

Le seul hic, c'est que je devais trouver un endroit où dissimuler ce salami. Comme je ne voulais pas que ma mère le voie, je le cachai dans le seul endroit parfaitement sûr: sous mon lit. En effet, il y avait sous mon lit un recoin que notre aspirateur-balai ne pouvait pas atteindre et que ma mère avait rarement le zèle de nettoyer. Je rangeai donc mon salami dans ce recoin sombre et poussiéreux.

Deux semaines plus tard, je me rappelai le délice qui m'attendait. Je regardai sous le lit et vis… non pas mon salami, mais une chose verte et poilue qui ne ressemblait à rien de ce que je connaissais. Des poils de deux centimètres de long avaient poussé sur mon salami. Ils se dressaient droits dans les airs, comme si l'apparition soudaine de mon visage avait pris mon salami par surprise dans sa cachette. Capricieuse comme je l'étais en matière de nourriture, je n'avais nullement envie de consommer cette *chose*. J'eus beau réfléchir, la seule solution que je trouvai fut de *ne rien faire*.

Le temps passa, jusqu'au jour où ma mère entra dans sa phase obsessive de grand ménage du printemps, ce qui signifiait qu'elle nettoierait tous les endroits qui n'avaient jamais été baignés par la lumière du jour, y compris, bien entendu, le dessous de mon lit. Je savais bien que le moment viendrait où elle trouverait l'ignoble chose dans sa cachette. Durant les deux premiers jours de sa frénésie, j'observai attentivement ma mère pour essayer d'évaluer le moment où elle découvrirait le salami. Elle lava, frotta, épousseta… et *hurla*. Elle hurla, hurla, hurla. « Ahhhhhh… ahhhhh… ahhhhhh! » Les cris venaient de ma chambre. Une alarme retentit dans ma tête. Elle avait trouvé le salami!

« Maman, qu'est-ce qu'il y a? » criai-je en entrant dans ma chambre.

« Il y a *quelque chose* sous ton lit! »

« Quoi? » J'ouvris les yeux tout grands, histoire de prouver ma totale innocence.

« Il y a une chose… une chose… je ne sais pas ce que c'est! » Elle cessa finalement de hurler. Puis elle chuchota: « C'est peut-être vivant. »

Je me penchai pour regarder sous mon lit.

« Attention! cria-t-elle. Je ne sais pas ce que c'est! » répéta-t-elle. Elle m'éloigna du lit. J'étais fière du courage dont elle faisait preuve pour me sauver de cette « chose » malgré sa peur.

Ce que je vis me renversa. La dernière fois que j'avais regardé le salami, il portait des poils crépus d'à peu près deux centimètres de long. Maintenant, les poils plutôt verdâtres mesuraient une dizaine de centimètres et commençaient à s'étendre sur la moquette. On ne pouvait plus deviner la forme qui se cachait sous les poils. Je regardai maman. Si on faisait exception de leur couleur, les cheveux de ma mère ressemblaient beaucoup aux poils du salami: ils se dressaient droits sur sa tête! Maman se leva brusquement et sortit de la chambre. Cinq secondes plus tard, elle revint avec un balai.

À l'aide du manche du balai, elle poussa le salami. Il ne bougea pas. Elle le poussa avec un peu plus de vigueur. Même résultat. C'est à ce moment que j'eus envie de lui dire la vérité, mais j'étais incapable d'ouvrir la bouche. Je devais pincer mes lèvres ensemble pour retenir un rire qui, autrement, menaçait d'exploser. En même temps, je redoutais beaucoup la colère que ma mère ferait lorsqu'elle découvrirait enfin la vérité. J'avais également peur qu'elle fasse une crise de cœur, car elle avait l'air pétrifiée.

Finalement, maman prit son courage à deux mains et poussa violemment le salami. Au même moment, le rire que j'avais tant bien que mal essayé de réprimer sortit avec fracas de ma bouche. Maman lâcha le balai et me regarda.

« Qu'est-ce qu'il y a de si drôle? » demanda-t-elle. Son visage presque collé au mien, elle avait l'air furieux. Sa face était rouge, mais cela s'expliquait peut-être par sa posture, du fait que sa tête était plus basse que son derrière; quoi qu'il en soit, j'étais convaincue qu'elle était sur le point de me flanquer un coup de balai. Je voulais éviter cela à tout prix, car il y avait encore quelques poils verdâtres collés au manche. Je me sentis vaguement nauséeuse, mais une autre crise de fou rire éclata. On aurait dit que mon corps ne m'appartenait plus. Fou rire après fou rire, je me mis bientôt à me rouler par terre. Ma mère s'assit, exaspérée.

« Qu'est-ce qu'il y a de si drôle?! »

« Salami », parvins-je à balbutier entre deux incontrôlables éclats de rire. « Salami! Salami! » Je me roulais sur le plancher. « C'est un salami! »

Ma mère me regarda, incrédule. Qu'est-ce qu'un salami avait à voir avec cette histoire? La chose qui se trouvait sous le lit ne ressemblait en rien à un salami. En fait, cette chose ne ressemblait à *rien* de ce qu'elle (ou moi) connaissait.

J'essayai de reprendre mon souffle. « Maman, c'est un salami. Tu sais, un de ces gros saucissons de salami! »

Elle me demanda ce que toute mère sensée aurait demandé. « Qu'est-ce qu'un salami fait sous ton lit? »

« Je l'ai acheté avec mon argent de poche. » Mon rire cessa peu à peu, laissant place à la crainte. Je la regardai. Jamais je n'avais vu une expression aussi étrange sur son visage: un mélange de dégoût, de confusion, d'épuisement, de peur… et de *colère*! Ses cheveux étaient dressés sur sa tête, la sueur perlait sur son visage cramoisi et ses yeux semblaient sur le point de sortir de leur orbite. Mais c'était irrésistible; je pouffai de rire de nouveau.

C'est à cet instant que se produisit le miracle d'entre tous les miracles: ma mère se mit à rire, elle aussi. Au début, ce fut un petit rire nerveux, hésitant en fait, mais il se transforma rapidement en un de ces rires gras dont seuls les membres de la famille de ma mère étaient capables. Nous rîmes toutes les deux jusqu'à ce que des larmes coulent sur nos joues; à un moment donné, je crus que j'allais faire pipi dans ma culotte.

Lorsque nous parvînmes finalement à reprendre notre sérieux, ma mère me tendit le balai.

« D'accord, Patty Jean Shaw, prends le balai et *ramasse-le*, peu importe ce que c'est! »

Je ne savais pas comment m'y prendre pour nettoyer une chose sans la toucher ni la regarder. Alors, bien entendu, je demandai à ma petite sœur de m'aider. Avec des menaces ou des pots-de-vin, je pouvais obtenir tout ce que je voulais d'elle. Et comme elle ignorait à quoi ressemblait la chose sous les poils, la peur ne l'empêcha pas de m'aider. Nous réussîmes donc toutes les deux à envelopper le salami dans du papier journal (mon père ne sut jamais ce qui était advenu de son journal ce soir-là). Avec *mille* précautions, je transportai la chose dehors et la jetai à la poubelle. Je demandai ensuite à ma sœur d'enlever les quelques poils qui étaient restés collés sur la moquette. Je lui avais fait croire que j'étais trop grosse pour me glisser jusqu'au petit recoin où la chose avait poussé. Ce service me coûta deux semaines d'argent de poche.

Ma mère ne me gronda pas d'avoir acheté le salami. Elle considérait probablement que j'en avais amplement payé le prix. Il ne reste de ce salami que le souvenir de ma mère et moi riant de bon cœur. Au cours des années qui suivirent, je n'eus qu'à menacer d'acheter un salami pour faire éclater de rire ma mère.

Patty Hansen

Le canard de maman

Dieu ne peut pas être partout; c'est pourquoi
Il a créé les mères.

Proverbe juif

Ma mère a toujours eu un faible pour les plus démunis qu'elle. Si elle trouvait un chien errant et qu'elle le menait à la fourrière, elle ne pouvait s'empêcher d'en revenir avec trois autres chiens. Elle refusait les invitations à dîner des voisines, car elle préférait se lier d'amitié avec le peintre que nous avions embauché ou avec son esthéticienne. Le dimanche, après la messe, elle trouvait toujours une âme solitaire à la recherche d'une invitation à dîner ou, pire encore, d'un toit pour s'abriter.

En fait, ma mère ouvrait les portes de son cœur et de sa maison à toute créature vivante. Elle était la protectrice des opprimés. Lorsque j'avais treize ans, nous avions huit animaux domestiques, cinq enfants en foyer d'accueil et quelques autres enfants ou adultes sans statut officiel qui vivaient sous notre toit. Ma sœur, mon frère et moi décidâmes de nous appeler « les trois modèles originaux ».

J'admets que ma sœur et moi nous sentions quelque peu négligées dans tout cela. Nous prîmes d'ailleurs l'habitude d'employer le terme « cinglés » pour désigner les bénéficiaires de la générosité de maman. Bien que j'en sois venue, quelques années plus tard, à admirer et même à imiter la compassion de ma mère envers les autres, il y eut un moment où nous fûmes tous d'accord pour dire que sa bonté allait trop loin. Ce fut le jour où elle permit à un canard de la suivre jusqu'à la maison.

Selon sa version de l'histoire, elle promenait les chiens dans un boisé près de chez nous lorsqu'elle aperçut un gros canard blanc qui portait sur le bec une grosse excroissance rouge semblable à une verrue. Maman prétend qu'elle ne fit que manifester un peu de compassion pour ce pauvre canard perdu. Toujours est-il qu'elle revint de sa promenade avec un canard épris d'affection pour elle et que notre vie de famille s'en trouva à jamais transformée.

Le canard, que l'on prénomma Harry, avait de telles marques d'affection envers ma mère que c'en était embarrassant. Dès qu'il l'apercevait, il volait dans sa direction, atterrissait sur ses genoux et émettait des coin-coin sourds ou mordillait ses cheveux. Tel un chien fidèle qui attendait son maître, il passait ses journées sur le perron à surveiller loyalement ses allées et venues.

Ce n'est pas qu'il refusait d'entrer dans la maison; au contraire, une porte entrouverte était une invitation pour Harry. Dès qu'il en avait la chance, il se précipitait dans la maison et se dandinait partout d'un air excité, dérangeant chiens, chats et humains jusqu'à ce qu'il trouve maman.

Malgré le côté agaçant de Harry, nous aurions de bon gré accepté l'attention dont il submergeait maman, n'eût été d'un fait malheureux: autant il adorait ma mère, autant il nous avait en aversion.

Notre famille étant majoritairement composée de membres adoptifs, nous étions bien placés pour essayer de nous entendre avec Harry. Peine perdue. Harry nous voyait comme des menaces et nous pourchassait, sifflant et donnant des coups de bec chaque fois qu'il en avait l'occasion.

Notre cour devint un lieu dangereux pour les visiteurs. Dès que quelqu'un s'approchait de la maison, Harry faisait un vol en piqué pour essayer de l'effrayer. Nous commençâmes à appeler Harry notre « canard de garde ». Il détestait particulièrement les pantalons aux jambes amples, auxquelles il s'accrochait avec la détermination d'un pitbull. Il pouvait également mordre, comme le prouvaient les marques rouges que plusieurs d'entre nous avaient sur les bras.

Un après-midi, incapable de tondre le gazon à cause des interventions intempestives de Harry, mon père en eut assez. En désespoir de cause, il emprisonna Harry sous une poubelle vide et s'empressa de l'oublier jusqu'au lendemain matin, moment où maman remarqua son absence. Après que mon père eut avoué son geste, ma mère lui dit en pleurant: « Albert, comment as-tu osé? » Elle sortit en courant de la maison et souleva la poubelle. Harry tituba sur la pelouse, encore vivant, mais à peine.

« Chérie, nous devons prendre une décision à propos de ce canard. C'est une véritable plaie! » dit mon père.

« Mais il est heureux ici, répondit ma mère. Il a trouvé une famille. » Peu de temps après cet incident, Harry commit sa dernière trahison.

Mon futur beau-frère, Maurice, vivait avec nous pour l'été. Encore aux études, Maurice s'était trouvé un emploi de vendeur itinérant d'aspirateurs. Un après-midi, Maurice revint du travail plus tôt que d'habitude et trouva les portes de la maison verrouillées.

Après avoir essayé sans succès toutes les portes, il aperçut une fenêtre laissée ouverte au deuxième étage, directement au-dessus de l'entrée du garage. En homme astucieux qu'il était, il décida de se garer sous la fenêtre, de monter sur le toit de sa voiture et d'entrer dans la maison par la fenêtre.

Maurice était agrippé au rebord de la fenêtre lorsqu'il entendit un bruyant battement d'ailes derrière lui. Il se retourna et vit Harry qui volait en sa direction avec la vitesse d'un chasseur-bombardier.

Maurice cria et lâcha prise. Il rebondit sur le toit de sa voiture et tomba par terre.

Le lendemain matin, mon père conduisit Harry près d'un gros étang situé à plusieurs kilomètres de chez nous et l'y abandonna. Il raconta à ma mère que beaucoup de canards vivaient à cet endroit et que Harry y serait heureux. Maman accepta à contrecœur, mais elle exigea d'aller voir par elle-même ce qu'il en était. À son retour, elle convint que Harry semblait heureux, mais elle raconta qu'il restait seul dans un coin isolé de l'étang.

Pendant environ un mois, la situation revint à la normale dans la maison. Puis, un jour, maman décida d'aller rendre visite à Harry, histoire de voir comment il se débrouillait.

Lorsque nous arrivâmes à l'étang, nous vîmes beaucoup de canards, mais pas Harry. Maman descendit en toute hâte de la voiture. « Où peut-il bien être? »

C'est alors qu'une de mes sœurs l'aperçut, sale et trempé, dans une section boueuse de l'autre côté de l'étang. « Le voilà! » s'exclama-t-elle en le pointant du doigt. Le souffle coupé, maman tendit les bras. « Harry! » cria-t-elle.

Harry leva péniblement la tête. Dès qu'il vit maman, il poussa un cri strident et se mit à clopiner dans sa direction.

« Oh! Mon pauvre petit! » sanglota Maman.

Harry et ma mère se précipitèrent dans les bras l'un de l'autre comme des amoureux qui se retrouvent après une longue absence. Ils s'embrassèrent; ils s'étreignirent; ils papotèrent.

Après ces effusions, maman inspecta Harry. « Que t'est-il arrivé? lui demanda-t-elle. Tu es si maigre! »

Ma sœur, qui avait observé la scène avec nous, commenta avec à-propos: « Même les autres canards le détestent. Ils l'ont expulsé de l'étang. »

« On le ramène avec nous, décréta maman. Toutes les créatures ont droit d'avoir un foyer plein d'amour. »

Dans la voiture, personne ne souffla mot, pas même Harry. Je pense qu'il voulait s'excuser.

Nous essayâmes de nous accommoder de la situation et pendant les jours qui suivirent, Harry fit de son mieux. Malheureusement, au bout d'une semaine, il avait repris ses vieilles habitudes. Même maman dut convenir qu'il fallait faire quelque chose.

Quelques jours plus tard, un de mes frères arriva à la maison avec de bonnes nouvelles. Il avait découvert un étang où vivaient des canards identiques à Harry: gros, blancs et affublés d'une affreuse excroissance rouge sur le bec.

Nous avions peine à le croire. Tout ce temps, nous avions cru que Harry était unique en son genre! Trouverait-il le bonheur parmi ses semblables?

Sans se faire trop d'illusions, nous partîmes en voiture (Harry s'installa sur les genoux de maman) pour le conduire à son nouvel étang. Maman l'amena gentiment à l'endroit où les autres canards barbotaient et picoraient dans les herbages. Elle déposa Harry dans l'eau. Immédiatement, Harry se mit à glousser, à papoter et à se faire des amis.

Nous le laissâmes dans cet étang. Pendant le voyage de retour, chacun se montra surpris de la facilité avec laquelle les autres canards avaient accepté Harry. Était-ce parce qu'il était pareil à eux? Probablement. Toutefois, cela n'expliquait pas pourquoi Harry était si attaché à ma mère.

Selon toute vraisemblance, Harry avait déjà vécu parmi les siens, mais il en avait été séparé, on ne sait trop comment. Puis, maman l'avait trouvé, errant dans les bois, perdu et seul. Pas étonnant qu'il se fut pris d'affection pour elle. Elle l'avait sauvé.

Lorsque nous rendîmes visite à Harry, quelques jours plus tard, il avait une nouvelle petite amie. Mais celle-ci avait des plumes et la face couverte de verrues. Harry jeta à peine un coup d'œil à maman. Je ne crois pas qu'elle s'en offusqua. Il y avait encore en ce monde beaucoup d'autres âmes à sauver. Sans compter, comme l'avait si bien dit maman, que Harry avait droit à son chez-soi. Et à notre grand soulagement, il l'avait enfin trouvé.

Page McBrier

4

ATTITUDE
ET PERSPECTIVE

Tu es maître de tes attitudes.
Tu as le choix: tu peux soit être victime
des circonstances et des autres,
soit regarder la vie avec un esprit ouvert
et une mentalité de gagnant.

Personne ne peut choisir ton attitude à ta place.
Ta perspective et le choix de ton attitude
te donnent le pouvoir d'être en contrôle.

Voilà l'essence même de la vraie liberté.

Irene Dunlap

Ni noir ni blanc

Les enseignants sont ceux qui jettent des ponts
Sur lesquels ils invitent leurs élèves
à traverser;
Une fois les élèves de l'autre côté,
Le pont s'effondre joyeusement,
Incitant ceux qui viennent de le traverser
À construire leurs propres ponts.

Nikos Kazantzakis

À l'époque où j'étais à l'école primaire, j'eus une sérieuse dispute avec un garçon de ma classe. Je ne me rappelle plus la raison de notre querelle, mais jamais je n'oublierai la leçon qu'elle me permit d'apprendre.

J'étais persuadée que *j'*avais raison et qu'*il* avait tort, et lui était convaincu du contraire. Notre institutrice décida alors de nous donner une petite leçon. Elle nous fit venir en avant de la classe, le garçon et moi, puis elle nous installa de chaque côté de son bureau. Au milieu du bureau se trouvait un gros objet rond. Je pouvais clairement voir que l'objet était noir. Toutefois, quand elle demanda au garçon la couleur de l'objet, il répondit « blanc ».

Je n'en croyais pas mes oreilles: il disait que l'objet était blanc, alors qu'il était, de toute évidence, noir! Une autre dispute éclata entre le garçon et moi, cette fois à propos de la couleur de l'objet.

L'institutrice me demanda alors de prendre la place du garçon, puis elle lui demanda de prendre la mienne.

Après avoir interverti nos places, elle me redemanda la couleur de l'objet. Je n'eus d'autre choix que de répondre « blanc », car les deux côtés de l'objet étaient de couleur différente. De son point de vue, il était blanc tandis que du mien, il était noir.

Ce jour-là, cette institutrice m'apprit une leçon très importante : pour vraiment comprendre le point de vue d'une autre personne, il faut se mettre à sa place et regarder la situation à travers ses yeux.

Judie Paxton

Le secret de Jane

*La réalité, ce n'est pas de voir les choses telles
que vous aimeriez qu'elles soient ou telles
qu'elles vous apparaissent, c'est de les voir
telles qu'elles sont réellement.*

Robert J. Ringer

Le jour de mes treize ans, un moment que j'avais
attendu avec impatience, j'éprouvai une sensation de
bien-être et j'aurais volontiers passé la journée avec
mes amies, mais une alternance de neige fondante et de
pluie me cloua à la maison. Je décidai donc de rester
dans ma chambre et de me débarrasser des vestiges de
mon enfance. Au milieu de l'après-midi, trois gros sacs
d'ordures étaient appuyés contre ma porte. Lorsque je
pris le premier sac pour le traîner dans l'escalier, une
photo tomba sur le plancher. Le visage qui me regardait
droit dans les yeux était celui de Jane. Nous nous étions
liées d'amitié pendant notre quatrième année au primaire et nous serions encore amies, n'eût été du transfert de son père au Japon. Il était vice-président d'une
importante chaîne hôtelière.

Jane Farmer était la fille la plus brillante que j'ai
connue. Elle obtenait presque toujours des A, sans
compter qu'elle était jolie. Une partie de moi voulait la
détester, mais j'en étais incapable, car elle était trop
gentille. Au lieu de cela, je l'enviais et souhaitais
ardemment être comme elle.

Ses cheveux couleur de miel étaient roulés en millions de spirales et presque toujours attachés avec un ruban de satin assorti à son uniforme d'écolière. Quand elle marchait, ses boucles rebondissaient comme des échasses à ressorts. Mes cheveux à moi étaient raides et fins, chaque matin coiffés en nattes.

Jane était grassouillette, mais cela n'avait aucune espèce d'importance. Comme toutes les autres filles populaires de notre école, elle était petite. C'est ce qui comptait puisque la plupart des garçons de la classe étaient également petits. Moi, j'étais grande et maigre. Même les taches de rousseur de Jane étaient mignonnes, et les fossettes qu'elle avait de chaque côté de la bouche lui donnaient un sourire perpétuel.

Mon grand-père m'appelait souvent « miss sourire » pour me faire rire. Il ne le faisait pas méchamment. Il ne comprenait tout simplement pas que mon visage était du genre sérieux. Ma mère non plus ne le comprenait pas. « Regarde-toi dans le miroir de ta chambre, Donna, et exerce-toi pendant cinq à dix minutes. Je t'assure que tu finiras par avoir un beau sourire, toi aussi. » J'essayai à quelques reprises, mais je me sentais ridicule ; de toute façon, ça ne fonctionnait pas.

Jane était assise dans la toute première rangée de la classe, car elle était une élève à l'honneur. Mon pupitre à moi se trouvait dans la dernière rangée, près du mur sans fenêtre. Je pouvais observer Mme Schnell, notre institutrice, faire les cent pas devant nous. Trapue, elle avait les cheveux roux et crépus ainsi qu'un sourire qu'elle faisait apparaître et disparaître aussi vite qu'elle clignait des yeux.

Je m'enfonçais toujours le plus possible sur ma chaise, essayant désespérément de me cacher derrière Stanley, le garçon assis devant moi. Ce n'était pas facile, car Stanley avait une tête de moins que moi et il essayait lui aussi de se faire tout petit aux yeux de Mme Schnell. J'attendais ainsi en espérant que le prochain nom prononcé ne soit pas le mien. Parfois, je réussissais à me dérober aux yeux méchants de Mme Schnell, mais j'étais persuadée que ses oreilles allaient repérer mon cœur qui battait la chamade.

Jour après jour, elle circulait entre les rangées de pupitres, tenant dans sa main droite la liste de nos noms par ordre alphabétique. Elle faisait mine de l'examiner pendant un moment puis, telle un aigle cherchant sa proie, elle regardait les élèves un à un. « À qui le tour, maintenant? » lançait-elle perfidement.

Chaque fois que Mme Schnell prononçait un nom, la victime devait se lever, le dos droit tel un manche à balai, les épaules en arrière. Puis, un livre posé sur ses paumes ouvertes, la victime devait faire la lecture à toute la classe. Parfois, la victime était chanceuse et n'avait que quelques lignes ou un court paragraphe à lire. D'autres fois, cependant, elle devait lire un chapitre entier avant que Mme Schnell n'appelle un autre nom.

Ce que je détestais par-dessus tout, c'était de me lever et de lire à voix haute devant toute la classe, un exploit que Jane accomplissait sans difficulté. Contrairement à moi, elle articulait avec clarté, ne bégayait jamais et commettait rarement des erreurs. Et lorsqu'elle se trompait, Mme Schnell lui en évitait la honte: un sourire agréable aux lèvres, elle guidait patiemment Jane vers la bonne réponse. Moi, j'étais faible en lecture et je sentais que Mme Schnell n'était pas satisfaite de mes efforts. Si seulement elle m'avait traitée comme elle traitait Jane, je me serais améliorée. Or, elle se hâtait beaucoup trop de me corriger et m'enlevait ainsi toute chance de prononcer les mots.

Un jour, après l'entraînement de soccer, Jane et moi attendions ensemble nos mères. Tous les autres parents étaient déjà venus chercher leurs enfants pour les ramener à la maison. Jane était appuyée contre une des deux colonnes de pierre qui soutenaient la porte en fer forgé de la cour d'école. J'étais appuyée sur l'autre colonne et j'observais Jane qui lisait un manuel scolaire. Nous n'étions pas encore des amies. J'avais très envie de lui demander si elle aimait le cinéma et si ses parents lui permettaient d'aller aux matinées de fin de semaine, mais l'expression de son visage me fit changer d'idée. Je me contentai de la fixer des yeux. Elle sembla sentir mon regard.

« Qu'est-ce que tu regardes ainsi ? » demanda-t-elle. À ma grande surprise, sa voix était douce et aimable.

« Toi », répondis-je, incapable de détourner mon regard.

« Pourquoi ? » demanda-t-elle.

« Parce que tu as l'air triste », dis-je. C'est impoli de fixer quelqu'un du regard. Les mots de ma mère résonnaient sans cesse dans mon esprit.

« J'ai eu un B+ dans mon examen d'histoire », dit-elle sur le même ton que si elle venait de commettre quelque horrible crime.

« C'est ça qui te rend si triste? » demandai-je. Ça n'avait aucun sens. Qu'est-ce qu'il y a de mal à avoir un B+, me demandai-je. Avant même de m'en rendre compte, les mots se mirent à sortir si vite de ma bouche qu'il m'était impossible de les arrêter.

« Jane, voyons, avoir un B+ n'est tout de même pas la fin du monde. J'aimerais beaucoup avoir les notes que tu as, lire et écrire comme toi, et me faire aimer des profs pour faire changement. Et toi, tu t'inquiètes pour un B+? Tu dois être complètement folle! Qu'est-ce qui pourrait t'arriver? »

Elle me regarda un moment, se demandant peut-être si elle pouvait me faire confiance. Puis elle se pencha vers moi et murmura à mon oreille comme si nous étions les meilleures amies du monde en train de se confier un secret.

« Promets-moi de ne le répéter à personne. Promets-le-moi. »

Certes, le fait que Jane voulait me révéler un secret me faisait plaisir; je me sentais tout à coup aussi importante que les filles populaires avec qui elle se tenait. Mais j'étais également surprise. Comme je tardais à répondre, Jane me prit le bras et je sentis ses ongles s'enfoncer dans ma peau.

« Promets-le-moi », m'ordonna-t-elle. Je hochai de la tête et elle lâcha mon bras.

« Mon père me bat avec une lanière de cuir », me dit-elle d'une voix à peine perceptible. Ses yeux étaient brouillés de larmes, mais elle continua de parler. « Tout ce qu'il veut, c'est que j'obtienne des A partout. Je dois avoir des A dans toutes les matières. »

J'étais persuadée d'avoir mal interprété ce qu'elle m'avait dit. « Tu veux dire qu'il enlève sa ceinture et te frappe avec ? Il te bat quand tu as un B+ au lieu d'un A ? »

« Oui », dit-elle en pleurant, la tête baissée comme si elle avait honte de montrer son visage. « Ce soir, dès qu'il rentrera du travail, c'est ce qu'il va faire. »

« Ton père te bat ? » répétai-je, incrédule, refusant de croire qu'un père pouvait faire une telle chose, être aussi cruel.

« Oui. Pour lui, rien ne peut justifier de mauvaises notes. Il avait toujours des A à l'école et comme je suis sa fille, je dois faire la même chose. »

Elle leva la tête et me regarda, mais je savais qu'elle ne me voyait pas.

« C'est ce qu'il attend de moi », dit-elle sur un ton aussi inexpressif et froid que le plancher de ciment de la cave de notre maison.

« Et ta mère ? » demandai-je.

« Oh ! Elle quitte la pièce. Une fois mon père parti, elle vient me voir. Elle me prend dans ses bras et me dit que mon père m'aime et qu'il agit ainsi pour mon propre bien. » Jane haussa les épaules comme si tout cela n'avait aucune espèce d'importance. « De toute façon, ça ne fait pas mal très longtemps. Tu sais, Donna, les notes sont une chose très importante. Ton père doit sûrement penser la même chose, non ? »

« Mon père dit toujours que mon frère et moi devons avoir une bonne éducation. Après l'école, nous devons faire nos leçons et nos devoirs avant d'aller jouer dehors ou d'inviter des amis. Il est très strict à ce sujet et évidemment, il n'est pas content si nous avons de mauvaises notes. Mais jamais il ne nous frappe. »

« Il doit bien te punir quand tu fais une grosse gaffe? »

« Pas vraiment, en tout cas pas de la façon dont ton père le fait. »

« Qu'est-ce que tu veux dire? »

« Si tu connaissais mon père, tu comprendrais. Il se place devant toi, droit comme une flèche, ses yeux gris plantés dans les tiens. Puis, il prononce ton prénom très lentement d'un ton très bas et sévère. Ensuite, il prononce ton nom de famille de la même façon. C'est tout ce qu'il fait, mais crois-moi, dans ces moments-là, mon frère et moi savons qu'il n'entend pas du tout à rire. »

« Et ensuite? » demanda Jane. On aurait dit qu'elle tremblait; je pouvais lire la peur dans son regard. Je savais qu'elle s'attendait à m'entendre raconter quelque chose d'effrayant, à m'entendre lui dire que mon père donnait des punitions plus terribles que des coups de lanière de cuir.

« Et ensuite? » répéta-t-elle, impatiente d'entendre ma réponse.

« Nous prenons tout de suite le taureau par les cornes, dis-je. Nous redoublons d'efforts pour faire mieux la prochaine fois. » À ce moment précis, la grosse voiture blanche et étincelante de la mère de Jane s'arrêta devant nous près de la porte en fer forgé.

« C'est ma mère. Je dois y aller. Salut Donna », dit-elle en se précipitant vers la voiture. Après avoir ouvert la portière, elle se retourna brusquement, me regarda et chuchota : « Donna, n'oublie pas ta promesse. »

Je lui fis signe de la tête et la regardai s'installer sur la banquette avant de la voiture.

« Salut, Jane. » La voiture démarra et s'éloigna entre les arbres qui bordaient la rue. Je la regardai devenir de plus en plus petite jusqu'à ce qu'elle tourne au bout de la rue et disparaisse.

C'est à partir de ce jour-là que Jane devint ma meilleure amie. C'est aussi à partir de ce jour-là que je n'enviai plus jamais Jane Farmer.

Donna M. Russell

Un garçon comme les autres

Les enfants sont beaucoup plus que des êtres humains en miniature. Les enfants sont des personnes spéciales. Ils sont uniques au monde.

Adrian Wagner

Nous étions à la fin août et il faisait plutôt frisquet dehors. J'étais l'entraîneur d'une équipe de soccer composée d'enfants de maternelle et de première année. C'était le jour de notre premier entraînement.

Il faisait suffisamment froid pour vêtir les enfants d'un chandail supplémentaire, d'une veste, de gants et de mitaines.

Je fis asseoir les enfants sur le banc de l'abri des joueurs (à Austin, au Texas, on joue au soccer sur la pelouse du champ extérieur du stade de balle molle). Comme je le fais toujours avec une nouvelle équipe, je consacrai les premières minutes de l'entraînement à la présentation de chacun, histoire de mieux nous connaître les uns les autres. Nous fîmes plusieurs fois le tour du groupe, chaque enfant disant son nom et répétant le nom des enfants assis à sa gauche.

Au bout de quelques minutes, je décidai de mettre les enfants au défi. Je leur demandai s'il y en avait une ou un parmi eux qui se croyait capable de répéter le nom de ses onze coéquipiers et qui acceptait de le faire dès maintenant. Un brave de six ans, Alex, se porta volontaire. En commençant par l'enfant assis à l'extrême gauche, Alex devait se placer devant chaque enfant, dire son nom et lui serrer la main droite.

Alex se mit au travail et se tirait très bien d'affaire. Pendant que je me tenais debout derrière lui, il passait d'un enfant à l'autre — Dylan, Micah, Sara, Beau et Danny — puis il arriva devant Ben, de loin le plus petit joueur de l'équipe. Sans trop hésiter, il prononça le nom de Ben et tendit sa main droite, mais Ben ne tendit pas la sienne. Je le regardai pendant une seconde, tout comme le firent Alex et les autres joueurs de l'équipe. Mais Ben resta immobile, sa main droite enfoncée dans le poignet de sa veste.

« Ben, pourquoi ne laisses-tu pas Alex te serrer la main? » lui demandai-je. Toujours silencieux, Ben posa les yeux sur Alex, puis sur moi, puis encore sur Alex.

« Qu'est-ce qui ne va pas, Ben? » dis-je.

Finalement, Ben se leva et me regarda en disant: « Mais coach, je n'ai pas de main. » Il descendit la fermeture éclair de son blouson et sortit son bras droit.

Ben n'avait effectivement pas de main droite. Comme tous les autres enfants de l'équipe, le bras de Ben descendait normalement de l'épaule jusqu'au coude. Après, rien. Pas de doigts, ni de main, ni d'avant-bras.

Je dois admettre que cela me déconcerta. Je ne savais pas comment réagir. Cependant, Dieu merci, les enfants, eux, sont d'une merveilleuse spontanéité.

« Regarde-moi ça! » dit Alex.

« Hé, qu'est-ce qui est arrivé à ton bras? » lança un autre enfant.

« Ça fait mal? »

En moins de temps qu'il n'en faut pour le dire, dix joueurs de soccer et un entraîneur perplexe entouraient un petit garçon qui était maintenant en train d'enlever sa veste pour montrer ce que tous voulaient voir.

Pendant les minutes qui suivirent, le petit garçon de six ans expliqua à tout le monde, calmement et posément, qu'il était ainsi depuis sa naissance et qu'il n'était pas différent des autres pour autant. Ce qu'il voulait dire, c'était qu'il souhaitait être traité comme les autres enfants.

Et il le fut à partir de ce jour-là.

À partir de ce jour-là, il ne fut jamais le petit gars avec un seul bras. Il était tout simplement Ben, un des joueurs de l'équipe.

Adrian Wagner
Proposée par Judy Noble

Les bottes vertes

Fais attention à toi.
Tu es ton allié le plus fidèle.

Janis Joplin

Un lundi matin, je mis mes bottes vertes à grosses semelles pour la première fois depuis que je fréquentais l'école Edison.

Le festival de poésie de l'école battait son plein et j'étais très excitée. À mon ancienne école, j'avais remporté la palme de poésie chaque année. J'étais médiocre en sport, trop timide pour être populaire, et pas vraiment jolie; toutefois, j'écrivais de la bonne poésie.

Le poème que j'avais écrit pour l'occasion portait sur mon père. J'avais envie de dire à quel point mon père comptait pour moi, même si j'allais le faire seulement devant ma classe et Mme Baker.

Je devais présenter mon poème après la pause du dîner; lorsque le moment arriva enfin, j'étais si nerveuse que j'avais la bouche aussi sèche qu'une rôtie. Quand Mme Baker appela mon nom, je me raclai la gorge, je pris une profonde inspiration et j'avalai une dizaine de fois avant de pouvoir ouvrir la bouche. Je ne pris même pas la peine de jeter un coup d'œil sur ma feuille: j'avais consacré tellement d'heures à me préparer que je connaissais mon poème par cœur.

Je venais à peine de commencer le troisième verset lorsque je remarquai le regard furieux que me lançait

Mme Baker. Je m'arrêtai au beau milieu d'un mot et j'attendis qu'elle m'explique ce qui n'allait pas.

« Linda, tu es censée lire un poème original que tu as toi-même composé, et non en réciter un que tu as appris par cœur. C'est du plagiat ! »

« Oh, mais pas du tout. Je veux dire… c'est moi qui l'ai composé ; c'est un poème sur mon père. » J'entendis un « Ouais, bien sûr ! » quelque part derrière la classe, puis quelqu'un d'autre se mit à rire.

Je me sentis comme quelqu'un qui s'élance d'un tremplin et qui se rend compte, une fois dans les airs, qu'il n'y a pas d'eau dans la piscine. J'ouvris la bouche pour m'expliquer, mais aucun mot ne sortit.

« Sors de la classe et reviens uniquement lorsque tu seras prête à faire des excuses », dit Mme Baker. « Allez, sors ! »

Je compris alors pourquoi on surnommait Mme Baker « Sergent Baker ». Ensuite, mon cerveau s'éteignit complètement. Je tournai les talons et sortis de la classe.

Cela faisait environ une demi-heure que je poireautais dans le couloir lorsque Joseph, le concierge de l'école, s'approcha pour me demander quel crime odieux j'avais bien pu perpétrer pour mériter pareil châtiment. Il aimait utiliser des mots inusités.

Le concierge et moi nous étions liés d'amitié un matin, avant le début des classes, alors que j'étais assise seule à faire semblant d'apprendre quelque leçon. Il m'avait invitée à lui donner un coup de main pour ouvrir les salles de classe ; par la suite, je devins en quelque sorte son assistante. Nous bavardions ensemble pendant que nous essuyions les tableaux noirs et allumions le chauffage. Le matin de mon expulsion de la classe de Mme Baker, il m'avait raconté que Mark Twain avait dit un jour que la différence entre le mot juste et le mot presque juste était aussi grand que celle entre la lumière d'un éclair et la lumière d'une luciole. Cela m'avait plu. Mon père aussi aurait aimé.

Toujours est-il que Joseph attendait que je lui raconte mon crime odieux. Il avait l'air si gentil et si sympathique que je déballai tout mon sac en refoulant mes larmes. Son visage se renfrogna un instant, puis il sortit brusquement de la poche de sa salopette un énorme chiffon jaune. « Alors, qu'as-tu l'intention de faire? » me demanda-t-il en roulant le chiffon en une boule serrée.

Je haussai les épaules, triste et impuissante. « Je ne sais pas. »

« Tu ne vas tout de même pas passer la journée ici? »

Je lâchai un soupir. « Je pense que je vais lui présenter mes excuses, tu sais, comme elle me l'a demandé. »

« Tu vas lui présenter tes excuses? »

J'acquiesçai de la tête. « Je n'ai pas le choix. Mais ce n'est pas la fin du monde. À l'avenir, je lui écrirai seulement des mauvais poèmes. »

Ma réponse parut le décevoir. Je haussai de nouveau les épaules et regardai au loin.

« Linda. » Le ton de sa voix ne me laissa d'autre choix que de le regarder. « Accepter la défaite alors que tu devrais défendre tes droits peut devenir une très mauvaise habitude. » Il enroula le chiffon autour de ses doigts. « Crois-moi. J'en sais quelque chose! »

Son regard ne me lâchait pas. Je clignai des yeux et baissai la tête. Il fit de même et, simultanément, nous aperçûmes mes bottes vertes. Tout à coup, son visage se détendit et s'illumina. Il eut un petit rire et dit: « Tout va s'arranger. Je ne suis pas inquiet pour toi. Lorsque tu as enfilé ces bottes ce matin, tu savais qu'il n'y avait qu'une seule Linda Brown au monde. » Il rangea alors son chiffon dans sa poche, comme s'il n'en avait plus besoin, et il croisa les bras. « Ce sont les bottes d'une fille capable de s'occuper d'elle-même et de se battre quand cela en vaut la peine. »

Ses yeux rieurs éveillèrent une partie de moi qui était restée assoupie depuis mon arrivée dans cette école, et je savais qu'il avait raison. J'avais tout simplement égaré mon assurance habituelle. Je pris une grande respiration et frappai à la porte de la classe, prête à affronter Sergent Baker, prête à réciter *mon* poème.

Linda Rosenberg

L'esprit sportif

Le gars qui sait garder une attitude positive même s'il ne joue pas beaucoup mérite assurément mon respect.

Earvin « Magic » Johnson

Mon fils avait dix ans lors de sa première saison de basketball. Souvent, lorsque j'allais le chercher chez son père, il s'exerçait à lancer des ballons au panier. Un jour où je venais le chercher, il courut vers ma voiture et me dit : « Maman, peux-tu m'acheter un autre ballon, s'il te plaît, s'il te plaît, s'il te plaît ? »

« Tyler, pourquoi veux-tu un deuxième ballon de basket ? » demandai-je.

« Pour avoir un ballon chez mon père et un ballon chez ma mère », répondit-il.

L'idée me plut, surtout que Tyler n'avait d'intérêt que pour le basketball. Parfois, il me demandait de le conduire au gymnase une heure avant le début de l'entraînement. Il aimait retrouver ses nouveaux coéquipiers et trouvait amusants les exercices de basketball. Souvent, après l'entraînement, je devais insister pour lui faire quitter le gymnase, car il voulait presque toujours rester encore un peu pour lancer des ballons au panier.

Les conversations les plus intéressantes entre Tyler et moi avaient toujours lieu le soir, quand j'allais dans sa chambre pour lui souhaiter bonne nuit. Un soir, il me parla de ses chaussures de basket. Il me dit qu'il lui en faudrait peut-être des meilleures. Je fermai les yeux très fort, feignant de ne pas avoir entendu la dernière partie de sa phrase. Comme j'étais une mère seule, l'achat de nouvelles chaussures était toujours un sujet difficile pour moi. Je jetai un coup d'œil sur les « vieilles » baskets de Tyler, qui les avait déposées au pied de son uniforme minutieusement plié. Elles me semblèrent tout à fait convenables. Je changeai rapidement de sujet.

Le moment du premier match de la saison arriva enfin. Une foule étonnamment nombreuse emplissait le gymnase. L'équipe de Tyler, les Hornets, affrontait le Magic. Je vis le bonheur dans les yeux de mon fils lorsque celui-ci aperçut son père assis dans les gradins à quelques mètres devant moi.

Tyler avait l'air déterminé lorsqu'il rejoignit ses coéquipiers pour le match. Cependant, mon fils resta assis sur le banc pendant toute la partie. Son équipe remporta le match, mais le quatrième quart prit fin sans que Tyler ne touche au ballon.

La situation ne changea guère au cours des matchs qui suivirent. L'équipe continuait de gagner, mais Tyler touchait à peine au ballon. Tyler jouait avec ardeur, mais dès qu'il avait le ballon, il se dépêchait de faire une passe à un coéquipier. Lorsque je le regardais jouer, je me sentais désolée pour lui.

Un jour, alors que nous rentrions à la maison après un match, je lui demandai: « Tyler, est-ce que tu aimes encore jouer au basketball? »

« J'aime beaucoup le basketball, répondit-il. Mais je sais qu'il y a des garçons qui jouent mieux que moi, et c'est pour ça que je leur donne le ballon. »

Le lendemain, je rencontrai un vieil ami qui avait joué au basketball dans sa jeunesse. Je lui parlai de Tyler et de son style de jeu prudent.

« A-t-il de bonnes chaussures? » demanda-t-il. Je me rappelai alors qu'avant le début de la saison, Tyler m'avait dit avoir besoin de nouvelles baskets. Mon ami remarqua sûrement l'air que je fis en repensant aux chaussures usées de Tyler, car tout de suite après, nous partîmes ensemble acheter de nouvelles baskets pour Tyler. Il insista pour payer de sa poche une magnifique paire haut de gamme. C'est le genre de geste qui inspire une profonde gratitude à une mère monoparentale, surtout si elle a un garçon.

Ce soir-là, quand je bordai Tyler, il m'avoua qu'il désirait depuis longtemps de nouvelles baskets. Il les adorait. Il les trouvait superbes. Il espérait qu'elles l'aideraient à améliorer son jeu.

Les semaines passèrent, marquées par l'enthousiasme et la dévotion sans bornes de Tyler à l'égard du basketball. Tyler me confia de nouveau qu'il était conscient de ne pas être le meilleur joueur de l'équipe, mais que cela lui était égal parce qu'il aimait beaucoup ce sport. Il jouait avec ardeur et s'entraînait sans cesse. J'observais sa progression. Jamais il ne se décourageait. Il disait se sentir plus à l'aise dans ses nouvelles baskets et il m'en était reconnaissant. Il me décrivait en détail les nouvelles tactiques de jeu qu'il élaborait. Il me disait à quel point il était fier d'appartenir à une si bonne équipe. Jusque-là, elle n'avait pas perdu un seul match.

L'équipe se qualifia pour les séries éliminatoires. Devant une foule en délire, Tyler marqua huit points à la fin d'un match excitant et serré.

Au terme de la saison, nous assistâmes à la cérémonie de remise de trophées. Tyler essaya de deviner quels joueurs remporteraient les différents titres: joueur le plus utile à son équipe, meilleur joueur de défense, joueur qui s'est le plus amélioré et joueur le plus complet. L'équipe de Tyler s'était classée au deuxième rang et chaque joueur reçut un trophée. Vers la fin de la cérémonie, le directeur se leva et remercia tout le monde. Puis il ajouta: « Ce n'est pas tout à fait terminé. Il nous reste un dernier trophée à remettre à un joueur très spécial. Ce joueur s'est présenté à chaque match avec une attitude positive; il ne s'est jamais disputé avec un arbitre ou avec un autre joueur; il n'est jamais arrivé en retard; et il n'a pas raté un seul match ni un seul entraînement. Il connaît son rôle dans l'équipe et ses coéquipiers parlent de lui avec beaucoup de respect. Il joue parce qu'il aime ce sport, de toute évidence. Il donne tout ce qu'il a et fait toujours de son mieux. Voici donc un trophée pour le joueur qui a fait preuve du plus bel esprit sportif: Tyler Marsden! »

Soudain, toute l'attention se tourna vers Tyler. Ses coéquipiers et ses amis s'agglutinèrent autour de lui pour le féliciter. Mes yeux se remplirent de larmes. Je regardai dans les gradins et vis les mêmes larmes dans les yeux de son père. Nous échangeâmes même un sourire.

Les autres enfants étaient encore en train de le féliciter quand Tyler alla chercher son deuxième trophée. J'entendis d'autres parents dire: « Il a reçu le plus impressionnant trophée de la soirée. »

Tyler déclara alors avec fierté: « Je vais avoir un trophée chez ma mère *et* un autre chez mon père! »

Julie J. Vaughn
En collaboration avec Tyler Vaughn Marsden

La peste

Ellen était une véritable peste. Quand nous nous sommes connues à la maternelle, elle accaparait toute la pâte à modeler. À la fin du secondaire, elle tourna en ridicule mon intention de m'inscrire à l'école des beaux-arts. Enfants, nous étions très différentes l'une de l'autre. Exubérante, elle avait toujours le sarcasme aux lèvres. De mon côté, j'étais une fillette maigrichonne et timide qui avait la réputation d'être l'artiste de la classe. À peu près tous les deux ans, elle se retrouvait dans la même classe que moi, toujours aussi bruyante, prompte à l'insulte et impopulaire. Je n'étais guère plus populaire qu'elle, mais j'avais toujours un petit cercle d'amis pour me sentir protégée.

Tout au long de nos années d'école, nos chemins se croisèrent de façon tout aussi brève qu'irritante. En première année du secondaire, lorsque je découvris qu'elle était dans la même classe d'éducation physique que moi, je sus que l'année ne serait pas de tout repos. J'étais toujours le poids léger dans le cours d'éducation physique, celle qu'on prenait plaisir à plaquer au hockey ou à bousculer au basketball. Ellen était celle qui plaquait et bousculait. C'était écrit dans le ciel: nous allions sûrement entrer en collision.

Je parvins à me tirer d'affaire au hockey sur gazon grâce à mes feintes. Je n'avais guère de talent pour marquer des buts, mais dieu que j'étais capable de feinter! Je fus soulagée lorsque notre enseignante annonça que le hockey était terminé et que nous allions nous adonner à la gymnastique lors des prochains cours. C'était une des rares disciplines où je m'en tirais plutôt bien et, surtout, ce n'était pas un sport de contact.

Au premier cours de gymnastique, nous nous mîmes deux par deux pour travailler une série de mouvements au sol. Étant donné que Chris, ma meilleure amie, avait à peu près la même taille et la même force que moi, nous formions une bonne équipe. Ensemble, nous nous exercions à nous tenir en équilibre l'une au-dessus de l'autre sur des tapis, à faire des redressements assis et à nous tenir sur les mains. Ellen n'avait pas vraiment de coéquipière: elle s'entraînait avec quiconque n'avait pas de partenaire. Elle était si gauche et si rude que ses infortunées partenaires terminaient le cours pleines de bosses et de bleus. Heureusement, Chris et moi ne manquâmes aucun cours, ce qui nous épargna la terreur d'être jumelées avec Ellen.

Au bout de trois semaines d'entraînement, le moment était venu de nous exécuter devant l'enseignante pour qu'elle nous évalue. Lorsque notre tour arriva, Chris et moi fîmes les exercices requis; comme nous nous étions bien préparées, les autres nous applaudirent chaudement et l'enseignante nous donna un A. En retournant rejoindre nos camarades assises sur le bord des tapis, Chris et moi nous sentîmes heureuses et soulagées que tout soit fini.

Lorsque le tour d'Ellen arriva, tout le monde se demanda qui serait sa partenaire. Jamais elle ne s'était exercée plus d'une fois avec la même personne. Saisie d'horreur, j'entendis Ellen donner mon nom à l'enseignante. Je n'avais jamais fait équipe avec elle, alors pourquoi moi?

Je me levai, outrée, tandis que mes amies murmuraient leur désapprobation. D'autres, que je soupçonnais de jalousie, rigolaient. C'était pour elles une occasion en or de prendre leur revanche sur moi, car j'étais meilleure qu'elles dans les arts. Je me demandai si je devais contester le droit d'Ellen de m'avoir choisie; après tout, nous ne nous étions jamais entraînées ensemble. Toutefois, lorsque nos regards se croisèrent, je compris que la même pensée lui traversait l'esprit et qu'elle me suppliait de ne pas l'humilier devant les autres.

J'avançai donc jusqu'au milieu du tapis, pressée d'en finir au plus vite. Je tins ses chevilles pendant qu'elle fit ses redressements assis, puis je reçus un pied sur le menton lorsqu'elle se tint sur les mains. Nous parvînmes néanmoins à réussir les exercices requis, et la vingtaine de kilos que je lui concédais ne constitua pas réellement un obstacle. Toutefois, juste avant le dernier exercice qui consistait à se maintenir en équilibre l'une au-dessus de l'autre, un frisson de peur et de révolte me traversa le corps: comment allais-je pouvoir supporter son poids uniquement avec mes bras et mes jambes tendus?

Lorsque je me couchai sur le tapis, j'entendis les ricanements et les chuchotements des autres filles. Si Ellen s'effondrait sur moi, sa chute blesserait mortellement aussi bien mon amour-propre que mes organes internes. Je plaçai mes pieds contre ses hanches, puis je tendis les mains pour prendre les siennes. Nos doigts entrelacés, je constatai avec étonnement qu'elle avait de toutes petites mains: ses doigts étaient courts et doux comme ceux d'un bébé. Moi, j'avais les mains rudes parce que ma passion pour la peinture et l'encre m'obligeait à les nettoyer souvent. J'étirai lentement les jambes et soulevai Ellen tandis qu'elle tendait ses jambes vers l'arrière. Ses doigts étaient agrippés aux miens, et je pouvais lire la peur dans ses yeux.

A-t-elle peur de m'écraser en une masse inerte, ou a-t-elle seulement peur d'échouer l'examen? me demandai-je.

Nous réussimes à maintenir cette position pendant la durée requise, nos yeux rivés ensemble dans une peur mutuelle et nos doigts tellement serrés que les bouts devinrent blancs. À ma grande surprise, je constatai que tant et aussi longtemps que nous maintenions l'équilibre, j'étais capable de la supporter assez facilement. Lorsque je fléchis doucement les jambes pour qu'Ellen reprenne pied, il n'y eut aucun applaudissement. Cependant, au murmure d'étonnement qui parcourut le gymnase, je sus que les autres étaient impressionnées de notre exploit. « Bien! » lança l'enseignante d'une voix qui trahissait sa propre surprise. Ellen me regarda; la peur avait cédé la place au soulagement et à la fierté. *J'ai réussi?* songeai-je en reprenant ma place.

« Comment as-tu fait ça? » me chuchota mon amie Barbara.

« *Pourquoi l'as-tu fait?* » me demanda Chris pendant que certaines filles ricanaient encore.

« Je ne sais pas », répondis-je, et c'était la vérité. Je commençais toutefois à comprendre qu'on ne peut pas refuser d'aider quelqu'un qui nous tend ses petites mains avec un regard apeuré. Ce jour-là, grâce à Ellen la Peste, je pris conscience que je devais tendre la main à ceux qui en avaient besoin. Je me rendis compte que les gens, quels qu'ils soient, peuvent atteindre ce fragile point d'équilibre s'ils ont foi les uns dans les autres.

Plusieurs semaines après qu'Ellen eut reçu son tout premier B en gymnastique, elle s'absenta de l'école pendant quelques jours. J'appris que son père était décédé au terme d'une longue maladie. Même si je n'assistai pas aux funérailles, je n'eus aucune peine à imaginer combien ses doigts durent serrer fermement ceux de sa mère le jour de l'enterrement.

Judy Fuerst

Une petite fille égoïste

Il y a quelques années, ma mère consulta un médecin au sujet de son cou. « Il est un peu enflé depuis un certain temps », lui expliqua-t-elle. Le médecin l'examina et déclara qu'elle devait consulter un hématologue. Quelque chose n'allait pas avec ses ganglions lymphatiques et elle devait subir une biopsie. Sans tarder, on fixa la date de l'intervention au 7 septembre.

La nouvelle me rendit furieuse. Le 7 septembre était mon anniversaire de naissance! Je criai et hurlai à ma mère et à tous ceux qui se trouvaient sur mon chemin, y compris le chien. Je la suppliai de changer de date. Elle me regarda avec l'air de quelqu'un sur le point d'éclater en sanglots et me dit: « Je suis désolée, mais j'ai fait le mieux que j'ai pu. Je n'y peux rien. » Je hurlai: « Je te déteste! » et je m'enfermai dans ma chambre pour pleurer. *Pourquoi ces choses n'arrivent-elles qu'à moi? Qu'est-ce que j'ai fait pour mériter ça?* me demandai-je. Pas un instant je ne songeai à ce que ressentait ma mère; c'était pourtant elle qui allait se faire opérer.

Au cours des semaines qui suivirent, je me contentai de bouder. Au fond de moi, je savais que je ne devais pas me comporter ainsi, mais c'était plus fort que moi. Tout le monde voyait combien je rendais ma mère malheureuse. Je savais que ce n'était pas sa faute, mais je devais faire porter le blâme sur quelqu'un.

Finalement, le jour de mon anniversaire arriva. Mes parents partirent tôt pour l'hôpital de Salt Lake City et c'est une tante qui vint prendre soin de mon frère et moi. Nous nous amusâmes toute la journée, ouvrîmes mes présents et pique-niquâmes dans la cour. Tout le monde fit semblant de s'amuser, mais il régnait une tension à couper au couteau; en fait, personne n'avait le cœur à la fête. *Ce n'est pas juste,* songeai-je. *Ce devait être* ma *journée à moi.*

La soirée était déjà avancée lorsque mes parents revinrent. Ma mère entra dans la maison avec un bandage autour du cou. Elle s'assit et posa la tête sur l'épaule de mon père. La douleur était si intense qu'elle était incapable de parler. Mon père nous raconta ce qui s'était passé. Tout allait bien à la sortie de l'hôpital, mais après une demi-heure de route, la voiture était tombée en panne. Ma mère avait dû attendre dans la voiture glacée pendant que mon père était allé chercher de l'aide.

Un peu plus tard ce soir-là, maman me fit venir dans sa chambre. Elle sortit un sac et me le tendit. C'était mon cadeau d'anniversaire : un baladeur.

« Je m'excuse. Je n'ai pas eu le temps de l'emballer », dit-elle d'une voix douce, mais rauque. « Nous n'avons pas eu le temps d'acheter des piles, mais j'irai demain. »

Je ne trouvai rien d'autre à dire que « merci ».

Environ une semaine plus tard, le docteur téléphona. Les nouvelles étaient bonnes : maman n'avait rien de grave. Mon père me confia par la suite que les médecins craignaient que ma mère souffre d'un cancer. Lorsqu'il m'annonça cela, mes jambes vacillèrent et je dus m'asseoir. Ma mère n'avait rien de grave, en fin de compte, mais cela me rendait malade de repenser à ce que j'avais fait et dit. Si elle avait eu le cancer, nos vies n'auraient plus été les mêmes.

Moins d'une année plus tard, un cousin de mon père, Nathan, souffrit d'un cancer. Il avait quatre enfants et sa femme en attendait un cinquième. Il survécut suffisamment longtemps pour assister à la naissance de son fils, puis il mourut. Ce fils ne verra ni ne connaîtra jamais son père.

J'ai des frissons dans le dos quand je pense que ma famille aurait pu vivre la même chose. Et moi qui me montrais si égoïste! Je regretterai toujours les paroles que j'ai dites. C'est vrai ce qu'on dit: on n'apprécie pas une chose à sa juste valeur tant qu'on n'a pas failli la perdre.

Diana Parker, 12 ans

Rappelez-vous que le bonheur ne dépend pas de ce que l'on est ou de ce que l'on a, mais seulement de ce que l'on pense.

Dale Carnegie

L'homme qui vivait
dans l'abondance

Il était une fois une famille ni riche ni pauvre. Elle vivait en Ohio, dans une petite maison à la campagne. Un soir où tous les membres de la famille étaient attablés, on frappa à la porte. Le père alla ouvrir.

Sur le seuil se trouvait un vieil homme aux vêtements en loques. Ses pantalons étaient déchirés et il lui manquait des boutons. Le vieillard tenait dans ses bras un panier de légumes. Il demanda à la famille si elle voulait lui acheter quelques légumes, et on s'empressa de lui en acheter pour se débarrasser de lui.

Le temps passa. Le vieil homme se lia d'amitié avec la famille. Chaque semaine, il apportait des légumes. Rapidement, la famille découvrit qu'il était presque aveugle à cause d'un problème de cataractes. Il était toutefois si sympathique que la famille commença à apprécier sa compagnie et attendait avec impatience chacune de ses visites.

Un jour qu'il était venu livrer des légumes, le vieil homme dit: « J'ai été vraiment chanceux hier. J'ai trouvé à ma porte un panier plein de vêtements qu'on m'offrait. »

La famille, sachant à quel point il en avait besoin, s'écria: « C'est merveilleux ! »

Le vieil aveugle ajouta: « Et ce qui est plus merveilleux encore, c'est que j'ai trouvé une famille qui en a vraiment besoin. »

Jerry Ullman

Un vrai *meneur*

À qui l'on a donné beaucoup,
on redemandera beaucoup.

Luc 12, 48

Au début de mon adolescence, j'attachais une grande importance à l'opinion que mes amis avaient de moi. Déjà, à l'époque, j'étais beaucoup plus grand que la plupart des garçons de mon âge et cela me rendait mal à l'aise. Afin de détourner l'attention sur ma taille, je me tenais avec les élèves qui aimaient jouer des tours aux autres. Comme j'étais un des clowns de la classe, je m'assurais que les plaisanteries se feraient aux dépens des autres, et non à mes dépens.

Je m'ingéniais à faire toutes sortes de tours qui pouvaient être blessants et parfois même dangereux. Un jour, avant le cours d'éducation physique, des copains et moi mîmes de la crème analgésique dans le short d'un des membres de l'équipe de basketball. Non seulement fut-il terriblement embarrassé, mais il dut consulter l'infirmière de l'école. J'avais cru que cette plaisanterie serait comique, mais personne ne la trouva drôle, encore moins mon père.

Mon parents ne voyaient rien d'amusant à mon comportement. Ils me rappelaient sans cesse la Règle d'Or: *traite les autres comme tu voudrais qu'ils te traitent.* Plusieurs fois, je reçus des sanctions disciplinaires pour le tort que j'avais causé. Ce faisant, j'entachais ma réputation et je perdais le respect des autres. Mes amis me respectaient parce que j'étais très grand, mais que voyaient-ils au juste?

Mes parents voulaient que je devienne un meneur capable d'inspirer les autres, un homme respectable. Ils m'enseignèrent à établir mes propres objectifs et à faire de mon mieux pour les atteindre. Lors des nombreux sermons qu'il m'administra, mon père m'exhortait à devenir un meneur, à faire de moi un grand homme non seulement sur le plan de la taille, mais aussi dans mon cœur et dans mes gestes. Je dus me demander s'il était important pour moi de devenir ce meneur, cette personne que mon père croyait que j'étais. Dans mon cœur, je savais qu'il avait raison. Je fis donc de mon mieux pour suivre son conseil.

Dès que j'entrepris de me donner au maximum au basketball et que je devins un excellent joueur, je décidai d'être un bon exemple pour les autres mais plus sérieusement. Je dois parfois m'arrêter et réfléchir avant d'agir, et il m'arrive de commettre des erreurs — l'erreur est humaine. Fidèle au conseil de mon père, toutefois, je continue à rester à l'affût de la moindre occasion de poser un geste positif et de donner le bon exemple. Ce conseil, je vous le transmets aujourd'hui.

« Sois un meneur, Shaq, ne te contente pas de suivre passivement les autres. Les gens sont déjà obligés de te respecter pour ta taille. Donne-leur d'autres bonnes raisons de te respecter. »

Shaquille O'Neal

Le chien parfait

Pendant les vacances d'été, je faisais du bénévolat dans une clinique vétérinaire. J'ai donc eu l'occasion de voir un nombre incalculable de chiens, et Minnie était de loin la chienne la plus comique que j'ai jamais vue. Un poil fin et frisé couvrait à peine son corps en forme de saucisse. Ses yeux proéminents exprimaient un perpétuel air de surprise. Quant à sa queue, elle ressemblait à celle d'un rat.

Ses propriétaires l'avaient amenée chez le vétérinaire pour la faire euthanasier parce qu'ils n'en voulaient plus. À mes yeux, Minnie était pourtant pourvue d'une belle personnalité. *Personne ne devrait la juger selon son apparence,* pensai-je. Le vétérinaire décida de la châtrer et de la vacciner. De mon côté, je plaçai l'annonce suivante dans le journal local : « Chienne pas comme les autres, bien élevée, a besoin d'une famille aimante. »

Lorsqu'un jeune homme appela pour l'annonce, je le prévins que Minnie avait une drôle d'allure. Il me répondit que le vieux chien de son grand-père venait de mourir. C'est Minnie qu'il voulait, et rien d'autre. Je donnai un bain à Minnie et fit bouffer à la brosse les rares poils qu'il lui restait. Puis nous attendîmes qu'on vienne la prendre.

Un peu plus tard, une vieille bagnole se gara devant la clinique. Deux enfants descendirent précipitamment de la voiture et entrèrent dans la clinique. Ils prirent Minnie dans leurs bras et l'emmenèrent en cou-

173

rant dans la voiture, où attendait le grand-père. Je les suivis en toute hâte pour voir sa réaction.

Dans la voiture, le vieil homme prit Minnie dans ses bras et caressa sa douce fourrure. La chienne lécha le visage du grand-père, puis elle remua sa queue de rat à la vitesse d'une hélice. Ce fut le coup de foudre.

« Elle est parfaite! » s'exclama le vieillard.

Je fus soulagée que Minnie ait trouvé le foyer qu'elle méritait.

C'est à ce moment que je remarquai l'étrange couleur blanchâtre des yeux du grand-père: il était aveugle.

Jan Peck

Pour être admirable

Mon père dit que je suis vraiment superbe, **admirable**. Je me demande si je le suis réellement.

- Pour être ADMIRABLE, selon Sarah, il faut avoir de longs cheveux comme les siens. Ce n'est pas mon cas.

- Pour être ADMIRABLE, selon Justin, il faut avoir des dents blanches parfaitement alignées comme les siennes. Ce n'est pas mon cas.

- Pour être ADMIRABLE, selon Jessica, il ne faut pas avoir de taches de rousseur sur le visage. Ce n'est pas mon cas.

- Pour être ADMIRABLE, selon Mark, il faut être l'élève le plus intelligent. Ce n'est pas mon cas.

- Pour être ADMIRABLE, selon Stephen, il faut être capable de raconter les meilleures blagues de l'école. Ce n'est pas mon cas.

- Pour être ADMIRABLE, selon Lauren, il faut vivre dans la plus belle maison du plus beau quartier de la ville. Ce n'est pas mon cas.

- Pour être ADMIRABLE, selon Matthew, il faut porter les vêtements les plus en vogue et des chaussures à la mode. Ce n'est pas mon cas.

- Pour être ADMIRABLE, selon Samantha, il faut venir d'une famille parfaite. Ce n'est pas mon cas.

Pourtant, chaque soir à l'heure du coucher, mon père me borde et me dit: « Tu es **admirable** et je t'aime. »

Mon père doit savoir quelque chose que mes amis ignorent…

Carla O'Brien

5

LA MORT

La mort.
Quel merveilleux professeur tu es.
Pourtant, trop souvent nous ignorons
tes enseignements sur la vie.

Telle est l'essence même
de ce que la mort nous apprend,
la vie.

Un jour ou l'autre,
nous devrons y faire face.
Un jour ou l'autre,
tous et chacun seront tes élèves.

Les plus sages n'attendront pas
pour apprendre de toi
et trouver ainsi la lumière.

Ils seront prêts
le jour de la remise des diplômes.

Bernie S. Siegel, M.D.

B. J.

On ne choisit pas notre façon de mourir, pas plus qu'on en choisit le moment. Mais on peut choisir notre façon de vivre, maintenant.

Joan Baez

« *Tuuuuut*! » Au son du sifflet, tous les joueurs se mirent à se plaquer les uns les autres. Par une soirée fraîche du mois d'août, nous nous entraînions au football.

Boum! Je heurtai quelqu'un. Je baissai les yeux et vis le visage d'un de mes meilleurs amis, B.J.

« Eh! Nate, tu as été chanceux cette fois-ci! » me taquina-t-il.

« Tu parles! C'est parce que je suis bon », lui rétorquai-je en riant.

Je connaissais B.J. depuis que nous faisions partie de la même équipe de football. Nous étions en sixième année du primaire. Toute l'équipe aimait B.J., mais il devint quelqu'un d'encore plus spécial pour moi. Quand nous devions choisir un partenaire pour faire des exercices comme celui des plaquages, B.J. et moi étions toujours ensemble. Il était drôle et amusant. Avec lui, tout était toujours « cool ».

B.J. se releva et me plaqua à son tour. Nous rîmes, puis nous entendîmes le coach nous appeler.

« Venez ici, les gars. » Tous les joueurs s'approchèrent de lui. « Au match de demain, je veux que vous donniez tout ce que vous avez dans le ventre. »

« D'accord », fîmes-nous en chœur.

« C'est assez pour aujourd'hui. N'oubliez pas de faire vos devoirs », gueula le coach pendant que nous quittions le terrain.

« On se verra demain au match », criai-je à B.J, qui se rendait à une réunion du groupe de jeunes de son église. B.J. s'éloigna à pied avec son père, qui était l'entraîneur adjoint de notre équipe. Au même moment, la voiture de ma mère arriva dans le stationnement.

« Maman, après le match de demain, est-ce que je peux inviter B.J. à la maison? » demandai-je en sautant sur le siège avant.

« Je ne sais pas. On verra », répondit-elle.

Le lendemain, je me rendis au terrain de football revêtu de mon équipement, prêt à sauter dans la mêlée. Nous passâmes en revue les jeux que nous avions pratiqués la veille, puis nous fîmes quelques exercices d'étirement. B.J. était en retard et je me demandais bien où il pouvait être. B.J. était facile à repérer car il était le plus grand de l'équipe. *B.J. ne raterait jamais un match*, songeai-je. Je me rendis compte alors que son père était également absent. Lui aussi n'avait jamais raté un match depuis qu'il s'était joint à l'équipe.

Quelque chose cloche, pensai-je. Le coach nous appela. Je commençais vraiment à me poser des questions.

« Les gars, nous devons absolument remporter le match d'aujourd'hui. » Puis il se tut. Personne ne brisa le silence. « J'ai une mauvaise nouvelle. B.J. a eu un accident hier », nous annonça-t-il.

Je fermai les yeux et commençai à pleurer en silence. Je savais qu'il lui était arrivé quelque chose de grave. Mon coach poursuivit.

« L'accident est arrivé lorsqu'il revenait de la réunion de son groupe de jeunes. B.J. a agité une corde de nylon par la fenêtre de la voiture. La corde s'est coincée dans un essieu et elle a brusquement filé entre ses doigts. B.J. a probablement sorti la tête de la voiture pour voir ce qui s'était passé. La corde a donné comme un coup de fouet et s'est enroulée autour de son cou. B.J. a été étranglé. Et après… » La voix du coach était devenue à peine audible. De toute façon, je n'écoutais plus ce qu'il disait. La seule image que j'avais en tête était celle de B.J., tel que je l'avais vu la veille.

Tous les joueurs de l'équipe étaient debout, le casque à la main, les larmes aux yeux. « Gagnons ce match pour B.J. ! » cria le coach.

Tout au long du match, je ne cessai de penser à B.J. et de lever les yeux vers le ciel. Je me demandais s'il pouvait nous voir jouer de tout notre cœur, pour lui. Notre équipe joua son meilleur match et remporta la victoire.

À l'entraînement suivant, chaque joueur de notre équipe enleva la bande bleue qui ornait son casque et la remplaça par une bande noire. Ensuite, chacun mit le numéro 80, celui du chandail de B.J., à l'arrière de son casque.

Le père de B.J. revint dans l'équipe, toujours à titre d'entraîneur adjoint. Il arrivait souvent avec le chapeau de travers, comme s'il s'en fichait complètement. J'étais réellement désolé pour lui : il avait l'air malheureux. Il ne souriait plus jamais, même lorsque l'équipe gagnait. Je savais que lui et sa femme traversaient une épreuve d'autant plus terrible que B.J. était leur seul enfant.

Au cours des quatre matchs qui suivirent, les joueurs de notre équipe portèrent le numéro de B.J. sur leur casque. Nous gagnâmes chacun des matchs que nous disputâmes pour B.J. L'équipe remporta le championnat, terminant ex æquo au premier rang.

Je sais que cela aurait été impossible sans B.J. J'avais l'impression qu'il était parmi nous. Parfois, je regardais autour de moi et n'aurais pas été étonné de le voir arriver vêtu de son t-shirt rouge préféré, ses cheveux blonds hérissés en l'air, à la dernière mode, et son sourire fendu jusqu'aux oreilles.

Malgré la mort de B.J., je n'ai pas cessé de m'adonner à mes activités favorites: le football, le patin à roues alignées et le ski alpin. Toutefois, je suis plus prudent qu'avant. Je prends le temps de m'arrêter et de réfléchir avant d'agir. Je pense autant au plaisir qu'une activité va m'apporter qu'au danger qu'elle comporte. Quand j'étais en voiture avec papa ou maman, j'avais l'habitude de sortir ma main par la fenêtre pour essayer d'attraper des feuilles d'arbres ou autre chose. Je ne le fais plus.

Je n'ai pas assisté aux funérailles de B.J. J'en étais incapable. Tout le monde a eu de la difficulté à accepter sa mort, mais moi je pensais tout le temps à lui. Il me manque beaucoup.

Nate Barker, 12 ans

Un ange parfait

Quand quelqu'un meurt, il vit encore en toi, en moi et en tous ceux qui l'ont aimé.

Jessica Ann Farley, 10 ans

J'avais sept ans lorsque Kiki déménagea sur ma rue. Elle avait un an de plus que moi. Elle avait un frère, Sam, qui fréquentait une école spéciale. C'est d'ailleurs pour cette raison que sa famille s'était installée à Boston.

C'était l'été lorsque nous fîmes connaissance. Une canicule sévissait. Kiki et sa mère vinrent nous rendre visite pour se présenter. Dès que Kiki et moi nous rencontrâmes, nous sûmes immédiatement que nous deviendrions de grandes amies. Ce jour-là, Kiki et moi jouâmes dehors et eûmes beaucoup de plaisir. Au fil des ans, nous devînmes des amies intimes.

Une journée en particulier restera à jamais gravée dans ma mémoire. J'étais en quatrième année du primaire. À cette époque, j'avais remarqué que Kiki avait de gros bleus un peu partout sur le corps. Je n'oublierai pas ce soir-là quand le téléphone sonna. C'était la mère de Kiki. Lorsque maman raccrocha, elle était bouleversée. Ma mère et mon père me firent venir dans la salle à manger. Ma mère dit: « Stacie, Kiki a un cancer très grave appelé leucémie. »

Les premiers mots que je prononçai furent « Maman, est-ce qu'elle va mourir? » « Je ne sais pas, Stacie », répondit ma mère. Je compris à ce moment que c'était une manière plus douce de dire « oui ». Je me réfugiai dans ma chambre pour pleurer jusqu'à ce que je tombe de fatigue.

Le lendemain, je ne vis pas Kiki. Quelques jours plus tard, elle me téléphona pour m'annoncer qu'elle était hospitalisée. Elle m'expliqua qu'elle et son frère allaient subir une biopsie de la moelle osseuse. Si l'intervention révélait que Kiki et Sam étaient compatibles, les chances de survie de Kiki étaient bonnes. Malheureusement, ce ne fut pas le cas.

Comme mes deux sœurs et moi nous sentions impuissantes face à cette situation, nous décidâmes de faire quelque chose pour aider Kiki. Nous appelâmes une fondation pour enfants leucémiques. Nous leur demandâmes des bannières et des bocaux pour recueillir l'argent que nous amasserions au profit de la fondation en vendant de la limonade et des biscuits. Nous recueillîmes ainsi plus de soixante dollars. Cette initiative nous donna le sentiment d'apporter une modeste contribution. Tout ce que nous voulions, c'était que Kiki et les autres enfants leucémiques guérissent.

Quelques mois passèrent. L'état de Kiki se détériorait. Elle avait perdu tous ses cheveux. C'était très pénible pour moi de la voir souffrir autant. Je continuai néanmoins de lui rendre visite presque chaque jour.

La veille de sa mort, je reçus un message à l'école m'invitant à me rendre auprès de Kiki pour lui faire mes adieux. Ma mère vint me chercher en voiture. Elle m'expliqua que Kiki tenait absolument à me voir. Je pleurai pendant tout le trajet.

Arrivée chez Kiki, je montai immédiatement à sa chambre. On nous laissa seules pour que nous puissions bavarder. Nous parlâmes de choses et d'autres, et je crois que Kiki se sentit un peu mieux. Elle me parut si courageuse et si généreuse : elle se souciait d'abord et avant tout de sa famille. Elle me demanda (et je découvris par la suite qu'elle avait fait la même demande à d'autres personnes) de m'assurer qu'on prendrait soin de ses parents et de son frère. Les derniers mots que je lui adressai furent « Je t'aime », ce à quoi elle répondit « Je t'aime, moi aussi. »

Incapable de trouver le sommeil ce soir-là, je descendis au rez-de-chaussée. Chaque soir, j'avais prié pour la guérison de Kiki. Mes souhaits et mes prières ne furent pas exaucés puisque Kiki mourut ce jeudi-là du mois de janvier. Il était six heures du matin lorsque ma mère vint me voir pour me l'annoncer : « Stacie, Kiki nous a quittés. » Je versai toutes les larmes de mon corps, refusant de croire que ma meilleure amie était partie. Quelques jours plus tard, j'assistai aux funérailles et je pleurai encore plus.

Un an passa et on organisa un service commémoratif. Comme j'avais une jolie voix, la mère de Kiki me proposa de chanter une chanson du film *Le Roi lion*. J'acceptai de chanter « Can You Feel the Love Tonight », une pièce d'Elton John.

Lorsque j'interprétai cette chanson pendant le service, tout le monde apprécia. Pendant que je chantais, je sentais que Kiki chantait avec moi. *Le Roi lion* était le premier film que nous avions vu ensemble. C'était notre film préféré. Le jour où je lui avais fait mes derniers adieux, d'ailleurs, je portais mon chandail du *Roi lion.*

Deux années ont passé, maintenant, et je n'ai pas oublié Kiki. Je me rappelle des choses très spéciales à son sujet: sa chaleur, sa générosité, son joli sourire, son rire.

Je participe souvent à des spectacles amateurs et chaque fois que je chante, je sais que Kiki est à mes côtés. Jamais je ne l'oublierai, car elle comptait tellement pour moi. Je sens qu'elle veille sur moi, qu'elle est mon ange gardien. Je trouve qu'elle est un ange parfait, ne croyez-vous pas?

Stacie Christina Smith, 12 ans

Une épaule à offrir

L'ami qui t'accompagne en silence dans les moments de désespoir ou de confusion, qui reste à tes côtés lors d'une épreuve, qui accepte de ne pouvoir comprendre, soulager, guérir, bref qui partage avec toi ton impuissance, celui-là est un véritable ami.

Henri Nouwen

C'est étrange, mais je me rappelle encore la sonnette d'entrée qui résonna cet après-midi-là. J'avais 12 ans, et le son familier du carillon à deux tonalités brisa la grisaille de cette journée de février.

Maman sortit de la cuisine en s'essuyant les mains sur une serviette à vaisselle décolorée qu'elle déposa ensuite sur son épaule. Je laissai tomber mon devoir de mathématiques quelque part dans la colonne des « centaines » et me précipitai avec mes jeunes frères vers la porte d'entrée. Nous nous arrêtâmes au moment précis où maman entra dans le salon.

Postée près de la grosse porte d'entrée, je sentis le froid humide du Missouri qui voulait entrer. La moitié supérieure de la porte était vitrée, et j'étais suffisamment grande pour voir qui se trouvait de l'autre côté. Sur notre perron de ciment rouge, de l'autre côté de la vitre, se trouvait Barb Murphy, l'adolescente que j'admirais le plus dans le voisinage et dans le monde entier !

Cependant, le visage de Barb était crispé et livide. Elle garda ses yeux bleu azur fixés sur maman qui, pour que le chien ne sorte pas, ouvrit la porte juste assez pour pouvoir lui parler.

Il y eut des chuchotements, puis des coups d'œil furtifs vers mes frères et moi. Barb épela alors un mot. C'était un mot que je ne connaissais pas. Distraite par des bribes de conversation entre maman et Barb, je mélangeai les lettres. Puis je m'efforçai de les mettre dans le bon ordre. S-u-i-c-i-…

« Oh! mon Dieu, pas Bruce Garrett? Quand? Où l'a-t-on trouvé? » Puis, la partie que je voulais le plus entendre: « Comment est-ce arrivé? »

Les mystérieuses lettres formèrent alors un mot sinistre qui me frappa tel un coup de poing en plein estomac. *Suicide*. Je connaissais le sens de ce mot. M. Garrett, le père de Cindy, était mort. Il s'était suicidé.

Durant toutes les années où nous avions vécu dans le même quartier — en fait depuis la maternelle — Cindy et moi avions joué ensemble tous les jours, chaque été. M. Garrett nous avait construit une petite maison pour jouer, et lorsqu'il avait fabriqué une paire d'échasses en bois pour Cindy, il en avait fait une deuxième paire pour moi. Quelques années plus tard, il nous avait acheté des coussins en toile véritable pour nos parties de balle molle. Il avait dessiné une carte de pointage où figuraient en grosses lettres noires les neuf manches et le nom de chaque joueuse, puis il nous avait montré comment y noter le compte des points.

Je pense que M. Garrett voulait se faire accepter de nous, les enfants. S'il passait en voiture dans la rue au cours d'une de nos parties, il cherchait de la musique rock sur sa radio, augmentait le volume au maximum et nous saluait de la main pendant que nous nous reculions sur le bord du trottoir. Une douzaine de voix aiguës lançaient alors simultanément: « Bonjour M. Garrett! »

J'essayai de me rappeler son teint hâlé, son nez droit et ses cheveux noirs qui lui donnaient l'air d'un amérindien, mais je pensais trop à la blessure sanglante qu'avait dû causer la balle de revolver. J'essayai donc de chasser complètement son image de mon esprit.

Ma mère se tourna vers moi. « Annie, mets tes chaussures et ton manteau, et va chez les Garrett. »

Que voulait dire ma mère exactement? Je fixai Barb dans l'espoir qu'elle me donne une explication.

J'entendis de nouveau la voix de maman. « Va tenir compagnie à ton amie Cindy et dis à Mme Garrett qu'elle peut compter sur nous. Dis-lui que nous prions pour elle… »

Je finis par réagir à la demande de maman. Sous le regard muet de mes frères, je me préparai en vitesse afin de rejoindre Barb qui venait de repartir. Une fois sur le trottoir, elle se tourna vers la maison de nos voisins immédiats.

« Je dois prévenir les Parker », dit Barbara. On aurait dit qu'elle se parlait à elle-même. Elle sortit une paire de gants de laine de la poche de son manteau et s'éloigna sans dire un mot.

Ne sachant trop que faire, je me dirigeai seule vers la maison des Garrett. Je ne me rappelle pas avoir remonté la rue. Je me souviens seulement d'avoir suivi le trottoir jusqu'à la voiture de police blanche et de m'être engagée dans l'allée.

Je montai les marches vert foncé qui menaient à la véranda, comme je l'avais fait des centaines de fois. Ensuite, je marchai sur le tapis de paille pour me rendre jusqu'à la porte d'entrée. J'aurais voulu que ces quelques pas vers la sonnette d'entrée durent à jamais.

Je me retrouvai néanmoins devant la grande vitre qui ornait la contre-porte des Garrett. Je détournai les yeux pour ne pas voir mon reflet. Avec le pouce de ma mitaine gauche, j'appuyai deux fois sur la sonnette avant qu'elle ne se fasse entendre. Lorsque j'entendis la sonnerie, j'eus des papillons dans l'estomac.

Qu'est-ce que je vais dire à Cindy? Pourquoi suis-je ici de toute façon? Qu'est-ce que je suis censée faire?

J'avais oublié de demander à ma mère ce que je devais faire. Pendant un court instant, mon embarras prit le dessus sur ma panique. J'entendis des pas lents approcher de l'autre côté de la porte blanche de style colonial. Terrifiée, j'observai le mouvement de la poignée de laiton, essayant de me rappeler les mots que j'utilisais habituellement pour saluer ma meilleure amie.

La vitre de la porte continuait de me renvoyer mon reflet, et je ne reconnus pas tout de suite la personne qui se tenait derrière. Ce n'était pas Cindy, mais sa mère, Mme Garrett. Elle ouvrit la porte avec une vigueur qui contrastait avec son allure frêle. Ses yeux étaient rouges; des rides que je n'avais jamais vues traversaient son visage, affaissé par le désespoir.

« Annie ! » s'écria-t-elle en me serrant contre sa poitrine osseuse et recroquevillée. Je me rendais compte pour la première fois que Mme Garrett était à peine plus grande que moi. Je me laissai enlacer par ses bras tremblants jusqu'à ce que ses sanglots s'apaisent. Elle s'accrocha à moi pendant ce qui me parut un très long moment.

Je ne savais pas quoi dire ni quoi faire, mais je savais que la vie de cette femme venait d'éclater en mille morceaux, comme le pare-brise de la voiture familiale de M. Garrett. Je n'avais que douze ans, mais j'avais une épaule à offrir.

Au cours des longs mois qui suivirent, j'allai souvent leur tenir compagnie. J'appris à saluer plus longuement Mme Garrett et à lui parler avec plus de douceur. Je pris l'habitude de laisser une boîte de mouchoirs en papier sur le sol quand Cindy et moi jouions par terre à un jeu de société, car je savais qu'elle éclaterait en sanglots si mon père entrait dans la pièce.

Un an plus tard, je dus expliquer à la bibliothécaire pourquoi Cindy s'était enfuie en larmes, incapable de remplir la section « Profession du père » sur une demande de carte de membre.

Même avec le temps, je ne trouvai jamais facile de savoir comment me comporter auprès d'une famille éprouvée. Toutefois, les premiers moments passés dans les bras de Mme Garrett m'apprirent que ma maladresse ne comptait pas. J'étais là, et c'est tout ce qui comptait.

Ann McCoole Rigby

Un arc-en-ciel
pour le paradis

Ce jour où grand-papa vint me chercher à l'école, je compris que quelque chose n'allait pas, car c'était maman qui devait venir me prendre. Dans la soirée, nous étions censés aller au restaurant pour souligner l'anniversaire de notre amie Sherry. Quand grand-papa m'annonça que tu avais eu une crise cardiaque, je crus que c'était une blague. Dès que je compris qu'il était sérieux, je pensai mourir. J'étais trop stupéfait pour pleurer. Je me sentais paralysé et impuissant. Je restai assis à penser: *Pourquoi? Tu étais si grand, si fort, si plein de vie. Tu faisais de l'exercice chaque jour.* J'étais persuadé que tu étais à l'abri d'une crise cardiaque.

Ce que je vis à l'hôpital me terrifia. Tu étais dans le coma, entouré d'un nombre incalculable de tubes et de machines. Je te reconnaissais à peine. Mon corps tremblait. Tout ce que je souhaitais, c'était que tu te réveilles de ce cauchemar et que tu me ramènes à la maison.

Beaucoup de gens vinrent te rendre visite à l'hôpital. Ils se montrèrent tous très gentils avec moi. J'ignorais que tu avais tant d'amis. Sherry était là également, mais nous ne célébrâmes pas son anniversaire.

Les jours qui suivirent furent marqués par le chagrin, les nuits blanches et beaucoup, beaucoup de prières. En vain. Le 26 février, l'événement le plus tragique des dix années de ma vie, et probablement de toute ma vie, se produisit. La personne qui comptait le plus pour moi mourut. Je ne sais même pas si tu as entendu mes adieux.

C'était la première fois que j'assistais à des funérailles. À ma grande surprise, plus de mille personnes y assistèrent. Tous les membres de notre famille et nos amis étaient présents, sans compter tous ceux et celles que je ne connaissais pas. Je compris par la suite que tu avais probablement traité ces gens aussi bien que tu m'avais traité. C'est pourquoi ils t'aimaient. Évidemment, j'avais toujours su que tu étais quelqu'un de spécial, mais tu étais mon père. Ce jour-là, je découvris à quel point tu comptais pour beaucoup d'autres personne.

Même si toute une année s'est écoulée depuis ton décès, je pense sans cesse à toi. Tu me manques terriblement. Certains soirs, je pleure jusqu'à ce que le sommeil vienne, mais j'essaie de ne pas trop me décourager. Je sais que j'ai eu beaucoup de chance. J'ai reçu plus d'amour en dix ans que beaucoup d'enfants dans toute leur vie. Bien sûr, je sais que tu ne joueras plus au baseball avec moi, que tu ne m'emmèneras plus déjeuner au restaurant, que tu ne me raconteras plus tes vieilles blagues et que tu ne me chiperas plus de biscuits. Je sais toutefois que tu es toujours à mes côtés. Tu es dans mon corps et dans mon cœur. J'entends ta voix me guider. Lorsque je dois prendre une décision, j'essaie d'imaginer ce que tu m'aurais conseillé. Tu vis encore en moi pour m'offrir des conseils et m'aider à comprendre. Je sais que quoi que je fasse, je t'aimerai toujours et ne t'oublierai jamais.

On dit que lorsqu'une personne meurt, Dieu envoie un arc-en-ciel pour l'aider à monter au paradis. Le jour de ta mort, deux arcs-en-ciel apparurent dans le ciel.

Tu mesurais 1 m 90 : j'imagine qu'un seul arc-en-ciel n'aurait pas suffi pour te conduire jusqu'au paradis.

Je t'aime, papa.

Matt Sharpe, 12 ans

Pense à lui comme s'il était vivant. Il n'est pas mort ; il est tout simplement ailleurs.

James Whitcomb Riley

Un cauchemar
devenu réalité

« On peut me rompre les os à coups de bâton et de pierres, mais les mots ne peuvent pas me blesser! » Toute ma vie, je me suis demandé si cela était un mythe ou la réalité. Je connais maintenant la réponse.

À ma naissance, mon père et ma mère étaient très jeunes. Tout ce qu'ils voulaient, c'était faire la fête. Leur vie se résumait à deux choses: l'alcool et la drogue. Je passai la plus grande partie de ma petite enfance avec ma grand-mère, car mes parents étaient incapables de s'occuper de moi.

Finalement, alors que j'avais environ cinq ans, mon père cessa de prendre de la drogue. Il fit un séjour dans un centre de désintoxication afin de pouvoir être un vrai père pour moi. Ma mère essaya de faire la même chose, mais elle fut incapable d'arrêter de boire.

Pendant des années, je vécus heureux avec mon père. Je voyais très peu ma mère. J'étais triste en sa compagnie, car elle pleurait sans cesse ou faisait des promesses qu'elle ne tenait pas. Il était rare de voir ma mère sans une bière à la main. Parfois, son regard était vide; dans ces moments-là, je savais qu'elle essayait de masquer ses émotions, de cacher sa souffrance.

Un jour, je jouais devant la maison lorsque mon oncle Tommy arriva en voiture. Tout excité de sa visite, j'allai vers lui pour le serrer dans mes bras. Il me repoussa en disant qu'il devait parler à mon père. Il repartit peu après sans me dire au revoir.

J'essayai de ne pas penser à ce qu'il avait pu dire à mon père, mais c'est à partir de ce jour-là que je commençai à faire des cauchemars. Je faisais des rêves insensés, tentant vainement de deviner ce que mon oncle avait dit à mon père. Nuit après nuit, je faisais des cauchemars. Mon père me réveillait et me disait que ce n'était qu'un rêve, mais ces rêves me semblaient si réels.

Deux semaines avant l'Halloween, mon oncle Tommy nous rendit de nouveau visite. Il était aussi pâle qu'un mort-vivant. Je le saluai de la main et lui dis un vague bonjour. Je m'éloignai ensuite, car je voyais bien qu'il voulait encore parler à mon père. Après son départ, mon père entra dans la maison pour parler à sa nouvelle conjointe.

Très inquiet, j'entrai dans la maison et demandai : « Voulez-vous me dire ce qui se passe ? » Mon père m'annonça alors quelque chose qui me prit complètement par surprise. Ma mère était à l'hôpital.

Dès le lendemain, je rendis visite à ma mère. Je m'attendais à voir le beau visage qu'elle avait toujours eu, mais ce ne fut pas le cas. Je ne pouvais pas croire que la personne étendue là était ma mère. L'abus de bière avait détruit son foie. Je compris alors ce qui se passait : ma mère se mourait. Pendant une semaine, elle agonisa à l'hôpital. Moi, j'étais complètement perdu. Je la visitai si souvent que j'avais l'impression d'habiter à l'hôpital.

Puis, un jour où j'étais à la maison, mon père reçut un coup de fil. Son sourire disparut et il fronça les sourcils. Dans mon cœur, je compris. Ma mère ne souffrirait plus et mes cauchemars se réalisaient. Celle qui avait souffert, celle que j'aimais — ma mère — était morte. Ces trois petits mots, « elle est partie », me blesseront pour toujours. Les coups de bâtons et les pierres seraient plus faciles à supporter.

Damien Liermann, 14 ans

La petite fille
aux arcs-en-ciel

Ô, Seigneur, si tu voulais
Nous accorder une seule heure pour voir
Les âmes de ceux et celles que nous aimions,
pour qu'elles nous révèlent
Ce qu'elles sont devenues.

Alfred Lord Tennyson

Depuis qu'elle était toute petite, Rebecca, âgée de 11 ans, aimait peindre des arcs-en-ciel. Elle ornait d'arcs-en-ciel les cartes de la fête des Mères, les cartes de la Saint-Valentin ainsi que les dessins qu'elle ramenait de l'école. « Tu es mon petit arc-en-ciel », lui disait en riant sa mère lorsqu'elle plaçait sur le réfrigérateur un des nombreux dessins de Rebecca, qu'elle faisait tenir à l'aide d'un gros aimant en forme d'arc-en-ciel.

Chaque bande de couleur vive évoquait pour Rebecca quelque chose d'important dans sa vie. Le rouge, la couleur du haut de l'arc-en-ciel, lui rappelait le ketchup rouge et sucré dont elle inondait tout ce qu'elle mangeait et surtout les frites, son mets préféré. Le rouge était également la couleur d'un autre de ses mets préférés, le homard, que sa mère lui servait pour la récompenser d'un excellent bulletin à la fin de l'année scolaire. La couleur orange, de son côté, rappelait à Rebecca les citrouilles et sa fête préférée, l'Halloween, où elle pouvait se déguiser comme bon lui plaisait. Le jaune était la couleur de ses cheveux:

des cheveux de princesse longs et droits qui tombaient sur son dos comme ceux de Cendrillon. Le vert lui rappelait la sensation de l'herbe qui lui chatouillait la paume des mains lorsqu'elle exécutait culbute après culbute en étirant ses longues jambes vers le ciel. Le bleu était la couleur du ciel à l'aurore qu'elle pouvait apercevoir par la lucarne au-dessus de son lit. Le bleu était aussi la couleur de ses yeux ainsi que la couleur de l'océan qui se trouvait tout près de chez elle. Quant au violet, la couleur au centre de tous les arcs-en-ciel, c'était la préférée de sa mère; le violet rappelait toujours à Rebecca la maison familiale.

C'était le dernier week-end du mois de mai et Rebecca attendait avec impatience les activités qui soulignaient la fin des classes. Dans quelques jours, elle serait la vedette d'une pièce de théâtre dans laquelle elle incarnerait une intellectuelle un peu abrutie qui ferait bien rire ses copines. Par la suite, elle ferait des arabesques à l'occasion de son récital de danse annuel. Son père, de son côté, tiendrait bientôt son fameux barbecue de la fin de semaine du Jour du Souvenir. Une seule ombre au tableau: la mère de Rebecca partait en vacances pour quelques jours. C'était la première fois que la mère de Rebecca quittait la maison depuis son divorce avec le père de Rebecca. Cette séparation avait fait naître en Rebecca une anxiété inhabituelle; elle avait même pleuré au moment de dire au revoir à sa mère. Elle sentait peut-être que quelque chose allait se produire.

En revenant à la maison le dimanche du week-end du Jour du Souvenir, Rebecca, son père et sa nouvelle femme furent tués lorsque leur voiture fut percutée par celle d'un conducteur ivre qui avait emprunté l'auto-route en sens contraire. Seul Oliver, le frère de neuf ans de Rebecca, survécut, protégé par le corps de sa sœur.

Les funérailles eurent lieu le jour où Rebecca devait jouer dans sa pièce de théâtre. C'était une magnifique journée de printemps, aussi lumineuse que Rebecca. La mère de Rebecca ferma les yeux et pria. « Rebecca, il faut que je sache que tu reposes en paix. Je t'en prie, donne-moi un signe. Envoie-moi un arc-en-ciel. »

Après les funérailles, les membres de la famille et les amis éplorés se réunirent en compagnie de la mère de Rebecca à la maison des grands-parents lorsqu'un orage imprévu éclata. Une pluie abondante tomba pendant un moment, puis s'arrêta. Soudain, quelqu'un sur la véranda s'écria: « Hé, venez voir! »

Tous accoururent dehors. Au-dessus de l'océan, un énorme arc-en-ciel était apparu. Une magnifique toile de couleurs vibrantes avait émergé des nuages comme par magie. Chaque bande de couleur était éclatante, vive et pure.

Pendant que les tantes essuyaient leurs larmes et que les oncles jouaient du coude pour mieux voir, la mère de Rebecca leva les yeux vers le splendide tableau que son petit arc-en-ciel avait peint dans le ciel et murmura: « Merci ».

Tara M. Nickerson

Les leçons de Dieu

On ne peut pas vivre sans souffrance… mais on peut choisir la façon dont on l'utilise.

Bernie S. Siegel, M.D.

Il y eut une période au cours de mon enfance où je crus que Dieu punissait ma famille en lui imposant l'agonie de mon unique frère.

Mon frère Brad souffrait d'hémophilie. Chez une personne hémophile, le sang ne coagule pas normalement; il est extrêmement difficile d'arrêter le sang de couler d'une simple coupure. Si Brad perdait trop de sang, il devait recevoir une transfusion pour survivre.

Même si Brad ne pouvait pas être aussi actif que les autres enfants à cause de son hémophilie, nous avions plusieurs intérêts communs et nous passions beaucoup de temps ensemble. Nous roulions à bicyclette avec les enfants du voisinage et nous nagions dans notre piscine à peu près tout l'été. Lorsque nous jouions au baseball ou au football, c'est Brad qui lançait tandis que nous nous chargions du jeu plus rude. Lorsque j'eus sept ans, Brad choisit pour moi un chiot que j'appelai PeeWee. Mon frère était à la fois mon ange gardien et mon meilleur ami.

À l'âge de dix ans, Brad reçut une transfusion sanguine. Le sang provenait d'une personne qui ignorait qu'elle était porteuse du virus du sida ou qui était trop égoïste pour l'admettre.

Je venais de commencer ma sixième année lorsque mon frère se mit à présenter des symptômes inquiétants. Il avait contracté le sida. Il venait de commencer ses études de 4ᵉ du secondaire et avait tout juste 15 ans. À l'époque, les gens connaissaient mal les façons « d'attraper » le sida et beaucoup avaient peur de fréquenter des sidéens. Ma famille se demandait avec inquiétude comment les autres réagiraient à la maladie de Brad.

Notre vie fut bouleversée lorsque les symptômes de Brad devinrent évidents. Je ne pouvais plus inviter d'amies à coucher à la maison. Si j'avais un match de basketball, seulement un de mes parents y assistait, l'autre devant tenir compagnie à Brad. Souvent, mes parents devaient l'accompagner à l'hôpital et demeurer à ses côtés. Ils s'absentaient parfois pendant toute une semaine, et je devais rester chez un voisin ou une tante. Je ne savais jamais où j'allais me retrouver.

Malgré toute la tristesse et la confusion que j'éprouvais, je devins de plus en plus amère de ne pas pouvoir vivre une vie normale. Mes parents ne pouvaient plus m'aider à faire mes devoirs parce qu'ils devaient s'occuper de Brad. Je commençais à éprouver des difficultés à l'école. Le chagrin de perdre progressivement Brad, mon meilleur ami, empirait les choses. La colère grandissait en moi et je ressentais le besoin de blâmer quelqu'un. Je rejetai donc le blâme sur Dieu.

La nécessité de garder secrète la maladie de Brad était un fardeau, mais je savais à quel point les autres enfants peuvent être cruels. Je ne voulais pas que quiconque voie Brad dans l'état où il était, alité et aux couches. Je ne voulais pas que Brad devienne la risée de toute l'école. Ce n'était pas sa faute si sa sœur de douze ans devait changer ses couches ou le nourrir à l'aide d'un tube.

Le virus du sida causa des dommages au cerveau de Brad et détruisit la personne qu'il était devenu. Graduellement, il redevint un très jeune enfant. Au lieu d'écouter de la musique de son âge ou de parler de choses qui intéressent normalement les jeunes adolescents, il voulait qu'on lui lise des contes pour enfants. Il me demandait de l'aider à faire des coloriages. J'avais déjà perdu mon frère, même s'il vivait encore.

Je me rappelle le jour de sa mort comme si c'était hier. La vieille chambre qui sentait le renfermé s'était remplie de visages connus. Dans le lit reposait le corps décharné de Brad. Mon frère gisait maintenant inerte ; sa souffrance était disparue. Mon unique frère venait de mourir, deux semaines avant son dix-huitième anniversaire de naissance.

Entre 1980 et 1987, plus de 10 000 hémophiles comme Brad ont reçu du sang contaminé par le virus du sida. Quatre-vingt-dix pour cent de ces hémophiles qui ont contracté le virus vivent avec le sida ou en sont déjà morts. Si le sang qu'ils ont reçu avait été soumis à des tests, ces décès prématurés auraient pu être évités. À mes yeux, mon frère a été assassiné.

Les médicaments expérimentaux utilisés pour combattre le sida n'ont fait qu'empirer son état. Même certains médecins semblaient trouver inutile de les employer. Ce sont les choses de ce genre qui ont rendu sa mort encore plus douloureuse.

Depuis que Brad nous a quittés, j'ai cherché à trouver un sens à sa vie et à sa mort. Bien qu'aucune réponse ne me satisfasse pleinement, je crois avoir trouvé. À travers l'histoire de sa vie, Brad nous a enseigné plusieurs choses, et il le fait encore aujourd'hui. Dernièrement, j'ai raconté son histoire à quelqu'un et cette personne a appris quelque chose.

Brad s'est toujours battu pour ses idées. Il a enseigné à ses amis et à sa famille à ne pas abandonner. Il n'a jamais baissé les bras et ne s'est jamais laissé abattre par son hémophilie. Même si Brad était spécial à cause de sa maladie, il a toujours voulu qu'on le traite comme les autres. Il jouait au basketball avec le cœur d'un Larry Bird et le corps d'un hémophile. Il boitait quand il courait d'un bout à l'autre du terrain, mais tout le monde voyait qu'il se donnait au maximum.

Par respect pour sa mémoire, nous avons refusé d'abandonner. Ma famille et moi avons décidé de jouer un rôle actif dans l'amélioration du traitement des personnes atteintes d'hémophilie et du sida. Nous avons accordé une entrevue à l'émission *60 minutes*. Nous sommes allés deux fois à Washington, D.C., en guise d'appui au Ricky Ray Bill. Cette loi, si elle est adoptée par le Congrès, aidera les familles qui vivent une situation semblable à la nôtre. Cette loi porte le nom d'un garçon qui a été expulsé de son école parce qu'il avait le sida. Des gens terrifiés par le sida et craignant d'en être eux-mêmes victimes ont mis le feu à sa maison. Ils ignoraient qu'on pouvait contracter le sida à la suite d'une transfusion de sang contaminé.

De son vivant, mon frère a été une source d'amour et de joie pour beaucoup de personnes; sa mort a laissé un vide et une grande tristesse. Avant de contracter le sida, mon grand frère Brad était mon protecteur et mon confident. Il ne pourra plus jamais être avec moi ou me parler, et il me manque terriblement.

Depuis la mort de Brad, j'ai fini par comprendre que Dieu n'essayait pas de punir notre famille. Dieu nous a fait un don d'amour du nom de Brad, puis Il l'a rappelé à Lui. Forte de ces enseignements, je peux poursuivre mon cheminement en espérant que l'histoire de mon frère aide les gens à comprendre à quel point la vie est précieuse.

Jennifer Rhea Cross

6

Réaliser ses rêves

Un rêve, c'est une semence,
La semence d'un arbre,
Un arbre dont le fruit est la vie
Et tout ce que tu peux être.

Tes rêves sont les fenêtres
Par lesquelles tu peux voir
Une parcelle de ton avenir
Et tout ce que tu seras plus tard.

Chaque nuit, dans ton sommeil,
Tu fais germer en toi
La semence de cet arbre
Dont tu seras le fruit.

Jennifer Genereux Davis

La petite fille qui osa
faire un vœu

Quand Amy Hagadorn s'engagea dans le couloir qui menait à sa salle de classe, ce jour-là, elle heurta un grand garçon de cinquième année qui courait dans la direction opposée.

« Attention, microbe! » cria le garçon en contournant la petite de troisième année. Puis, un sourire narquois accroché au visage, le garçon retint sa jambe droite avec sa main et imita le boitement d'Amy.

Amy ferma les yeux. *Ignore-le*, se dit-elle en se dirigeant vers sa classe.

À la fin de la journée, toutefois, Amy pensait encore aux moqueries du grand de cinquième année. Il n'était pas le seul à rire d'elle. En fait, depuis qu'Amy avait commencé sa troisième année, elle avait l'impression qu'on la tournait en ridicule chaque jour. Les autres enfants se moquaient de la façon dont elle marchait et parlait. Amy en avait assez. Toutes ces railleries la faisaient se sentir seule, même quand elle se trouvait dans une salle de classe pleine d'élèves.

Le soir, au souper, Amy resta silencieuse. Sa mère, Patti Hagadorn, avait une nouvelle excitante à partager avec sa fille. Elle était d'autant plus contente de la lui annoncer qu'elle savait que ça ne se passait pas bien à l'école.

« La station de radio organise un concours de vœux de Noël, annonça la mère d'Amy. Ceux qui écrivent une lettre au père Noël courent la chance de gagner un prix. À mon avis, la petite fille aux cheveux bouclés qui est assise à cette table devrait participer à ce concours. »

Amy gloussa. Le concours lui parut amusant. Elle se mit à penser à ce qu'elle désirait le plus pour Noël.

La première idée qui lui vint à l'esprit la fit sourire. Elle sortit une feuille de papier et un crayon, puis s'affaira à sa lettre. « Cher père Noël », commença-t-elle.

Pendant qu'Amy traçait avec application les mots, le reste de la famille essaya de deviner ce qu'elle demanderait au père Noël. Sa mère et sa sœur, Jamie, pensaient qu'Amy demanderait une poupée Barbie d'un mètre de haut. Le père d'Amy, lui, se disait qu'elle demanderait un livre de contes. Cependant, Amy ne voulut pas révéler tout de suite son vœu de Noël le plus cher. Voici ce qu'elle écrivit au père Noël ce soir-là:

Cher père Noël,

Je m'appelle Amy. J'ai neuf ans. J'ai un problème à l'école. Peux-tu m'aider? Les autres enfants rient de moi parce que j'ai de la difficulté à marcher et à courir et à parler. J'ai la paralysie cérébrale. Pour Noël, je veux seulement avoir une journée où personne ne rira de moi ou ne me ridiculisera.

Je t'aime,

Amy

La station de radio WJLT de Fort Wayne, en Indiana, reçut des tonnes de lettres pour le concours des vœux de Noël. Les employés de la station eurent beaucoup de plaisir à lire toutes ces lettres dans lesquelles des garçons et des filles de toute la ville révélaient ce qu'ils désiraient le plus recevoir en cadeau.

Lorsque la lettre d'Amy arriva à la station, le directeur Lee Tobin la lut attentivement. Il savait que la paralysie cérébrale était un trouble musculaire que les camarades d'école d'Amy connaissaient probablement très peu. Il se dit que les gens de Fort Wayne auraient avantage à entendre parler de cette fillette très spéciale de troisième année et du vœu inhabituel qu'elle avait fait. M. Tobin contacta le journal local.

Le jour suivant, la photo d'Amy et sa lettre firent la une du journal *News Sentinel*. L'histoire d'Amy se répandit comme une traînée de poudre. D'un bout à l'autre du pays, les médias rapportèrent l'histoire de la petite fille de Fort Wayne qui avait demandé un cadeau de Noël à la fois simple et remarquable : une seule journée sans moqueries.

Du jour au lendemain, le facteur se présenta régulièrement chez Amy les bras chargés de cartes de souhaits et de lettres d'encouragement qui venaient d'enfants et d'adultes de partout au pays.

Au cours de cette inoubliable période des Fêtes, plus de deux mille personnes de partout dans le monde envoyèrent à Amy des lettres d'amitié et de soutien. Amy et sa famille les lurent toutes. Parmi les auteurs de ces lettres, certains avaient un handicap, tandis que d'autres avaient été l'objet de moqueries dans leur enfance. Chacun avait un message particulier pour Amy. Amy se rendit compte que le monde regorgeait de gens bienveillants. Elle sentit que les railleries des autres ne pourraient plus jamais faire naître en elle un sentiment de solitude.

Beaucoup de gens remercièrent Amy d'avoir eu le courage de parler de sa situation. D'autres l'encouragèrent à ignorer les moqueries et à garder la tête haute. Lynn, une fille de sixième année du Texas, envoya le message suivant:

« J'aimerais être ton amie. Si tu veux me rendre visite, nous nous amuserions ensemble. Personne ne rirait de nous; et si quelques-uns le faisaient, nous ne les entendrions même pas. »

Le vœu d'Amy se réalisa. Elle vécut une journée où personne ne se moqua d'elle à son école. En fait, l'école tout entière en tira profit, car les enseignants en profitèrent pour discuter avec les élèves du respect et de la tolérance.

Cette année-là, le maire de Fort Wayne déclara que le 21 décembre serait désormais la Journée Amy Jo Hagadorn dans toute la ville. Il expliqua que le vœu courageux et simple d'Amy avait enseigné à tout le monde une leçon universelle.

« Chaque personne, affirma le maire, désire et mérite qu'on la traite avec respect, dignité et chaleur humaine. »

Alan D. Shultz

Crois en toi

Garde la barre haute,
Tu mérites ce qu'il y a de mieux.
Vise tes objectifs,
Ne te contente jamais de peu.

Peu importe ce que tu choisis,
Garde une attitude de gagnant.
Crois en toi-même,
Et jamais tu ne seras perdant.

Pense à ta destination
Mais ne crains pas de t'égarer,
Car le plus important
C'est ce que tu as appris avant d'arriver.

Sers-toi de tout ce que tu es devenu
Pour être tout ce que tu peux espérer.
Élance-toi dans le ciel
Et laisse tes rêves te libérer.

Jillian K. Hunt

Le terrain de jeu

J'essaie toujours de transformer chaque désastre en une opportunité.

John D. Rockefeller

« Carlos, on va au dépanneur s'acheter une boisson gazeuse. Tu viens avec nous? »

Carlos accompagna ses amis jusqu'au dépanneur situé non loin de là. En chemin, ils traversèrent les voies ferrées, s'amusèrent à botter des boîtes de conserve vides et lancèrent des pierres.

En ce dimanche après-midi du mois de janvier, Carlos et ses amis se sentaient particulièrement insouciants. Le lendemain, ils avaient congé d'école car c'était la journée commémorative de l'anniversaire de Martin Luther King Jr.

Âgé de huit ans, Carlos était en deuxième année du primaire. Il vivait avec sa mère dans un des immeubles à logements du coin, tout près des voies ferrées. Il était le sixième d'une famille de huit enfants. Son père vivait en Floride.

Carlos avait vécu en campagne la majeure partie de sa vie. La petite ville de Millen, en Géorgie, était pour lui un gigantesque terrain de jeu. Carlos et ses amis adoraient errer sans but et explorer. Les trains de marchandises faisaient partie de la vie quotidienne de leur petite municipalité. Les trains arrivaient chaque jour à la gare de triage pour atteler et dételer des wagons de toutes sortes, puis ils repartaient pour

Savannah. Évidemment, puisque les voies ferrées se trouvaient entre des immeubles à logements et l'église, ainsi qu'entre le dépanneur et d'autres immeubles à logements, Carlos et ses amis avaient souvent l'occasion de les traverser.

Carlos était sportif et attentionné. Quand quelqu'un était laissé-pour-compte ou avait besoin d'encouragement, il disait: « Allez, mon pote, viens jouer avec nous. » Quand on lui demandait de l'aide, Carlos était toujours disponible. Au premier abord, Carlos semblait réservé. Cependant, il avait l'œil allumé et le sourire facile. Les autres enfants l'aimaient parce qu'il était amusant. Il était capable de transformer en jeu presque n'importe quelle situation. Carlos n'avait peur de rien.

Toujours est-il que le soleil de janvier, cet après-midi-là, parvenait à peine à réchauffer l'air. Carlos, qui détestait porter une veste, avait décidé de mettre seulement un t-shirt, un jeans et des tennis. Lorsqu'ils revinrent du dépanneur, Carlos et ses amis se mirent à jouer sur un train de marchandises qui s'était arrêté. Sur les rails, le train reculait et avançait pour atteler et dételer des wagons couverts. Près du milieu du train, Carlos et sa bande s'amusaient à monter et descendre les échelles des wagons. C'était excitant pour eux de sentir le train qui se déplaçait, d'entendre les roues qui crissaient avant de s'arrêter, d'écouter le sifflet, de percevoir les sons et les odeurs du moteur pendant que le train avançait et reculait.

À un moment donné, le train commença à avancer sur les rails. Toute la bande descendit du train, sauf Carlos. Il resta sur l'échelle et cria à ses amis: « Je vais

descendre au prochain arrêt. On se rencontre là-bas! »
À la sortie de la ville, pas très loin, il y avait un passage
à niveau non asphalté. Carlos prévoyait y descendre
puisque ce n'était pas très loin. Il trouvait excitant de se
promener en train. Ses amis et lui allaient rire un bon
coup.

Le soleil commença à baisser dans le ciel et le vent
devint froid. Carlos se tenait toujours à l'échelle du
wagon de marchandises. Il attendait d'apercevoir le
passage à niveau pour pouvoir descendre. Au moment
où le train sortit de la ville, toutefois, il avait pris de la
vitesse. Carlos se demanda si le convoi allait finir par
s'arrêter. Il songea qu'il allait peut-être devoir sauter du
train. Lorsqu'il aperçut enfin le passage à niveau, le
train l'avait déjà traversé à grande vitesse. Carlos
venait de manquer sa chance de sauter.

Le vent froid donna un grand frisson à Carlos. Ou
peut-être était-ce la peur qui le fit frissonner lorsqu'il
prit conscience de sa situation. Cette aventure se trans-
formait en cauchemar. Carlos décida de s'agripper très
fort en attendant de voir les lumières de la prochaine
ville. Le train allait sûrement s'y arrêter, songea-t-il, et
il pourrait alors descendre et demander à quelqu'un de
le ramener à la maison. Il faisait très froid, maintenant,
et Carlos se dit à voix haute: « Si j'avais ma veste, je la
mettrais sûrement. C'est dire combien j'ai froid. »

C'était très difficile de rester agrippé au train qui
filait à toute allure, surtout avec le froid. Carlos sentait
ses mains geler. Il n'avait pas pensé qu'il ferait si froid.
Le train passait maintenant dans un endroit très boisé.
Peu après, Carlos fut soulagé de voir enfin des maisons

et des lumières. Il attendit que le train ralentisse pour sauter… mais le train maintint son allure!

Carlos ressentit sa première vraie peur. Il avait prévu que le train s'arrêterait, mais il ne s'arrêtait pas! Il allait loin, toujours plus loin. *Que devrais-je faire? Serai-je capable de rester agrippé jusqu'à ce que le train s'arrête? Pourrai-je tenir aussi longtemps? Devrais-je essayer de sauter?* Sauter semblait trop dangereux. Carlos essayait de penser à une solution alors que son esprit s'embuait. Il décida que la meilleure chose à faire était de demeurer agrippé jusqu'à l'arrêt du train. Il allait sûrement finir par s'arrêter.

Il se mit alors à se parler à lui-même, histoire de se donner du courage. *Allez, mon pote, tu es capable. Agrippe-toi bien. Je sais que tu es fatigué et mort de froid, mais tu mettras ta veste aussitôt que tu rentreras à la maison. Tiens bon, mon vieux, tu es capable!*

Le temps passait. Le froid et la peur forçaient Carlos à s'accrocher à l'échelle en se collant du mieux qu'il pouvait au wagon pour bloquer le vent. Les arbres et les buissons défilaient à toute allure pendant que le train continuait de foncer sur les rails. Après un certain temps, Carlos vit de la lumière dans les maisons qu'il apercevait de chaque côté de la voie ferrée. Toutefois, c'est encore sans s'arrêter que le train traversa cette petite ville!

La terreur emplissait maintenant le cœur de Carlos, pressé contre l'échelle. Des larmes d'angoisse coulaient sur ses joues crispées. Carlos continuait de s'accrocher, mais il y parvenait de plus en plus difficilement. Il était épuisé. Le soleil couché, il commençait à faire noir. Carlos ne pouvait plus tenir. Peut-être devait-il sauter après tout.

Pendant ce temps-là, dans la petite ville de Millen, les amis de Carlos attendaient. Convaincus que Carlos allait bientôt revenir du passage à niveau, ils ne dirent d'abord rien à personne afin de ne pas causer d'ennuis à Carlos. Lorsqu'ils se rendirent à l'évidence, toutefois, ils racontèrent tout et la police commença à chercher Carlos.

Le lendemain matin, lundi, la ville de Millen et les trois comtés voisins se mirent à faire des recherches par hélicoptère, par train et à pied. La famille de Carlos, des amis, des voisins et des étrangers cherchèrent Carlos. Le mardi, Carlos fut découvert près d'une section isolée du chemin de fer, à une soixantaine de kilomètres de Millen. Il s'était brisé le cou et était mort. Tous les citoyens de la petite ville de Millen partagèrent le chagrin et la douleur causés par son décès.

À Savannah, une dame lut un article de journal au sujet de ce tragique accident. L'article mentionnait que les enfants de Millen n'avaient pas de terrain de jeu. On y disait aussi que s'il y avait eu un terrain de jeu à Millen, Carlos s'y serait peut-être amusé au lieu de jouer sur la voie ferrée. Elle-même mère de trois enfants, la dame fut outrée qu'il n'y ait pas de terrain de jeu à Millen alors qu'il y en avait un si grand nombre à Savannah. Ancienne leader d'un groupe d'éclaireuses, habituée de prendre des initiatives, la dame en question décida qu'elle ferait construire un terrain de jeu pour les enfants de Millen.

Famille, voisins, amis, commerçants et entrepreneurs se mirent ensemble et, sur un lot offert à titre de don, ils construisirent un terrain de jeu pour les enfants de Millen. Tous ces gens qui ne se connaissaient pas au début devinrent bientôt des amis. La construction du terrain de jeu aida également les citoyens de Millen à traverser cette épreuve. Leur solidarité atténua leur chagrin et leur douleur.

Par un dimanche après-midi ensoleillé du printemps, on inaugura officiellement le nouveau terrain de jeu de Millen, qu'on nomma Carlos Wilson Memorial Playground, en l'honneur de Carlos.

La cérémonie fut suivie d'une période de jeu pour les enfants. On aurait presque pu entendre Carlos s'écrier: « Allez, mon pote, viens jouer. Viens jouer sur mon terrain de jeu! »

Audilee Boyd Taylor

Et c'est le but!

Ris et apprends, car on fait tous des erreurs.

Weston Dunlap, 8 ans

Aussi vite que mes petites jambes le pouvaient, je courus en me concentrant sur l'objet noir et blanc qui tournoyait devant moi. Je me rendis compte que c'était une occasion en or, un rêve qui se réalisait. J'avais une longueur d'avance sur les autres. J'avais le ballon de soccer pour moi toute seule! Je regardai derrière mon épaule et vis les maillots jaunes et les culottes vertes de mes coéquipiers, les Dinosaures. Ils avaient l'air d'un essaim d'abeilles qui fonçaient sur le ballon. Je regardai ensuite nos adversaires et constatai que certains couraient vraiment vite. Ils voulaient le ballon, mais le ballon était à moi, *à moi toute seule.*

Je courus jusqu'au ballon et le bottai avec toute la force de mes quatre ans. Le ballon roula plus loin devant moi et je courus pour le rattraper. Les autres joueurs se rapprochaient, mais j'étais presque rendue au but. En voyant le regard confus du gardien de but, je sus qu'il n'était pas prêt à faire un arrêt. Les parents installés près de la ligne de côté scandaient: « Botte-le! Botte-le! Botte le ballon! »

Je pris un élan et bottai le ballon aussi fort qu'une fillette de quatre ans le pouvait. Le ballon rebondit dans le filet derrière le gardien de but. J'étais folle de joie. Je venais de marquer le tout premier but de ma vie!

Je courus rejoindre mes coéquipiers. Certains m'applaudissaient et criaient de joie avec moi, mais la plupart avaient les bras croisés et l'air contrarié. Bande de jaloux, songeai-je. Je regardai ma mère et mon père qui étaient assis sur le bord du terrain : ils riaient avec d'autres parents. C'était vraiment trop « cool » ! J'avais marqué mon tout premier but… mais *dans le filet de ma propre équipe*.

Heather Thomsen, 13 ans

Rêves d'enfants

Chaque personne est importante,
Chaque personne a son bon côté,
Chaque personne mérite un chez-soi,
Et un lit bien chaud pour se coucher.

Chaque personne a besoin d'une place,
Chaque personne a besoin d'un ami,
Nous sommes tous nés égaux,
Alors pourquoi y a-t-il tant de conflits?

Peut-être que notre seul problème,
C'est que nous refusons d'admettre parfois
Que ce n'est pas seulement la faute des autres,
Que le problème, c'est toi et moi.

Si nous travaillons ensemble,
Au lieu de rester chacun de notre côté,
Peut-être pourrons-nous rebâtir notre monde
Et transformer nos rêves en réalité.

Jody Suzanne Waitzman, 13 ans

Une préposée aux bâtons?

Aujourd'hui, personne ne se demande si les femmes sont aussi compétentes et intelligentes que les hommes.

Julie Nixon Eisenhower

« Et alors, Ray? Qu'est-ce que ça peut faire que je ne sois pas un garçon? Je peux frapper une balle aussi fort que n'importe qui, à l'exception peut-être de Tommy, et peut-être aussi de toi quand tu es en forme. Et je cours plus vite que vous tous réunis. »

« Tu devrais continuer à jouer avec les filles à la récréation », dit-il.

Je le regardai droit dans les yeux. Nous étions assis sur le trottoir en face de chez moi. Le ciment était chaud. L'herbe qui sortait d'entre les dalles me piquait la cuisse.

C'est lui qui baissa les yeux en premier.

Ray regarda le calepin posé sur mes genoux.

« Tu ne pourras sûrement pas gagner ce concours, Dandi, marmonna-t-il. Je me demande même pourquoi tu prends la peine de t'inscrire. »

Une feuille de papier lignée de son calepin collait à son genou noueux. Les cheveux de Ray étaient bruns et raides comme de la paille. Il remua la tête pour enlever la mèche qui lui tombait dans les yeux. C'est la mère de Ray qui nous coupait les cheveux à lui et à moi. Je sortis le coupon que j'avais découpé dans la section des sports du journal.

« Je m'inscris à ce concours, dis-je, et je vais gagner. »

Ray m'arracha le coupon des mains et le pointa du doigt.

« Regarde! » dit-il triomphant. « C'est écrit: *Concours de préposés aux bâtons 1959. Écrivez en soixante-quinze mots ou moins pourquoi vous voulez être préposé aux bâtons pour l'équipe de baseball des Athletics de Kansas City.* Ce n'est pas écrit *préposées* au féminin. » Il éclata de rire comme si c'était la chose la plus drôle du monde.

« Eh bien, ce n'est pas juste! » répliquai-je.

J'étais lasse d'être exclue de certaines activités uniquement parce que j'étais une fille. Ray jouait au base-ball dans une ligue. Moi non, mais j'étais capable de lui faire mordre la poussière avec un des coups en flèche que je réussissais à frapper grâce à ma position au bâton, calquée sur celle de Stan Musiel. Mais dans notre petite ville, il n'y avait pas d'équipe de baseball féminine.

J'avais dix ans, l'âge où les garçons se fichent bien qu'on soit la seule à pouvoir frapper un circuit à l'intérieur du terrain ou la seule à connaître les règles concernant les chandelles frappées au champ intérieur. Ils ne laissent pas jouer une fille tout simplement parce qu'elle est une fille.

Ma sœur aînée, Maureen, sortit de la maison en claquant la porte.

« Qu'est-ce qui se passe ici? » demanda-t-elle.

Maureen ne faisait pas la différence entre une balle de baseball et un ballon de football.

« Rien », répondis-je. Je remis prestement le coupon entre les pages de mon calepin.

« Euh… on dessine », lui mentis-je.

Ray ne savait pas quoi dire. « On dessine? Je croyais que… »

Je lui fis signe de se taire.

Maureen essaya de prendre un air soupçonneux comme le faisait parfois ma mère, mais son air rappelait plutôt celui de Pruno, notre chien, lorsqu'il avait une envie urgente de sortir.

Ray et moi, toujours assis au soleil, sortîmes nos crayons pour gribouiller. Au bout d'une heure, j'avais une pile de quatorze pages remplies.

« J'ai fini », annonça Ray.

« Lis-moi ce que tu as écrit », lui ordonnai-je.

Je croisai les doigts en espérant que ce serait très mauvais.

Ray écrasa un taon, prit sa feuille et lut à voix haute. « Je veux être préposé aux bâtons pour les Athletics de Kansas City parce que j'aime vraiment, vraiment, vraiment le baseball et parce que j'aime vraiment, vraiment, vraiment Kansas City et les Athletics. »

Il me regarda avec de grands yeux. « Qu'est-ce que t'en penses, Dandi? »

Je n'avais pas espéré que ce soit *aussi* mauvais.

« Pourquoi répètes-tu autant de fois le mot *vraiment*? » lui demandai-je.

Il prit un air offusqué. « C'est pour faire plus de mots! Qu'est-ce que t'en sais, de toute façon? Tu n'es même pas admissible à ce concours! »

Ray partit et me laissa seule sur le trottoir. Je humai l'air sucré qui venait des champs de maïs de l'autre côté de la route en pensant à ce que je pourrais écrire.

Les mots me vinrent facilement lorsque je posai mon stylo sur la feuille:

Depuis toujours, on me dit que je ne peux pas faire certaines choses. Ma sœur me dit que je ne suis pas capable de chanter. Mon professeur me dit que je ne suis pas capable d'épeler. Ma mère me dit que je ne pourrai pas jouer au baseball dans les ligues majeures. Mon meilleur ami me dit que je ne peux pas gagner ce concours. Je participe à ce concours pour leur prouver qu'ils ont tort. Je veux être votre prochain préposé aux bâtons.

Je signai « Dan Daley ». Mon père m'appelait toujours « Dan », un diminutif de Dandi. J'écrivis l'adresse sur l'enveloppe et j'allai poster ma lettre.

Au cours des mois qui suivirent, je jouai au baseball aussi souvent qu'on voulut bien me laisser jouer. Puis, un après-midi d'automne, on frappa à la porte. Lorsque j'ouvris, j'aperçus avec surprise deux hommes en complet, porte-documents à la main. Je devinai qu'ils arrivaient de la ville.

« Salut jeune fille », dit le plus petit des deux hommes. « Nous aimerions parler à ton frère. »

« Je n'ai pas de frère », leur répondis-je.

Le plus grand des deux plissa le front, ouvrit son porte-documents et sortit quelques papiers. Les deux hommes examinèrent ces papiers pendant que j'attendais dans l'embrasure de la porte.

« Sommes-nous au 508 rue Samuel? » demanda le petit.

« Je crois que oui », répondis-je.

Personne n'utilise les numéros des maisons dans le voisinage. Il y a seulement deux maisons sur notre rue.

« Nous ne sommes pas chez Dan Daley? »

J'allumai enfin et je compris.

« *Maman!* » criai-je sans quitter des yeux les deux hommes. « Viens ici! Vite! » J'étais maintenant certaine d'avoir remporté le concours des préposés aux bâtons. J'avais gagné grâce à ma lettre!

Je laissai ma mère expliquer que je n'avais pas de frère. Ensuite, je confessai que j'avais participé au concours sous le nom de « Dan ». Maureen commença à me féliciter et même Pruno manifesta sa joie, mais les deux hommes restèrent de marbre.

« Qu'est-ce qui ne va pas? » leur demandai-je en ressentant un sentiment familier d'appréhension courir le long de mon dos.

« Eh bien, dit le grand, tu n'es pas un garçon. »

« Et alors? » demandai-je.

« Les règlements du concours indiquent claire-ment que le gagnant *sera un garçon âgé entre huit et douze ans* », rétorqua le petit.

« Mais j'ai gagné! » protestai-je.

« Jeune fille, poursuivit-il, ce n'était pas un con-cours pour les filles. »

Les deux hommes repartirent et emportèrent avec eux mon rêve de devenir préposée aux bâtons pour les Athletics de Kansas City. Espérant se racheter, ils nous envoyèrent des billets de saison, des vestes à l'effigie des Athletics, des balles de baseball autographiées par des joueurs, des casquettes et un bâton en bois. Je ne portai jamais ces casquettes. Au lieu de cela, je devins une fan des Cardinals de St-Louis. Le jour où on livra le bâton, toutefois, je le pris et me rendis au terrain de jeu de l'école où Ray, Tommy et les autres gars jouaient au baseball.

« À mon tour de frapper », leur dis-je en repous-sant Ray du marbre.

Les gars rechignèrent un peu, mais Ray sembla comprendre que j'y tenais beaucoup. Il fit un signe au lanceur. La première balle qu'il me lança était haute et à l'extérieur, exactement comme je les aimais. Je m'élançai. Avant que la balle ne percute le bâton, je savais que je frapperais un coup de circuit par-dessus la clôture. Je me retournai pour voir la balle rebondir dans la rue et finalement rouler dans un fossé.

Je déposai doucement mon bâton des Athletics de Kansas City, qui fit toc dans la poussière. Avec fierté, je marchai en faisant le tour des buts. Arrivée au marbre, je ne me donnai même pas la peine de reprendre mon bâton.

« Laissez le préposé aux bâtons s'en occuper. »

Dandi Dailey Mackall

« Tout ce que j'espère,
c'est que l'ange gardien de Billy
ne déclenche pas une grève. »

Reproduit avec l'autorisation de Bil Keane.

Le club

Si vous n'aimez pas le monde tel qu'il est,
changez-le. Vous avez le devoir de le changer.
Tout ce que vous avez à faire, c'est d'y aller
pas à pas.

Marian Wright Edelman

Un soir, alors que j'avais sept ans, le bulletin de nouvelles télévisé me bouleversa. Un reportage montra des sans-abri qui dormaient dehors, en plein hiver, et qui n'avaient pas d'endroit où trouver chaleur et réconfort. J'eus de la peine pour eux et je voulus aider.

Je décidai donc de mettre sur pied un club. L'objectif de ce club était d'amasser de l'argent pour aider les sans-abri. Je l'appelai le Club des Pierres Peintes. Au début, le club comptait seulement cinq membres. Rapidement, toutefois, le nombre de membres atteignit la vingtaine. Il n'était pas difficile d'en recruter de nouveaux. Je n'avais pratiquement pas besoin de demander aux gens s'ils voulaient devenir membres. C'étaient eux qui venaient me voir pour joindre nos rangs !

Nous consacrions tous nos temps libres pendant nos vacances à peindre des pierres. Nous peignions des animaux, des fleurs et toutes sortes de choses, même des noms d'équipes de sport. En fait, nous peignions ce que nous voulions.

Ensuite, nous allions voir les enseignants de l'école avec nos pierres et nous leur demandions de nous en acheter pour s'en servir comme presse-papiers. Nous vendions les pierres 5 ¢, 10 ¢ ou 20 ¢ chacune. Nous réussîmes même à vendre pour cinq dollars une énorme pierre sur laquelle nous avions peint des pois. À Noël, le club avait amassé trente-trois dollars. Nous décidâmes de donner cet argent à un refuge pour sans-abri du quartier.

Ma mère nous offrit, à ma copine et à moi, de nous accompagner au refuge pour aller porter l'argent. Lorsque la voiture s'arrêta devant le refuge, nous vîmes plusieurs familles assises sur le trottoir enneigé. L'image de ces gens se grava dans mon esprit. J'entrai dans l'édifice en repensant sans arrêt aux petits enfants que je venais de voir, à tous ces hommes et femmes qui n'avaient pas d'endroit où dormir.

Une fois à l'intérieur du refuge, nous allâmes voir la réceptionniste et lui donnâmes l'argent que le club avait amassé. Elle parut vraiment reconnaissante et nous invita à visiter les lieux. J'étais d'accord, car je n'avais jamais vu de refuge. Ce qui me frappa le plus au cours de cette visite, ce sont les innombrables rangées de tables qu'on avait mises pour accueillir les sans-abri affamés. Il devait y avoir plus d'une centaine de tables. Dans la cuisine, les préposés étaient en train de préparer une énorme quantité de bonhommes en pain d'épices. Je fus étonnée d'apprendre que chaque bonhomme au gingembre était destiné à une personne qui aurait besoin d'un repas et d'un refuge ce soir-là.

Au moment de quitter le refuge, je vis un homme assis sur le ciment glacé. Revêtu d'un manteau vert, sale et délabré, et d'un pantalon noir couvert de boue, il serrait contre lui un arbre de Noël rempli de décorations rouges. J'eus du chagrin de voir qu'il devait traîner avec lui son arbre de Noël dans la rue, faute d'avoir un chez-soi. Je me rendis compte que même une personne sans domicile, ou sans présents à offrir, voulait quand même avoir un Noël.

Le lendemain, je vis une photo de ce même homme dans le journal. Je savais que son image allait rester à jamais gravée dans mon cœur. Je souhaitai que cette photo rappelle à d'autres à quel point les sans-abri ont besoin d'aide, non seulement à Noël, mais toute l'année.

Quelques jours plus tard, un journaliste et un photographe vinrent à notre école pour faire un reportage sur les membres du Club des Pierres Peintes. L'article accompagné d'une photo parut le lendemain dans le journal. Les membres du Club tirèrent une grande fierté d'avoir contribué à sensibiliser la population aux besoins des sans-abri.

Notre école aima tellement notre initiative qu'elle mit sur pied un programme destiné exclusivement aux enfants démunis. Maintenant, les élèves de notre école aident le refuge du quartier et d'autres organismes de charité qui soutiennent les gens dans le besoin.

Grâce à quelques pierres, à un peu de peinture et à des copains attentionnés, j'ai pris conscience qu'on n'est jamais trop jeune — et qu'on n'a pas besoin de grand-chose — pour faire sa part.

Vanessa Clayton, 14 ans

Une invention pour Kerry

« Maman, Kerry a marché à quatre pattes sur les plans de mon invention et son appareil orthopédique a tout déchiré! » cria Jessica.

« Tu sais que tu ne dois pas étendre tes papiers sur le plancher quand elle est là », répliqua ma mère. « De toute façon, tu devrais être contente qu'elle soit même capable de marcher à quatre pattes! »

Je suis lasse d'entendre parler de la pauvre petite Kerry. Et moi alors?, songea Jessica.

Puis, dans un soupir, Jessica dit: « Je sais, t'as raison. »

La veille, Jessica avait apporté à la maison un communiqué au sujet de la foire des inventions de son école. Les élèves de sa classe de quatrième année devaient inventer un objet utile, en faire un prototype et démontrer son fonctionnement. « Cette foire va être vraiment super, dit Jessica à sa mère. Le hic, c'est que je veux inventer un objet qui aidera quelqu'un à résoudre un problème réel, mais je n'ai pas d'idée. »

« Je suis certaine que tu vas trouver quelque chose », répondit sa mère.

« Kerry, arrête! » cria Jessica à Kerry qui s'empêtrait encore dans ses papiers. « Maman! » implora-t-elle, mais sa mère se contenta de hausser les épaules, soupira et retourna à sa vaisselle.

Kerry, la sœur de Jessica, souffrait d'un problème au cœur. Juste après sa naissance, son cœur s'était mis à battre frénétiquement. Les médecins lui avaient administré un médicament qui avait ralenti sa fréquence cardiaque, mais le côté gauche de son corps avait eu le temps de subir des dommages. Kerry avait tout de même appris à marcher à quatre pattes presque aussi rapidement qu'un autre bébé, et sa jambe affaiblie ne l'empêchait pas d'être une petite sœur insupportable. Jessica avait l'impression que Kerry et son autre petite sœur, Katie, passaient leur journée à échafauder des plans pour l'enquiquiner au retour de l'école.

Soudain, Kerry s'affala sur le plancher et se mit à pleurer. Elle tira sur son appareil orthopédique. « Bobo », gémit-elle. Sa chaussette était encore descendue sur sa cheville et son appareil avait égratigné une grande surface de peau sur son mollet.

« Je ne sais pas ce que nous allons faire », dit la mère de Jessica en prenant la petite dans ses bras. « Regarde sa jambe. Je déteste la mettre en collant quand il fait si chaud. »

« C'est ça! s'écria Jessica. J'ai trouvé mon idée pour la foire des inventions! »

« Quoi? »

« Laisse-moi travailler un peu sur mon idée et je t'en reparlerai. » Jessica monta l'escalier en courant, alla chercher quelque chose dans la chambre de sa mère et autre chose dans celle de ses sœurs, puis elle s'enferma dans sa chambre pour ne pas être dérangée.

Lorsqu'elle sortit finalement de sa chambre, deux heures plus tard, elle tenait dans ses mains une invention qui ressemblait à un enchevêtrement de chaussettes. « Maman, regarde. J'ai fabriqué une chaussette spéciale pour Kerry. » Jessica montra son invention.

« Tu vois, le haut de la chaussette possède des rubans velcro qui s'accrochent autour du rebord de l'appareil de Kerry et qui reviennent ensuite s'agripper à la chaussette. Les chaussettes ne peuvent donc pas glisser sur la cheville de Kerry, ce qui protège la peau de sa jambe! »

« Quelle idée formidable! Essayons-les à Kerry, dit maman. Regarde, Kerry, Jessica a fabriqué de nouvelles chaussettes pour toi. » Katie sautilla en tapant dans ses mains. Kerry sourit et s'appuya au sol avec sa main pendant que sa mère enfilait la nouvelle chaussette sous son appareil.

Le lendemain, Jessica apporta son invention en classe. Lorsqu'elle revint de l'école, Kerry et Katie l'attendaient à la porte en babillant joyeusement. Elles s'agrippèrent à ses jambes en tirant. Jessica perdit l'équilibre; elles tombèrent toutes les trois en riant et en se chatouillant.

« Alors, Jessica, comment s'est passée la foire des inventions? demanda sa mère. Ton professeur et tes camarades ont-ils été impressionnés par les chaussettes que tu as inventées? »

« Je crois que ça s'est bien passé, mais mon invention n'était pas aussi "cool" que celles des autres. Jane a inventé un truc qui sert à organiser ses jeux vidéo. Nicole a inventé un machin qui sert à ouvrir une boisson gazeuse sans se casser un ongle. Sandy, elle, a inventé un distributeur à pansements adhésifs. »

« Ce sont des choses intéressantes, mais je préfère ton idée; elle est plus utile », dit sa mère.

« Ouais. Je voulais inventer quelque chose pour une vraie personne qui avait besoin d'aide », dit Jessica en tirant sur le nez de Kerry. « Enfin, presque une vraie personne ! » Elles rirent en chœur.

L'invention de Jessica remporta le premier prix dans sa classe de quatrième année. Après avoir présenté son invention aux finales régionales, Jessica représenta sa ville lors d'une grande foire organisée à l'échelle de l'État.

« Quel honneur pour elle ! Quel accomplissement ! » disait tout le monde.

Oui, Jessica gagna le concours et elle en était fière. Mais ce qui lui faisait le plus chaud au cœur, c'était quand Kerry levait les yeux vers elle avec un sourire qui en disait long. Elle savait alors qu'elle avait gagné quelque chose de véritablement important : une place privilégiée dans le cœur de sa petite sœur.

Barbara McCutcheon Crawford

La persévérance joue un rôle primordial dans la réussite. Si vous vous donnez la peine de frapper à la porte assez longtemps et assez fort, vous finirez sûrement par réveiller quelqu'un.

Henry Wadsworth Longfellow

7

VAINCRE
LES OBSTACLES

Ne sois pas un lâche, peureux et faible,
Sois le dernier à abandonner et le premier à parler.
Ne soustrais pas ton visage à la lumière du jour,
Sois courageux dans la vie et reste-le.

N'essaie pas de fuir tes épreuves,
tes problèmes et tes ennuis,
Réfléchis à la façon de trouver des solutions
et fais-toi confiance, aussi.

Si tu tombes, ne reste pas étendu
en attendant de mourir,
Relève-toi sans hésiter et garde la tête haute.

Sois sage, courageux, audacieux et brave,
Et la vie vaudra la peine d'être vécue,
de ta naissance jusqu'à ta mort.

Jereme Durkin

Grand-papa apprend à lire

*Tous ceux qui cessent d'apprendre sont vieux,
à 20 ans comme à 80 ans. Tous ceux qui con-
tinuent d'apprendre sont jeunes. Ce qu'il y a
de plus merveilleux dans la vie, c'est de garder
son esprit jeune.*

Henry Ford

Assis à la table de la cuisine, Joey lisait la section des sports du journal. Il entendit son grand-père descendre l'escalier. Quand celui-ci entra dans la cuisine, Joey vit qu'il n'avait pas sa bonne humeur habituelle.

« Bonjour grand-papa », dit-il. Son grand-père s'installa de l'autre côté de la table, l'air maussade. Au lieu de prendre le journal pour le lire, il demanda plutôt à Joey: « Que se passe-t-il en ville aujourd'hui? »

« Ce soir, il y a un match de baseball entre l'école de Doraville et mon école, répondit Joey. Ce ne sera pas facile, mais je crois que nous allons gagner. Aimerais-tu venir? »

Joey savait que son grand-père était incapable de lire et cela l'attristait. Son grand-père lui répétait sans cesse: « Je n'ai pas eu la chance d'aller à l'école. Je devais m'occuper des animaux de la ferme et aider aux récoltes. Dans mon temps, c'était beaucoup plus important que d'aller à l'école. »

Joey écoutait toujours attentivement son grand-père quand celui-ci lui racontait avec fierté son enfance à la ferme. Son grand-père lui expliquait comment on prenait soin des animaux et lui parlait des visites au marché pour vendre les produits de la ferme. Joey regardait les mains rudes et calleuses de son grand-père qui poursuivait en racontant fièrement comment on travaillait du lever au coucher du soleil. Joey perçut de la tristesse dans le ton de son grand-père lorsqu'il ajouta: « C'est sûr que j'aurais aimé aller plus longtemps à l'école, mais on n'avait pas le temps. »

Un jour, le grand-père demanda à Joey: « Joey, aimerais-tu m'accompagner au supermarché? J'ai besoin de plusieurs choses. » Au magasin, le grand-père arpenta les allées, examinant les illustrations sur les boîtes de conserve. Il aperçut alors une boîte de conserve dont l'étiquette ne portait aucune illustration. « Qu'est-ce qu'il y a dans cette boîte? » demanda-t-il.

Joey lut l'étiquette et dit: « C'est une boîte de soupe au poulet. » Son grand-père se rendit ensuite au comptoir des viandes, mais il ne pouvait lire ni les prix ni les étiquettes.

Finalement, il tendit à Joey sa liste d'épicerie, puis il sortit du magasin d'un pas lourd. « Je t'attends dans la voiture », dit-il. Joey regarda son grand-père s'en aller et songea *J'aimerais bien l'aider, mais je ne sais pas quoi faire. Je ne saurais pas par où commencer.*

Le lendemain était un dimanche. Le dimanche, Joey et son grand-père se rendaient toujours à pied en ville pour aller à la messe. Ce jour-là, Joey passa un moment à la bibliothèque pour feuilleter des livres tandis que son grand-père alla bavarder avec de vieux amis. Joey se sentait malheureux parce qu'il savait que son grand-père ne pouvait même pas lire le nom des rues.

À la bibliothèque, Joey lut une affiche sur le mur: « Connaissez-vous quelqu'un qui ne sait pas lire? Nous pouvons l'aider. Il suffit de composer ce numéro de téléphone. »

Quand son grand-père vint le rejoindre, Joey lui montra l'affiche. « C'est écrit que quelqu'un peut t'apprendre à lire », expliqua Joey. Il prit en note le numéro, puis ils se dépêchèrent de rentrer.

Quelques jours plus tard, le grand-père mit son plus beau complet pour assister à son premier cours. Il arriva à la bibliothèque une heure d'avance et fit connaissance avec son enseignant. Ce premier cours le rendit si nerveux et anxieux qu'il ne put se concentrer. Il fut incapable de se rappeler ce que l'enseignant expliqua.

Quelques semaines plus tard, alors qu'il était en train d'étudier, le grand-père leva les yeux vers Joey et dit: « Je suis trop vieux pour apprendre tout cela. » Frustré, il ferma son livre.

« Grand-papa, ne te décourage pas », dit Joey.

Mais le grand-père était entêté. « Je ne suis pas capable », dit-il.

« Et si tu me laissais t'aider? » lui demanda Joey. Ne voulant pas froisser Joey, le grand-père répondit: « Merci, Joey. Je suis certain que ça m'aiderait. »

Chaque jour, ils trimèrent dur sur les leçons du grand-père. Joey décida de se charger de toutes les corvées ménagères pour laisser plus de temps d'étude à son grand-père. Il lui offrit même sa chambre pour qu'il puisse y étudier tranquille sans se faire déranger par le téléphone.

Quelques mois plus tard, le grand-père demanda à Joey de venir dans la chambre. « Joey, je viens de recevoir une lettre de tante Helen. Je vais te la lire. » Il lut la lettre, prononçant chaque mot avec lenteur, les larmes aux yeux.

Lorsqu'il eut terminé de lire la lettre, Joey pleurait lui aussi tellement il était fier que son grand-père soit parvenu à surmonter l'obstacle de toute une vie.

Le grand-père regarda Joey avec des yeux pleins de larmes. « Excellent travail, grand-papa. Je suis fier de toi », dit Joey en souriant. Le grand-père lui rendit son sourire, un sourire immense qui en disait long sur la fierté qu'il ressentait maintenant lui aussi.

Karen Beth Luckett

Montre-moi comment marcher, et je courrai.
Montre-moi comment regarder, et je verrai.
Montre-moi comment entendre, et j'écouterai.
Montre-moi comment chanter, et je me réjouirai.
Tes enseignements gravés en moi
Et tes expériences partagées je conserverai.
Ce que j'ai appris, je le chérirai.
Et en apprenant à voler,
Je pourrai m'élancer !

Donna L. Clovis

« J'aurais eu 100 pour cent si je n'avais pas
eu six mauvaises réponses. »

Reproduit avec l'autorisation de Bil Keane.

Maître de sa vie

J'avais six ans quand tout a commencé: on diag-
nostiqua chez moi un trouble déficitaire de l'attention
doublé de difficultés d'apprentissage. J'étais si jeune
qu'il m'était difficile de comprendre un si gros problème. Personne ne pouvait prédire comment j'allais
me comporter à l'école, et c'est le pire scénario qui se
produisit. Je ne voulais pas rester assis pendant les
cours. Je me rappelle que les enseignants étaient sans
cesse sur mon dos. En classe, j'avais de la difficulté à
comprendre ce que les enseignants disaient. Avec mes
parents, je travaillais sur mes devoirs de l'heure du souper jusqu'à l'heure du coucher. Je trouvais pénible de
faire mes travaux scolaires car je ne comprenais pas.
Chaque soir, j'en sortais frustré et mes parents, furieux.

À l'école, je passais plus de temps chez le directeur
qu'à mon pupitre. Quand mon enseignante me demandait de lui dire *pourquoi* je ne comprenais pas, je me
bornais à lui crier « ça ne vous regarde pas! » car j'étais
gêné de ne pas comprendre. Elle m'envoyait alors au
bureau du directeur. Au bout d'un certain temps, ma
situation s'améliora un peu, mais je continuai d'éprouver des difficultés durant toutes mes années d'école primaire.

À l'école secondaire, mon comportement empira.
Mon plus mauvais souvenir, c'est le moment où je
revenais à la maison en autobus. Je me rappelle qu'un
jour, à ma descente de l'autobus, deux gars m'attendaient pour me donner une raclée. Je me défendis du
mieux que je pus tout en essayant de faire signe au

chauffeur de s'arrêter. Je me suis senti très seul. Je rentrai à la maison à pied avec un œil au beurre noir et le visage tuméfié.

Je me souviens également du jour où je voulus m'en prendre à un garçon plus costaud que moi afin de me porter à la défense de mon frère. Je me moquai de la famille de ce garçon, qui m'asséna alors un coup de poing en m'accusant de l'insulter. L'école me suspendit pour deux jours.

Les enfants du voisinage étaient cruels et hargneux; ils me traitaient de « gros » et de « peureux ». Leurs insultes me blessaient, car intérieurement, je me sentais gros et peureux.

À cette époque, je me considérais comme un raté, mais chez moi, on m'avait appris qu'on était un minable uniquement si on croyait vraiment en être un. Je ne voulais pas être un raté.

Au début de l'école secondaire, je n'obtenais que des D et des F, et je me retrouvais régulièrement en retenue. Je perturbais sans cesse la classe en lançant des élastiques ou en crachant des boulettes de papier vers le tableau. Je me rappelle avoir frappé quelqu'un qui m'avait traité de « gros lard », ce qui me valut une suspension de trois jours. Pendant ces trois jours-là, je trouvai le moyen de déranger les autres élèves suspendus en me moquant des gestes du surveillant et en l'imitant. Mon comportement m'attirait retenue après retenue.

Mes parents se mirent à la recherche d'une école où on pourrait m'aider en m'apprenant à mieux fonctionner. Ils découvrirent Knollwood, une école pour élèves en difficulté. Je la fréquente depuis un an et c'est formidable! Je sais maintenant qu'il y aura toujours des gens pour m'aider, que ce soient mes parents ou des enseignants. Ils seront toujours là pour moi. Mais pour que leur aide porte fruit, cependant, il a fallu que je veuille améliorer ma situation. J'ai finalement compris que je pouvais changer. Et je peux vous prouver que John Troxler peut être quelqu'un de bien.

Je n'obtiens plus des D et des F, mais des A, des B et des C. Je commence ma deuxième année d'école secondaire et mes résultats sont au-dessus de la moyenne. J'éprouve encore un peu de difficulté, mais je sens que je serai bientôt prêt à retourner dans une classe régulière. Avec l'aide de mes enseignants, je serai prêt à poursuivre mes études au niveau collégial. Il m'a fallu sept ans pour comprendre que je souffrirai toute ma vie d'un trouble déficitaire de l'attention et de difficultés d'apprentissage, mais je sais que je peux et que je vais réussir et rester maître de ma vie. Il n'en tient qu'à moi!

John D. Troxler, 14 ans

Quelle année!

Applaudissez-nous lorsque nous courons!
Consolez-nous lorsque nous tombons!
Encouragez-nous
lorsque nous nous relevons...

Edmund Burke

« Pourquoi portes-tu des pantalons si grands? » me disaient les autres enfants dans l'autobus pour me narguer. Aux activités parascolaires du YMCA, les autres enfants se montraient tout aussi cruels. Leurs commentaires me blessaient tellement que je ne savais pas quoi répondre. À neuf ans, je pesais 52 kilos, plus que n'importe quel autre élève de l'école!

À mes yeux, j'étais un garçon comme les autres. Aux yeux des autres enfants, cependant, j'étais un moins que rien. J'avais bien quelques amis à l'occasion, mais cette année-là, plusieurs m'abandonnèrent. J'aimais lire, écrire et faire mes travaux scolaires. J'étais un premier de classe, mais on me rejetait parce que je ne m'intéressais pas au sport comme les autres garçons de mon âge et parce que je faisais de l'embonpoint.

Mon unique ami, Conner, se portait parfois à ma défense avec des phrases du genre: « Comment peux-tu juger quelqu'un que tu ne connais pas? » Conner avait aussi ses propres difficultés: à cause de son problème de bégaiement, certains se moquaient de lui.

Nous étions donc tous les deux la cible de la méchanceté des mêmes dénigreurs.

Les moqueries devinrent si incessantes que chaque jour après l'école, je rentrais à la maison soit en pleurs, soit mentalement anéanti. J'étais très perfectionniste dans mes travaux scolaires et dans mes autres activités; je cherchais à atteindre les objectifs que je me fixais. J'en avais assez de perdre mes amis et de me faire tourner en ridicule.

Je décidai de me priver de nourriture. Si je fais attention à ce que je mange, pensai-je, j'aurai un meilleur physique et les moqueries cesseront. Je commençai donc à surveiller les calories sur les étiquettes de tous les aliments que je mangeais. Lorsque c'était possible, même, je sautais des repas. Le plus souvent, je ne mangeais qu'une salade dans toute ma journée. Comme j'avalais une partie de mon bol de céréales et que ma boîte à lunch revenait vide de l'école, mes parents ignoraient tout de mon plan.

Au souper, je prétextais avoir trop mangé au dîner et j'avalais quelques bouchées seulement ou rien du tout. Chaque fois que je le pouvais, je m'arrangeais pour me débarrasser de ma nourriture. Je jetais le contenu de mon assiette dans la poubelle ou je le cachais dans des serviettes de papier. Souvent, je persuadais mes parents de me laisser manger en faisant mes devoirs afin de pouvoir me débarrasser de mon repas à leur insu. Je me retrouvais prisonnier d'un concours contre moi-même et j'étais déterminé à gagner.

C'est alors que les malaises et les maux de tête apparurent. Semaine après semaine, je souffrais de douloureuses migraines et d'interminables rhumes. Mes vêtements devinrent trop grands pour moi, et les nouveaux vêtements que maman m'achetait pour les remplacer devenaient rapidement également trop grands.

C'est à ce moment-là que mes parents comprirent que j'avais un désordre alimentaire et ils m'emmenèrent rapidement chez le médecin. Je ne pesais plus que trente-huit kilos. Le médecin m'expliqua que ce genre de problème était dangereux pour la santé. Je compris que je privais lentement mon corps des nutriments essentiels à son bon fonctionnement. Si je continuais dans la même voie, je risquais d'être gravement malade et même de mourir.

Avec l'aide de mes parents et du médecin, je me fixai de nouveaux objectifs plus sains. J'allai consulter un intervenant, je commençai un programme de poids et haltères, et je décidai d'essayer de faire du sport.

Ma mère avait entendu parler d'un cours de crosse qui avait lieu pendant l'hiver. Je pourrais apprendre à jouer à ce sport avant de le pratiquer de manière compétitive. Même si la crosse est très populaire dans ma région, je n'avais jamais joué à ce sport. Après quelques cours, je songeai à tout abandonner : le perfectionniste que j'étais supportait mal de ne pas maîtriser ce jeu après quelques essais. Je persistai néanmoins. Après un certain temps, je commençai à sentir une progression d'un entraînement à l'autre. J'étais maintenant capable de tirer mon épingle du jeu et j'aimais cette sensation. La crosse me donnait et me donne encore confiance en moi. C'est également un excellent exercice qui m'aide à rester en santé.

Un an après ce cours de crosse, je me débrouillai si bien qu'on m'invita à joindre les rangs d'une équipe composée de joueurs plus expérimentés que moi. Je commençai à me faire de nouveaux amis parmi mes coéquipiers et personne ne me taquinait. Ils me respectaient pour cette ardeur au jeu qui me valait de faire partie de l'équipe.

Trois années ont passé depuis cette époque où tout s'écroula autour de moi. Aujourd'hui, je m'adonne à des activités qui me valorisent plutôt que de me laisser détruire par l'opinion qu'ont ou n'ont pas les autres à mon égard. Je suis toujours aussi perfectionniste, c'est dans ma nature, mais je sais à quel moment appuyer sur les freins. Je recherche la perfection uniquement pour les choses qui comptent vraiment. Je suis encore un premier de classe qui aime lire et écrire, mais j'ai découvert de nouveaux intérêts, comme les percussions, le football et le tennis. L'an prochain, j'aimerais jouer au basketball.

Ma tentative de transformer radicalement mon apparence physique ne m'a pas rendu plus heureux. J'ai appris que la beauté physique est superficielle et que la véritable beauté est intérieure. Faire les choses que j'aime me donne de l'assurance. J'ai maintenant des amis qui m'aiment pour ce que je suis — et non pour mon apparence.

Robert Diehl, 12 ans

Le carré de sable

J'ai une seule vie à vivre. Par conséquent, si je peux manifester de la bonté à l'égard d'autrui ou faire une bonne action, je ne dois pas attendre au lendemain et agir à l'instant, car l'occasion ne se représentera peut-être pas.

William Penn

Un jour, quand j'avais cinq ans, j'allai au parc avec ma mère. Pendant que je jouais dans le carré de sable, j'aperçus un garçon de mon âge en fauteuil roulant. Je m'approchai et lui demandai s'il voulait jouer avec moi. Il me répondit qu'il ne pouvait pas. À l'âge que j'avais, je ne comprenais pas pourquoi il ne pouvait pas se lever et venir jouer dans le carré de sable avec moi. Je parlai au garçon encore un peu, puis je pris mon grand seau, le remplis de sable à ras bord et le versai sur ses genoux. Je pris également quelques jouets et les déposai sur ses cuisses.

Ma mère arriva en courant: « Lucas, qu'est-ce que tu fais là? Pourquoi? »

Je la regardai et lui répondis: « Il ne peut pas venir jouer dans le carré de sable, alors je lui en ai apporté. Maintenant on peut jouer ensemble. »

Lucas Parker, 11 ans

Cher Dieu,
je m'appelle Charles

*En général, ce qu'un homme reçoit à la nais-
sance importe peu; ce qui compte, c'est l'uti-
lisation qu'il en fait.*

Alexander Graham Bell

Cher Dieu,

Je m'appelle Charles. Je viens d'avoir 12 ans.
Comme tu l'as peut-être remarqué, j'ai écrit cette lettre
à la dactylo. Tu sais, j'ai parfois de la difficulté à écrire.
On appelle cela la dysgraphie. J'ai également un
trouble déficitaire de l'attention. Souvent, ce trouble
s'accompagne de difficultés d'apprentissage. On a éva-
lué mon quotient intellectuel à 140, mais si tu voyais
mon écriture cursive, tu croirais sûrement que je suis
retardé.

Je n'ai jamais été capable de tenir mon crayon correctement. Je n'ai jamais été capable de colorier sans
dépasser. Chaque fois que j'essaie, j'ai une crampe à la
main, les lettres que j'ai tracées ont l'air bâclées, le trait
est trop foncé et mes doigts sont tachés. En classe, personne ne veut échanger sa feuille avec la mienne quand
on corrige, car mon écriture est illisible. Keith était
capable, mais il a déménagé.

Mon cerveau ne comprend pas ce que fait ma
main. Je peux sentir le crayon, mais ma main refuse
d'obéir. Pour que mon cerveau sache qu'il y a un
crayon dans ma main, je dois le tenir très serré.

C'est beaucoup plus facile pour moi d'expliquer les choses oralement que par écrit. Je suis vraiment bon pour expliquer verbalement, mais mes enseignants ne me le permettent pas toujours. Si on me demande d'écrire une dissertation sur mon voyage à Washington et à Philadelphie, ce sera pour moi une punition. Mais si on me demande de faire un exposé oral sur mon voyage, ou tout simplement de me lever et d'en parler, je serai capable de raconter à toute la classe la sensation extraordinaire que j'ai éprouvée quand j'ai vu la Déclaration d'indépendance des États-Unis d'Amérique aux Archives nationales ou le sentiment de patriotisme qui s'est emparé de moi quand je me suis retrouvé dans la salle où les pères fondateurs de notre pays ont jadis discuté de liberté.

Si on devait évaluer mes talents artistiques, j'aurais une mauvaise note. Il y a tant de choses que je peux imaginer dans ma tête, mais mes mains refusent de dessiner ces choses telles que je les vois.

Mais ça va, je ne me plains pas. En fait, je me tire plutôt bien d'affaire. Heureusement, tu m'as donné une grande intelligence et un excellent sens de l'humour. Je comprends beaucoup de choses et j'aime les débats. Quand nous discutons de la Bible en classe, je brille de tous mes feux.

J'aimerais être avocat un jour, plus précisément dans des procès. Je sais que je pourrais être bon. J'enquêterais sur un crime, j'examinerais les preuves et je présenterais la cause en cour en faisant éclater la vérité.

Tu m'as fait comprendre que j'étais quelqu'un de spécial quand tu m'as dit que j'étais un être merveilleux. Tu m'as assuré que tu serais toujours à mes côtés et que tu te chargerais de me donner avenir et espoir.

Pour m'aider, mes parents m'ont offert un ordinateur portatif pour l'école. Cette année, j'ai une enseignante formidable! Elle me laisse faire beaucoup de travaux sur mon ordinateur. Chaque vendredi, nous devons produire un portrait. Eh bien, figure-toi qu'elle me permet d'utiliser un logiciel de graphisme. Pour la première fois, je pourrai montrer à tout le monde quelques-unes des choses que j'ai en tête.

Seigneur, cette lettre est pour te remercier, pour tout simplement te dire que je vais bien. La vie est parfois difficile, mais j'accepte de relever le défi. J'ai confiance en mes capacités de surmonter les obstacles. Merci de m'avoir fait tel que je suis. Merci de m'aimer *inconditionnellement*. Merci pour tout.

Ton dévoué,

Charles

Charles Inglehart, 12 ans

Missy et moi

Lorsque ma famille quitta l'Oklahoma pour s'installer en Californie, à San Diego, je vendis ma bicyclette à une camarade de classe. J'étais en sixième année. J'avais projeté de m'acheter une autre bicyclette en Californie, mais je dus y renoncer: notre nouvelle maison était située près d'une autoroute achalandée, à l'extérieur de la ville, et mes parents m'ont interdit de rouler à vélo dans un endroit aussi dangereux.

Plutôt que d'acheter une bicyclette avec l'argent que j'avais économisé, j'achetai Missy, une charmante petite chienne cocker aux yeux bruns. Ce fut le coup de foudre. Quand je me présentai au chenil, tous les chiots sautillaient les uns par-dessus les autres, sauf Missy qui se dirigea droit vers moi et lécha doucement ma main avec sa langue rose. Lorsque je la pris dans mes bras, elle me regarda avec ses grands yeux tristes et je n'eus d'autre choix que de l'acheter.

Mes amis de l'Oklahoma me manquaient. Je leur écrivais à chaque semaine. Les élèves de ma nouvelle école, eux, se moquaient de mon accent du sud des États-Unis. Il y avait une fille rousse, Melissa, qui m'imitait chaque fois que j'ouvrais la bouche. Pour se mettre en évidence, elle argumentait avec le chauffeur d'autobus et pimentait sa conversation de jurons. Un jour, lorsque j'entendis le chauffeur l'appeler « Missy », j'eus presque envie de changer le nom de ma chienne.

À l'époque, ma chienne était ma seule amie. Chaque jour, je passais des heures à la dresser et à brosser son pelage blond et ondulé. Il me fallut seulement quelques semaines pour la dresser à la propreté. Le soir, elle se blottissait dans mon lit. Le matin, elle me léchait le visage pour me faire savoir qu'elle était réveillée et voulait sortir dehors.

Un matin, alors que Missy avait environ six mois, j'étais en train de m'habiller pour l'école lorsque j'entendis un crissement de freins et un jappement. Je sortis devant la maison et aperçus un gros camion qui se rangeait sur l'accotement. Le corps inerte de Missy gisait dans le fossé. « Tu as frappé ma chienne ! » criai-je au chauffeur. Je sautai dans le fossé et pris le corps sans vie de Missy. « Réveille-toi, réveille-toi ! » lui criai-je.

Mes parents remercièrent le chauffeur d'avoir arrêté. « Le chien s'est précipité devant mon camion », expliqua-t-il. « J'ai essayé de m'arrêter. » Je savais qu'il était sincère, mais je ne pouvais retenir mes larmes.

Je transportai Missy dans la maison et l'enveloppai dans sa couverture préférée. Je pleurai et la berçai dans l'espoir qu'elle reprenne conscience, mais en vain.

Avant que mon père ne parte pour le travail, nous creusâmes une petite tombe et l'enterrâmes. Nous nous sommes tenus par la main et mon père remercia Dieu de nous avoir donné Missy. Ensuite, il récita une prière pour demander que je me trouve de nouveaux amis en Californie, puis il remercia Dieu pour la joie que Missy avait apportée dans ma vie. Cependant, je n'étais guère d'humeur à me montrer reconnaissante. Je retournais encore et encore les mêmes questions dans ma tête.

Pourquoi Dieu ne l'avait-il pas protégée? Pourquoi ne l'avait-il pas empêchée de courir sur l'autoroute? Il savait à quel point j'étais seule. Pourquoi m'avait-il enlevé ma seule amie?

Pendant des semaines, je pleurai tous les soirs jusqu'à épuisement. Chaque matin, je me réveillais pour me replonger dans le mauvais rêve qu'était devenue ma réalité: Missy n'était plus là. L'école, les enseignants, les devoirs et les fins de semaine, tout m'apparaissait embrouillé à travers mes larmes. J'essayais de me concentrer sur mes travaux scolaires, mais je ne cessais de penser à Missy. Mes parents proposèrent de m'acheter un autre chien, mais je ne voulais pas un autre chien. Je voulais Missy. Je ne m'intéressais plus à rien d'autre.

Un jour, mon professeur d'éducation physique m'envoya au bureau de la directrice adjointe. *Je dois avoir fait quelque chose de mal pour qu'on m'envoie au bureau de Mme Stevens*, pensai-je.

Mme Stevens me fit signe de m'asseoir. D'une voix douce, elle dit: « Tu dois te demander pourquoi je t'ai fait venir. Tes enseignants sont inquiets à ton sujet. Ils t'ont vue pleurer en classe. Veux-tu qu'on en parle? »

Je commençai à sangloter si fort qu'aucun mot ne put sortir de ma bouche. La directrice me tendit une boîte de mouchoirs. Finalement, je dis d'une voix étouffée: « Ma chienne a été renversée par un camion. » Puis nous parlâmes durant toute la période d'éducation physique. Lorsque la cloche sonna, Mme Stevens me donna un petit carnet.

« Parfois, ça fait du bien d'écrire ce qu'on ressent, me dit-elle. Notes-y ce que tu ressens vraiment. Tu n'es pas obligée de montrer ce journal à quiconque. Il est à toi. Il va peut-être t'aider à choisir ce que tu vas apprendre au sujet de la vie et de la mort. » Elle me lança un sourire et me raccompagna jusqu'à la porte, son bras autour de mes épaules.

Pendant toute une semaine, je suivis son conseil: j'évacuai ma tristesse et ma colère. J'écrivis à Dieu pour lui demander encore pourquoi il avait laissé Missy mourir. J'écrivis à propos de mes parents qui avaient déménagé dans cet horrible endroit. J'écrivis à propos de Melissa et des autres enfants qui me faisaient du mal. J'écrivis même à Missy: « Je t'aimais tant. Pourquoi as-tu été si stupide? Je t'avais pourtant appris à ne pas t'approcher de l'autoroute! Maintenant, tu es partie pour toujours. Pour toujours. Rien ne sera plus comme avant. Jamais. »

Lorsque je ne fus plus capable d'écrire, je fermai mon journal et pleurai, encore et encore. Je pleurai parce que rien ne serait plus comme avant, parce que Missy ne reviendrait pas, parce que je savais que je ne retournerais pas en Oklahoma. Lorsque j'eus fini de pleurer, je vis qu'il n'y avait plus rien d'autre à faire. Et je décidai de faire de mon mieux dans les circonstances.

Cette année-là, la mort de Missy fut difficile, mais elle me fit mûrir. Dieu exauça les prières de mon père et me donna de nouveaux amis pour combler ma solitude. Je cessai enfin de m'ennuyer de mes anciens amis. L'école et les activités remplissaient de plus en plus ma vie; je ne vivais plus dans le passé. À ma grande surprise, mes nouveaux amis devinrent tout aussi chers à mon cœur que ceux que j'avais laissés en Oklahoma. Mon cœur était sur la voie de la guérison.

Même si je crois encore qu'aucun autre chien ne pourra remplacer Missy dans mon cœur, je finirai peut-être par demander à mes parents, un jour, de m'acheter un autre chien. Peut-être.

Glenda Palmer

Le miracle de la vie

*Les risques que l'on prend avec courage sont
vivifiants; ils nous aident à grandir, nous donnent du cœur au ventre et nous permettent de
nous dépasser.*

Joan L. Curcio

J'ignorais à quel point la vie est précieuse jusqu'au
jour où je faillis perdre mon petit frère. Tout commença
lorsqu'il tomba malade. J'avais neuf ans et lui, seulement neuf mois. Ma mère croyait qu'il faisait une otite
car il se tenait constamment l'oreille. Le premier médecin qu'elle consulta lui dit que c'était une otite. Une
semaine passa, mais mon frère se frottait toujours
l'oreille. Ma mère consulta un deuxième médecin. On
effectua immédiatement des analyses de sang. Le
médecin savait qu'il fallait hospitaliser mon frère de
toute urgence. Ma mère, mon père et mon frère partirent pour l'hôpital en ambulance.

Au début, les médecins ne savaient pas ce qui
n'allait pas chez mon frère. Quelques jours plus tard, ils
découvrirent qu'il souffrait d'une forme de cancer de la
moelle osseuse. Mes parents restèrent tous les deux au
chevet de mon frère pendant les premières semaines.
Puis ma mère resta auprès de lui tandis que mon père
revint à la maison pour s'occuper de mes sœurs et de
moi. Je trouvais difficile de ne pas voir ma mère tous
les jours, mais j'allais à l'hôpital environ une fois par
semaine.

Les médecins essayèrent un premier traitement de chimiothérapie. Les résultats furent positifs, mais mon frère perdit tous ses cheveux. Ensuite, il eut besoin d'une transplantation de moelle osseuse. Les médecins devaient trouver un donneur et on chercha d'abord dans la famille immédiate. La piqûre que nous devions recevoir m'effrayait. Mes sœurs et moi pleurâmes lorsqu'on nous la donna. Tout se passa rapidement, cependant, et la douleur ne fut pas aussi intense que je l'avais cru au départ.

Quelques semaines plus tard, nous apprîmes qu'une de mes sœurs et moi-même étions compatibles. Mes parents devaient choisir laquelle de nous deux serait la donneuse. Après mûre réflexion, ils me choisirent, car j'étais la plus âgée. J'étais à la fois excitée et morte de peur. Toutefois, je savais que cela pouvait sauver la vie de mon frère.

On transféra mon frère dans un autre hôpital. C'était un département où il y avait dix autres enfants malades. Environ deux semaines plus tard, je me rendis à l'hôpital pour que les médecins m'expliquent ce qui allait se passer, puis je retournai à la maison. Je ne commençai à avoir peur que le lendemain, lorsque mes parents me réveillèrent à cinq heures du matin. Je devais être à l'hôpital pour six heures. Une fois sur place, j'enfilai une chemise d'hôpital. Ensuite, ma mère et moi suivîmes les médecins dans la salle d'opération. On appuya un masque contre mon visage et dix secondes après, je sombrai dans le sommeil.

Lorsque je me réveillai, il y avait un tube planté dans le dos de ma main; ce tube transportait un soluté qui m'empêchait de me déshydrater. Je demandai immédiatement des nouvelles de mon frère. Ma mère m'annonça qu'il était en ce moment même dans la salle d'opération en train de recevoir ma moelle osseuse.

Environ deux heures après mon réveil, j'allai le voir. Il dormait dans les bras de mon père. Il avait reçu toute la moelle osseuse qu'on avait prélevée sur moi. Tout le monde pria pour que l'opération soit un succès.

À peu près un mois et demi plus tard, ma mère rentra à la maison avec mon frère. Mon frère allait bien, mais il fallait encore faire attention qu'il n'attrape pas un rhume ou une grippe. Il devait aussi éviter le soleil, et nous devions porter des masques chirurgicaux lorsque nous le prenions dans nos bras.

Aujourd'hui, deux ans plus tard, mon frère se porte à merveille! Il est plein de vie et débordant d'énergie. Il est toujours occupé à quelque chose. Nous devons le surveiller et nous assurer que sa curiosité ne l'entraîne pas trop loin!

L'expérience m'a enseigné qu'il suffit de croire. Il faut croire que tout va finir par s'arranger et rester fort quoi qu'il arrive. C'est la marque d'un vrai héros!

Lacy Richardson, 12 ans

8

LES CHOIX

Je peux surmonter mes peurs
Je peux nourrir des affamés
Je peux aider à réduire la pollution
Je peux donner aux pauvres
Je peux devenir ce que je veux
Je peux me servir de ma tête
Je peux donner des conseils
Je peux recevoir
Je peux me conduire correctement
Je peux écouter — Je peux penser
Je peux enseigner — Je peux apprendre
Je peux donner — Je peux ressentir
Je peux voir
Je peux

Kendra Batch, 12 ans

De bon cœur

*Je ne peux et ne veux me couper de ma con-
science pour me conformer aux idées à la
mode.*

Lillian Hellman

Annie s'adossa contre sa case et soupira. Quelle
journée! Quel désastre! L'année scolaire ne commençait vraiment pas comme elle l'avait souhaité.

Évidemment, Annie n'avait pas prévu cette nouvelle élève, Kristen. Et surtout, elle n'avait pas prévu
que Kristen porterait cette jupe qu'elle-même était censée porter.

Ce n'était pas n'importe quelle jupe. Annie avait
gardé trois petits garçons turbulents tout l'été pour pouvoir se payer cette jupe et le corsage qui lui était assorti.
Lorsqu'elle avait vu cet ensemble dans un magazine
pour adolescentes, Annie savait qu'il était fait pour elle.
Elle avait tout de suite pris le téléphone et composé le
numéro indiqué pour savoir où se le procurer.

Puis, photo et prix en main, elle avait décidé de
convaincre sa mère.

« C'est magnifique, mon trésor, avait dit sa mère.
Mais je ne vois pas comment je pourrais dépenser
autant pour un seul ensemble que pour toute ta garde-
robe. » Annie ne fut pas surprise, mais elle était désap-
pointée.

« Mais si c'est à ce point important pour toi, alors nous pourrions faire une mise de côté, avait ajouté sa mère. Tu devras le payer de ta poche, cependant. »

Chaque vendredi, Annie versait donc une partie du solde avec tout l'argent qu'elle gagnait comme gardienne d'enfants.

Lorsqu'elle avait donné le dernier versement, une semaine avant de commencer l'école, elle s'était précipitée à la maison pour essayer la jupe et le corsage. Le moment de vérité était arrivé. Elle avait peur de se regarder dans la glace. Finalement, elle se plaça devant le miroir, les yeux fermés, puis elle compta jusqu'à trois avant de les rouvrir.

L'ensemble lui allait à merveille. De côté comme de dos, il lui allait comme un gant. Elle fit quelques pas, s'assit, tourna. Elle s'exerça même à accepter avec modestie d'éventuels compliments, afin d'éviter que ses amies la trouvent prétentieuse.

Le lendemain, Annie et sa mère firent le grand ménage de sa chambre, comme à la fin de chaque été. Elles lavèrent et repassèrent le couvre-lit et les rideaux, puis elles époussetèrent tous les coins et recoins possibles et imaginables.

Ensuite, elles trièrent les vêtements de la penderie et de la commode afin de mettre de côté ceux qu'il fallait donner. Annie n'aimait pas cette étape de tri où il fallait essayer des vêtements, les laver et les plier dans des boîtes. Sa mère et elle portèrent ensuite les boîtes à un comptoir vestimentaire, puis elles se rendirent chez sa grand-mère pour la fin de semaine.

Lorsqu'elles revinrent à la maison le dimanche soir, Annie se précipita dans sa chambre. Elle devait préparer ses affaires pour la rentrée scolaire le lendemain. Tout devait être parfait.

Elle ouvrit la porte de la penderie, sortit son nouveau corsage et sa… et sa… jupe? Sa jupe n'était pas là. *Elle doit être quelque part!* Mais elle n'était nulle part.

« Papa! Maman! » cria Annie en continuant de chercher frénétiquement sa nouvelle jupe. Ses parents accoururent dans sa chambre. Cintres et vêtements volaient dans tous les sens.

« Ma jupe neuve! Je ne la trouve pas! » Annie resta un instant plantée au beau milieu de la pièce, son corsage dans une main et un cintre vide dans l'autre.

« Calme-toi, Annie, dit son père. Ta jupe ne s'est pas envolée toute seule. On va la trouver. » Mais la jupe demeurait introuvable. Pendant deux heures, ils fouillèrent les penderies, les tiroirs, la salle de lavage, sous le lit et même dans les draps. Pas de jupe.

Ce soir-là, une fois couchée, Annie essaya de résoudre le mystère.

Lorsqu'elle se leva le lendemain matin, elle se sentait fatiguée et maussade. Elle sortit quelque chose — n'importe quoi — à se mettre sur le dos. Rien n'était à la hauteur de l'ensemble dont elle avait rêvé tout l'été.

Adossée à sa case, à l'école, le mystère devint… disons… plus mystérieux.

« C'est toi, Annie? » demanda une voix derrière elle.

Annie se tourna. Une onde de choc la traversa. *C'est ma jupe. C'est* ma *jupe! C'est ma* jupe?

« Je suis Kristen. La directrice m'a assigné la case à côté de la tienne. Elle s'est dit qu'étant donné que nous habitons le même pâté de maisons et que je suis nouvelle ici, tu pourrais m'aider à m'orienter. » La voix de Kristen était traînante, mal assurée. Annie se contentait de la fixer. *Comment...? Où...? Est-ce que c'est ma...?*

Kristen semblait mal à l'aise. « Mais tu n'es pas obligée. J'ai dit à la directrice que nous ne nous connaissions pas vraiment, que nous nous étions seulement croisées dans la rue cet été. »

C'était vrai. Annie avait croisé Kristen dans la rue, cet été, quand elle se rendait à son travail de gardienne. Kristen portait toujours son uniforme de restaurant qui sentait les oignons et la friture. Annie se sortit de sa réflexion pour répondre à Kristen.

« C'est d'accord. Je vais te faire visiter l'école », dit-elle, mécontente. Toute la journée, des élèves complimentèrent Kristen sur sa *jupe* pendant qu'Annie s'efforçait de sourire.

Maintenant, c'était l'heure de rentrer à la maison. Annie raccompagna Kristen afin d'en savoir plus long. Elles bavardèrent durant tout le chemin de retour. Avant d'arriver chez elle, Annie osa poser à Kristen la question qui lui brûlait les lèvres. « Où as-tu pris ta jupe, Kristen? »

« Elle est belle, n'est-ce pas? Ma mère et moi l'avions vue dans un magazine au bureau du médecin. »

« Et ta mère te l'a achetée. »

« Euh, non. » Kristen baissa le ton. « Nous avons eu des problèmes, dernièrement. Mon père a perdu son emploi et ma grand-mère est malade. Nous avons donc déménagé ici pour prendre soin d'elle pendant que mon père se cherche du travail. »

Annie ne comprenait toujours pas. « Tu as dû économiser presque tout ton salaire, alors, pour te payer cette jupe. »

Kristen rougit. « Oui, j'ai économisé tout mon argent, mais je l'ai donné à ma mère pour qu'elle achète des vêtements d'école à mon frère et à ma sœur. »

Annie n'en pouvait plus. « Alors, où as-tu pris ta jupe? »

Kristen hésita. « Ma mère l'a trouvée au comptoir vestimentaire, dans une boîte que quelqu'un avait déposée juste avant que nous arrivions. Maman a ouvert la boîte et a aperçu la jupe que nous avions vue dans ce magazine. Elle était flambant neuve; même l'étiquette était encore accrochée après! » Kristen regarda Annie.

Au comptoir vestimentaire? Flambant neuve? Le mystère était enfin résolu.

Kristen sourit, et son visage rayonna. « Ma mère savait que ce n'était pas un pur hasard. Elle s'est dit que c'était la Providence. »

« Kristen, je… » Annie s'interrompit. Ça n'allait pas être facile. « Kristen, reprit Annie, puis-je te dire quelque chose? »

« Bien sûr. »

« Kristen », dit Annie, en prenant alors le temps d'inspirer longuement. Puis elle hésita un moment. Enfin, elle sourit et déclara: « As-tu le temps de venir chez moi? Je pense que j'ai dans ma penderie un corsage qui ira à merveille avec ta jupe. »

Cynthia M. Hamond

Aller de l'avant

La destinée n'est pas une question de chance, mais de choix. Il ne faut pas attendre sa destinée; il faut l'accomplir.

William Jennings Bryan

Je pouvais sentir la sueur me dégouliner dans le dos, entre les deux omoplates. Le soleil me plombait dessus tandis que les capitaines des équipes choisissaient leurs joueurs pour un match de baseball. C'était la récréation et j'étais en quatrième année du primaire.

Quatre d'entre nous n'avaient pas encore été choisis.

« Je vais prendre Sandy », dit le capitaine d'une des équipes.

« Et moi, David », dit le capitaine de l'autre équipe. À présent, mes paumes étaient moites.

« Rachel. » J'avais le cœur brisé.

« Bon, alors c'est moi qui vais prendre Kathy. » J'étais convaincue que tout le monde me regardait, moi, la chétive Kathy, celle qui n'avait que la peau et les os, celle que personne ne voulait dans son équipe. J'aurais voulu m'enfouir la tête dans le sable. Une fois de plus… je me sentais humiliée.

Presque tous les élèves me trouvaient insignifiante. J'étais timide, réservée, maigrichonne… et j'avais peur de me faire des amis.

Chez moi, avec ma mère et mon père, j'étais bien dans ma peau. Mes parents travaillaient fort, m'aimaient, m'épaulaient et croyaient en moi. Ils m'incitaient à foncer pour obtenir ce que je voulais.

Une fois, en maternelle, une amie m'avait invitée à sa fête d'anniversaire. Je voulais trouver un cadeau qui lui ferait très plaisir, et mes parents m'avaient encouragée à gagner moi-même l'argent qui servirait à acheter ce présent. Mon père m'avait dit: « Kathy, tu as deux bras, deux jambes et une tête; si tu veux de l'argent supplémentaire, tu es capable de le gagner toi-même. »

Étant donné que mes parents croyaient beaucoup en moi, j'y croyais, moi aussi. J'avais donc décidé de gagner la somme dont j'avais besoin. J'avais peint des cailloux pour les vendre à des gens du quartier, j'avais vendu des fruits et des légumes de notre potager, et j'avais fait quelques travaux sur les terrains de nos voisins. Même si j'avais seulement cinq ans, à l'époque, acheter un cadeau avec de l'argent que j'avais moi-même gagné m'avait donné une immense confiance en mon pouvoir de réaliser quelque chose.

Maintenant que j'étais rendue en quatrième année du primaire, je gagnais assez d'argent pour m'acheter mes propres vêtements, des jouets et toutes les friandises que je désirais.

Toutefois, cette confiance en moi-même s'évanouissait dès que je sortais de la maison. À l'école, j'étais seulement une fille maigre et idiote qui jouait mal au baseball. Mon souhait le plus cher, c'était d'avoir autant de succès et d'assurance à l'école que j'en avais à la maison. Et je voulais des amis. Malheureusement, personne ne jouait avec moi.

Un après-midi, vers la fin de ma quatrième année, mon enseignante, Mme Sween, me demanda de rester quelques minutes après la classe.

Lorsque je m'installai devant son bureau, elle commença aussitôt.

« Kathy, j'ai remarqué que tu ne joues avec personne durant la récréation. »

« Les autres ne veulent pas jouer avec moi, Mme Sween », répondis-je.

« Penses-tu que c'est leur faute? demanda-t-elle. Si c'est ce que tu penses, alors j'ai des nouvelles pour toi. Ce n'est pas leur faute. C'est la tienne. Si tu crois que c'est aux autres de faire le premier pas pour qu'ils deviennent tes amis, tu as tort. C'est à toi d'aller vers eux. »

Je baissai la tête. Des larmes se mirent à perler au coin de mes yeux.

« Regarde-moi, Kathy. » Je regardai de nouveau Mme Sween.

« Moi, je sais que tu es une fille fantastique. Mais comment les autres peuvent-ils le découvrir si tu ne leur en donnes pas l'occasion? C'est à toi de faire des efforts, de te montrer amicale, de parler aux autres. Ne te laisse pas arrêter par ta timidité. Prends des risques! Sois une amie, et tu te feras des amis. »

Je ne me souviens pas du moment où je quittai la salle de classe ce jour-là, mais je me rappelle être restée étendue sur mon lit toute la soirée pour repenser aux conseils de Mme Sween. Elle m'avait parlé comme mes parents l'avaient toujours fait, c'est-à-dire comme à une grande personne et non seulement comme à une enfant. Les paroles de Mme Sween, je ne sais trop comment, trouvèrent un écho en moi… et changèrent ma vie. Je pris une décision: je décidai d'être heureuse et d'avoir une vie heureuse. Personne d'autre ne pouvait le faire à ma place; moi seule étais responsable de mon bonheur.

L'école terminée, je passai l'été à observer les autres jouer au baseball. Je regardais le baseball à la télévision. Je regardais les jeunes jouer au baseball dans la rue. J'étudiais le jeu des meilleurs joueurs: comment ils tenaient le bâton et comment ils arrivaient à améliorer leur façon de jouer. Je me mis ensuite à copier tous leurs gestes. Et je devins une bonne joueuse.

Lorsque l'école recommença à la fin de l'été, je ne fus pas choisie la dernière lors de la formation des équipes. Je fus choisie la première! J'avais travaillé fort pour devenir une bonne joueuse, et tout le monde me voulait dans son équipe. Mais ce n'est pas tout. Il me fut beaucoup plus facile de me faire des amis, car j'avais davantage confiance en moi. Certes, j'étais encore maigrichonne et garçon manqué, mais j'avais maintenant des amis avec qui rire et partager mes histoires. J'appris à croire en moi-même et je compris que Dieu ne faisait pas d'erreurs. Je devins un peu plus la personne que je voulais être, car j'avais consciemment pris la décision de me secouer et d'aller vers les autres.

Plus tard dans ma vie, lorsque je commençai ma carrière de mannequin, je me rendis compte que les adultes n'étaient pas tous comme mes parents ou comme Mme Sween. J'étais peinée de voir que certains adultes exploitaient les jeunes femmes. Contrairement à mes parents et à Mme Sween, qui s'étaient sincèrement souciés de mon bien-être, les gens qui travaillaient dans le milieu de la mode avaient parfois tendance à ne penser qu'à eux-mêmes, souvent au détriment des autres.

Malgré cela, jamais je n'ai fait de compromis face à mes convictions. Par exemple, je n'ai jamais accepté de poser nue pour augmenter ma popularité. J'étais capable de dire fermement non. Personne n'allait me dire comment mener ma vie. Quand je trouvais qu'une situation ne me convenait pas, je la refusais.

J'ai été chanceuse d'être soutenue par ma foi et par l'amour de mes parents tout au long de ma vie. Certaines de mes amies qui travaillent aussi comme mannequins n'ont pas eu cette chance : des parents aimants et des gens comme Mme Sween pour les encourager. Elles ont fait des choses destructives pour elles et se sont laissées influencer par des gens mal intentionnés. Moi, lorsqu'on m'offrait des contrats que je trouvais douteux, je les refusais. C'est l'estime que j'avais pour moi-même qui me donnait la liberté de refuser. J'ai toujours su que si un contrat ne se concrétisait pas, il y aurait toujours d'autres emplois pour moi ailleurs. J'ai toujours su que je pouvais faire n'importe quoi si j'étais déterminée et si je prenais la décision d'exceller.

Tout ce qu'il m'a fallu faire pour en arriver là… c'est de foncer et d'aller de l'avant.

Kathy Ireland

Il faut chérir la vie

J'ai découvert que j'ai toujours des choix et parfois, ce n'est qu'une question d'attitude.

Judith M. Knowlton

Mon ami Jervais se mourait. C'était un garçon dans mon cours de sciences qui venait de se faire enlever une tumeur au cerveau. Personne ne semblait se soucier véritablement de lui dans ma classe. Moi, je m'étais toujours demandé comment il se sentait et comment il vivait cette épreuve.

Je traversais une période de déprime. J'avais beaucoup de problèmes avec ma famille et très peu d'estime pour moi-même. J'étais une fille qui se détestait, tout simplement, et je ne savais pas pourquoi. Je plaisantais avec mes amies au sujet de la mort et il m'arriva même quelquefois de parler de suicide. Tout ce que je voulais, c'était d'aller dans un endroit où je n'éprouverais ni souffrance ni tristesse.

À un moment donné, je remarquai que Jervais ne venait plus à l'école depuis quelque temps. Environ deux jours plus tard, ma conseillère, Mme Baar, m'annonça que Jervais avait une seconde tumeur au cerveau. La nouvelle me secoua tellement que j'éclatai en sanglots. C'était comme si un lien me rattachait à Jervais. Je passai le reste de la journée à me dire combien ce devait être éprouvant de savoir qu'on va mourir dans une heure, dans une minute ou même dans quelques secondes. La maladie lui arrachait la vie et il n'avait pas le choix. Moi, oui, j'avais le choix. J'avais déjà pensé à m'enlever ma propre vie.

Une de mes amies mentionna que Jervais aimait beaucoup les lézards. Je me rappelai alors que mon frère m'avait récemment montré comment fabriquer des lézards avec de grosses perles de plastique. Immédiatement, je décidai d'en fabriquer un pour Jervais, un lézard qui lui porterait chance et espoir. Lorsque je montai dans ma chambre cet après-midi-là, je sortis mes perles et triai les jaunes, les vertes et les transparentes. Je pris mon temps pour que mon lézard soit vraiment spécial.

Le lendemain, à l'école, je dessinai une carte de vœux sur ordinateur. Je rédigeai un poème qui disait à Jervais qu'il aurait toujours une place dans mon cœur. Une fois la carte imprimée, je la signai et la donnai à mon enseignante, car elle était censée lui rendre visite à l'hôpital le lendemain.

La semaine suivante, alors que je me rendais à la cafétéria, je passai devant la salle d'ordinateurs. Il y avait plein de monde. Curieuse comme je suis, je m'approchai de la porte. À l'intérieur se trouvaient presque tous mes enseignants, Jervais et une femme que je n'avais jamais vue. Un des enseignants m'aperçut et m'invita à entrer. Il me dit que la dame que je ne connaissais pas était la mère de Jervais et qu'elle avait justement demandé à me voir. Lorsqu'il vit que je m'étais mise à pleurer, l'enseignant me prit dans ses bras et m'assura que je n'étais pas obligée d'entrer. Toutefois, je tenais à y aller. J'essuyai donc mes larmes et j'entrai dans la pièce. On me présenta à la mère de

Jervais. J'étais étonnée qu'elle ne pleure pas et qu'elle n'ait pas l'air triste. Je l'admirai d'être si forte.

« Bonjour, je suis Jessica », dis-je alors. Elle me sourit et me dit qu'elle avait accroché le lézard près du lit d'hôpital de Jervais afin qu'il puisse le prendre quand il le voulait. Je regardai Jervais. Il ne se ressemblait plus. Un bandage lui couvrait les yeux. Accroupie devant lui, une de nos enseignantes lui parlait; comme je ne voulais pas déranger plus longtemps, je repartis à la cafétéria. Je ne revis plus jamais Jervais.

Ce soir-là, je me rendis compte que j'aurais fait une terrible erreur en me suicidant. Je me sentis très coupable. Je pensai à tous ceux que j'aurais attristés, à tous ceux qui tenaient à moi. Et je fis alors une promesse: ne jamais plus penser à me faire du mal.

Cette année-là, l'école a continué et la vie m'est apparue de plus en plus clairement. Je me sentais mieux dans ma peau. Je pense à Jervais moins souvent, aujourd'hui, mais je n'oublierai jamais ce qu'il a fait pour moi. Ma vie ne faisait que commencer alors que la sienne se terminait. Jervais m'a permis de mieux me comprendre. C'est véritablement un cadeau de Dieu.

Jessica Stroup, 14 ans

Nuit noire

Tous les échecs que j'ai essuyés, toutes les erreurs que j'ai commises... ont été le résultat d'actions irréfléchies.

Bernard M. Baruch

En cette chaude soirée d'été, la lune brillait sur le lac comme un phare. Je trouvais relaxant de contempler le ciel étoilé. Nous étions cinq amis assis sur un quai à se dire qu'il serait bon de se baigner. Paul nous demanda, à Chelsea et à moi, si nous voulions aller dans la crique de l'autre côté du lac avec le tube gonflable jaune. C'était tentant.

Nous étions déjà installés sur le tube, à pagayer avec nos mains, lorsque Chelsea exprima des doutes. N'était-il pas dangereux de traverser le lac sur cette grosse chambre à air? Paul répondit qu'il l'avait déjà fait et qu'il n'y avait rien à craindre. La vitesse maximale pour les bateaux était de 8 km/h et tous les bateaux devaient avoir au moins deux phares allumés.

Nous continuâmes donc notre traversée du lac. Soudain, Kari se mit à crier sur le quai. Elle disait qu'elle entendait un bateau arriver. Nous n'y fîmes pas vraiment attention, car nous ne pensions pas être dans la trajectoire du bateau. Puis, le bruit du moteur augmenta au point de couvrir celui de nos battements de pieds. Ce fut la panique.

En criant, nous demandâmes à nos deux amis restés sur le quai s'ils pouvaient voir le bateau, mais ils ne le pouvaient pas. Nos pieds et nos mains continuèrent de battre l'eau, jusqu'à ce que le bruit du moteur enterre nos voix. Soudain, Kari hurla: « Revenez! » Sa voix trahissait sa peur. Nous essayâmes désespérément de repérer le bateau. Puis, Kari cria si fort que nous l'entendîmes malgré le bruit du moteur et de nos battements de pieds frénétiques: « Mon Dieu, il y a un bateau! » Le ton de sa voix me terrifia et je me mis à pleurer. Aucun d'entre nous ne savait quoi faire.

Nous cessâmes de bouger. Chelsea et moi étions assises sur le tube. Elle était à ma gauche, alors que Paul se laissait flotter dans l'eau à ma droite. Depuis que nous ne bougions plus, j'entendais mon cœur battre, des voix crier autour de moi et le bruit du bateau qui se rapprochait de plus en plus. Tout d'un coup, comme dans un cauchemar, je vis le bateau qui se trouvait maintenant à quelques mètres du tube. Il se dirigeait droit sur nous!

Chelsea figea sur place et hurla. Je la poussai dans l'eau et sautai après elle, juste à temps pour sauver ma vie. En m'enfonçant dans l'eau, je sentis le bateau filer au-dessus de mon épaule comme un jet.

Quand j'essayai de remonter, j'eus du mal à trouver la surface de l'eau. Une fois la tête sortie de l'eau, je pris la plus grande respiration de toute ma vie. Mais le plus terrible, c'est que le bateau rebroussa chemin pour voir ce qu'il avait heurté, manquant nous passer dessus de nouveau.

Chelsea avait déjà la tête hors de l'eau lorsque je remontai à la surface. Elle criait mon nom et celui de Paul. Je lui répondis, mais Paul, non. Nous l'appelâmes pendant un long moment. En réalité, ce moment ne dura qu'une vingtaine de secondes, mais il nous parut interminable. Finalement, Paul remonta à la surface, et nous retournâmes au quai. Kari dut me tirer à l'aide d'une corde, car j'avais l'impression de ne plus pouvoir bouger. Une fois sur le quai, un des hommes qui se trouvaient sur le bateau vint nous porter notre tube gonflable.

Paul insista pour dire que c'était sa faute et qu'il était le seul responsable de cet incident qui aurait pu tourner au tragique. Nous lui répondîmes que nous avions accepté d'aller sur le lac avec lui et qu'il n'était pas à blâmer. Assis sur le quai, chacun raconta sa version de l'incident. Nos versions étaient semblables, sauf en ce qui concernait la façon dont le bateau nous avait touché. Le bateau m'avait frôlé l'épaule lorsque j'avais essayé de m'enfoncer dans l'eau. Chelsea avait poussé sur le bateau avec ses mains pour s'éloigner. Quant à Paul, le bateau avait heurté sa tête. Tout le monde jugeait que j'avais sauvé la vie de Chelsea en la poussant dans l'eau.

Le lendemain après-midi, jour de la fête des Pères, mes parents et moi allâmes chez Paul pour un barbecue. Une fois tout le monde assis sur le quai, nous leur racontâmes l'incident. Toute la journée, je repensai à la chance que nous avions d'être encore en vie. Pendant presque un an, je fis des cauchemars. Encore aujourd'hui, je me souviens très bien de la couleur des vagues et de la façon dont mon cœur battait au moment où je remontai à la surface. Je n'oublierai jamais cette mésaventure.

Chose certaine, la prochaine fois que je vais sur un lac le soir, j'emporte une lampe de poche!

Jessica Harper, 14 ans

Personne ne le saura

Heureux qui a trouvé la sagesse, qui s'est pro-
curé la raison! Car sa possession vaut mieux
que possession d'argent et son revenu est
meilleur que l'or.

Proverbes 3, 13-15

Nous, bénévoles de l'école, ne sommes pas rému-
nérés, mais nous recevons parfois des cadeaux bien
particuliers. Un matin, juste avant les vacances de
Noël, je vendais des billets pour la dernière représenta-
tion de Casse-Noisette. La veille, ce spectacle de
l'école avait fait salle comble. Il y avait eu des gens
debout le long des murs, et certains étaient même restés
derrière les portes de la salle pour regarder le spectacle.

Ce matin-là, la mère d'un élève arriva pour acheter
des billets. « Je trouve aberrant de devoir payer pour
voir mon propre enfant jouer dans la pièce », dit la
mère en sortant son portefeuille de son sac à main.

« L'école demande une contribution volontaire
pour aider à payer les décors et les costumes, expliquai-
je. Personne n'est obligé de payer. Vous pouvez avoir
autant de billets que vous le désirez. »

« Oh! je vais payer, grommela-t-elle. Deux adultes
et un enfant. »

Elle me tendit à contrecœur un billet de dix dollars.
Je lui remis sa monnaie et ses billets de spectacle. Elle
fit quelques pas de côté pour ranger le tout dans son sac
à main. Le garçon qui attendait derrière elle avança,

fouilla dans sa poche et déposa une pile de pièces de monnaie sur la table.

« Combien de billets? » lui demandai-je.

« Je n'ai pas besoin de billets, répondit-il. Je paye. » Il poussa l'argent vers moi.

« Mais tu auras besoin des billets pour voir le spectacle, ce soir. »

Il secoua la tête. « J'ai déjà vu le spectacle. »

Je repoussai vers lui les pièces de monnaie. « Tu n'as pas besoin de payer pour voir le spectacle avec ta classe, lui dis-je. C'est gratuit. »

« Non, insista le garçon. J'ai vu le spectacle hier soir. Mais comme mon frère et moi sommes arrivés en retard, nous n'avons trouvé personne pour nous vendre des billets. Alors nous sommes entrés sans billets. »

Parmi la foule de la veille, de nombreuses personnes étaient probablement entrées « sans billet » comme ce garçon. Nous n'étions que quelques bénévoles et il nous était impossible de vérifier les billets de tout le monde. Et dans quel but, de toute façon? Comme je l'avais mentionné à la dame qui précédait le garçon, la contribution était volontaire.

Il poussa de nouveau sa monnaie vers moi. « Je paye aujourd'hui pour le spectacle d'hier », dit-il.

Ce garçon venait de dire qu'il était arrivé après la fermeture du « guichet », la veille. Je savais donc que son frère et lui étaient probablement restés entassés au fond de la salle pour voir le spectacle, de surcroît après avoir raté le début. Je ne voulais pas accepter son argent. Habituellement, une poignée de monnaie dans la main d'un enfant, c'est de l'argent de poche minutieusement économisé.

« Si le guichet était fermé quand tu es arrivé, hier, alors tu ne pouvais pas payer », raisonnai-je.

« C'est ce que mon frère a dit. »

« Personne ne saura rien, l'assurai-je. Ne t'inquiète pas avec ça. »

Convaincue que l'affaire était réglée, je m'apprêtai à faire glisser les pièces de monnaie vers le garçon, mais il posa sa main sur la mienne.

« Moi, je le saurai. »

L'espace d'un instant, nos mains restèrent sur les pièces de monnaie.

Je fus la première à parler: « Deux billets coûtent deux dollars. »

Il y avait exactement deux dollars en monnaie sur la table. « Merci », dis-je.

Le garçon sourit et s'éloigna.

« Excusez-moi. »

Je levai les yeux et aperçus la femme qui avait acheté des billets juste avant le garçon. Elle était encore là, le sac ouvert, la monnaie et les billets dans la main.

« Je vous rends la monnaie que vous m'avez donnée, dit-elle doucement. Les décors sont magnifiques et les costumes ont sûrement coûté cher. » Elle me tendit quelques billets de banque, ferma son sac à main et repartit.

Ce garçon ne sut jamais qu'il nous avait donné, à cette femme et à moi, notre premier cadeau de Noël de cette année-là.

Deborah J. Rasmussen

La nouvelle maison
et le serpent

Il fut une époque où l'activité que j'aimais le plus au monde était de jouer dans la forêt près de chez moi en Pennsylvanie. Un ruisseau coulait dans cette forêt. Je pouvais donc non seulement grimper aux arbres et jouer dans les feuilles mortes, mais également trouver, sous les roches au bord de l'eau, des bébés anguilles qui barbotaient dans les petites flaques d'eau. J'aimais beaucoup l'odeur des feuilles mortes. Je les soulevais avec mes pieds en marchant pour que leur odeur monte jusqu'à mes narines.

Mon livre préféré, à cette époque, était un guide sur les reptiles et les amphibiens. Mon père me l'avait offert pour mon anniversaire. J'avais lu et relu ce livre plusieurs fois. J'aimais examiner les photos de ces animaux très colorés. Certains des serpents de ce livre étaient les plus belles créatures du monde.

Jamais je n'aurais deviné que ce livre allait un jour sauver une vie.

Ma famille déménagea en Virginie. Nous avions acheté une maison neuve dans un nouveau quartier. Personne n'avait jamais vécu dans les maisons de ce développement. En fait, l'endroit où se trouvait le quartier avait déjà été une forêt. On avait coupé presque tous les arbres pour construire des maisons et des rues asphaltées. Dans notre nouvelle demeure, tout sentait la peinture fraîche. Dehors, il n'y avait encore aucune pelouse. Mon père sema toutefois du gazon à l'aide d'une machine, et la pelouse se mit à pousser. Mon frère Patrick et moi n'avions pas le droit de marcher sur le terrain. Nous devions jouer sur l'asphalte devant le garage.

J'aimais tout de même notre nouvelle maison. Un des grands avantages (et désavantages) de vivre tout près d'une forêt, c'était les animaux qui aboutissaient dans notre cour. Presque chaque soir, des lapins et des crapauds traversaient notre terrasse arrière en sautillant. Une fois, nous trouvâmes une tortue sous le barbecue. J'aimais beaucoup observer les lapins et les crapauds, et jouer avec la tortue, mais la vue de ces animaux qui semblaient chercher à rentrer chez eux et qui ne trouvaient qu'un nouveau développement à la place de leurs terriers et leurs tunnels me désolait.

En plus de jouer dans l'entrée du garage en attendant que le gazon pousse, nous nous amusions dans le carré de sable que mon père avait construit à côté du garage. À quelques occasions, notre chat utilisa le carré de sable comme litière, alors mon père dut mettre une bâche dessus. Lorsque je voulais faire des châteaux de sable, j'enlevais la bâche.

Un jour, avant le souper, je me rendis au carré de sable avec l'intention de construire une ville miniature que je peuplerais ensuite de quelques fourmis. Je retirai la bâche et aperçus un serpent dans le sable.

D'une grande beauté, enroulé sur lui-même, le serpent ne bougeait pas. Sur son corps, il y avait en alternance des anneaux rouges, blancs, jaunes et noirs. J'avais déjà vu une photo de cette espèce de serpent dans mon livre. C'était d'ailleurs un des plus beaux. On disait dans mon livre que le serpent arlequin, venimeux, ressemblait beaucoup au serpent appelée couleuvre tachetée. La seule différence entre les deux était la séquence des couleurs. Je courus dans la maison chercher mon livre.

« Maman! Maman! Il y a un serpent dans le carré de sable! criai-je. Je vais prendre mon livre pour voir de quelle espèce il s'agit! »

Maman arriva en courant. « N'y touche pas, Chris! Il est peut-être venimeux! »

Papa était au travail, alors maman alla chercher notre voisin, M. Cook.

« M. Cook! » cria ma mère par-dessus la clôture. « Nous avons un serpent dans le carré de sable et c'est peut-être une espèce venimeuse! »

M. Cook était à la retraite. Il vivait avec son épouse dans la maison derrière chez nous. Il se dépêcha de venir chez nous, armé d'une pelle.

« Attendez! » m'écriai-je en montrant mon livre. « Je veux savoir de quelle espèce il s'agit! »

Maman et M. Cook allèrent voir le serpent. Il resta enroulé sans bouger lorsque M. Cook approcha la pelle au-dessus de sa tête. « On n'est jamais trop prudent », dit M. Cook en positionnant la pelle en prévision de son coup. Cela me faisait de la peine pour le serpent. Même s'il était venimeux, il ne faisait rien d'autre qu'essayer de se cacher dans un coin sombre du carré de sable. Il ne faisait de mal à personne.

J'essayai de trouver la page où on parlait du serpent arlequin et de la couleuvre tachetée, mais comme d'habitude, plus on essaie d'aller vite, plus ça prend du temps. Au bout d'un moment, je trouvai la page que je cherchais. Rouge, blanc, jaune, noir: c'était un serpent arlequin venimeux. La couleuvre tachetée, elle, avait des anneaux jaunes, blancs, rouges, puis noirs. Je vérifiai les couleurs de nouveau. Aucun doute, c'était une couleuvre tachetée; dans mon livre, on disait qu'elle était rare, en voie de disparition et devait être protégée.

« Ne tuez pas ce serpent! » criai-je. Puis je pleurai, attristée par le sort réservé à cette créature. Je montrai à ma mère et à M. Cook la photo du serpent. « Vous voyez? C'est un serpent rare qu'on doit protéger! »

Je courus chercher une taie d'oreiller. J'avais déjà vu à la télévision une émission où on recommandait d'utiliser des taies d'oreiller pour capturer des serpents. J'enterrai sous le sable un côté de l'ouverture de la taie et je tins l'autre côté vers le haut comme pour faire un tunnel. M. Cook poussa le serpent dans la taie avec la pelle. Le serpent se déroula et se glissa dans la taie d'oreiller. Je soulevai la taie et en fermai l'ouverture avec mes doigts. Ma mère téléphona au zoo et leur dit que je venais de capturer une couleuvre tachetée.

« Ça alors! » lui répondit l'homme du zoo. Quand ma mère lui décrivit les couleurs du serpent, l'homme décida d'envoyer rapidement des préposés chez nous. « Vous ne vous êtes pas trompés! C'est bel et bien une couleuvre tachetée! Nous l'installerons confortablement au zoo et les gens pourront l'admirer. Vous viendrez la voir! »

J'étais contente d'avoir pu sauver le serpent, mais j'étais triste pour lui, car comme les lapins, les crapauds et la tortue, il ne faisait que chercher son ancienne maison. Je savais ce que c'était, moi aussi, de chercher son ancienne maison. Parfois, j'aimais me cacher, moi aussi.

J'espérais seulement que le serpent aime sa cage. J'espérais également qu'on lui donne une branche pour grimper, de l'eau et beaucoup de sable. Peut-être qu'on allait aussi lui donner des feuilles mortes pour qu'il puisse se cacher dessous. Toutefois, peu importe comment les gens du zoo allaient installer le serpent, peu importe que sa maison ressemble ou non à celle qu'il avait dans les bois, j'étais convaincue que cela valait mieux que d'avoir la tête coupée par un coup de pelle de M. Cook.

Avec le temps, l'odeur de peinture fraîche disparaîtrait, la pelouse pousserait et ma nouvelle maison ressemblerait à mon ancienne. Et, avec un peu de chance, peut-être que le zoo construirait un carré de sable pour son nouveau pensionnaire. D'une certaine manière, ce serpent me ressemblait beaucoup.

Christine Lavin

Le souci du bonheur des autres
ous élève bien au-dessus de nous-mêmes.

Lydia M. Child

J'ai trouvé
une étoile de mer

J'ai trouvé une petite étoile de mer
Dans une flaque d'eau près de l'océan.
J'ai trouvé une petite étoile de mer
Que j'ai déposée dans ma main d'enfant.

Une minuscule étoile de mer,
Grosse comme rien,
Dorée et imbibée d'eau de mer;
À personne elle n'appartient.

Je voulais l'emmener loin de la mer,
Loin de sa maison d'eau salée;
Je voulais te l'offrir à ton anniversaire,
Quel beau cadeau ç'aurait été.

Or, à force de rester dans ma main,
Sa peau s'est mise à se dessécher;
Loin de sa maison d'eau salée, c'est certain,
Mon cadeau pour toi aurait succombé.

J'ai trouvé une petite étoile de mer
Dans une flaque d'eau près de l'océan.
J'espère que ceux qui viendront ici prendre l'air
La laisseront dans sa flaque, comme moi maintenant.

Et ton cadeau d'anniversaire?
C'est le plus beau selon moi:
J'ai trouvé une petite étoile de mer
Et je l'ai laissée vivre, juste pour toi.

Dayle Ann Dodds

9

LES COUPS DURS

Il est impossible de prévoir
ce qui se passera dans notre existence.
Mais nous pouvons décider
ce qui se passera en nous
— ce que nous voulons faire avec notre vie —
et c'est cela qui importe.
Comment se servir
de la matière première de la vie
pour en faire une œuvre belle et digne,
c'est l'épreuve ultime de la vie.

Joseph Fort Newton

Demande de l'aide !

Si je peux apaiser un seul cœur brisé,
Je n'aurai pas vécu pour rien.
Si je peux soulager une seule vie blessée,
Ou adoucir la souffrance des miens
Ou aider un bébé merle à regagner son nid,
Je n'aurai pas vécu en vain.

Emily Dickinson

« Voilà ta chance de ruiner ma vie », s'exclama mon père. Comment avais-je pu, à douze ans, aboutir dans une situation semblable ? Que s'était-il passé pour que ma vie autrefois heureuse ait à ce point changé ? Aussi loin que je puisse me rappeler, les choses commencèrent à mal tourner lorsque j'avais six ans.

J'étais la benjamine de la famille, la seule fille. Un soir, on me permit de veiller tard et de dormir dans le salon (ce qui était rare) pour pouvoir regarder un téléthon à la télévision avec mon frère de huit ans. Mon autre frère plus vieux était parti à la pêche. Ma mère, qui faisait des quarts de nuit à l'époque, travaillait.

Tout ce que je me rappelle de cette soirée, c'est de m'être endormie dans le salon et de m'être réveillée dans la chambre à coucher de mes parents. Je faisais semblant de dormir pendant que mon père faisait des choses que je ne comprenais pas et me touchait à des endroits qui me rendaient très mal à l'aise. J'aurais préféré dormir pour vrai et ne me souvenir de rien, mais ce ne fut pas le cas. J'ignorais si c'était normal ou non, j'avais seulement six ans.

Le lendemain, mon père se comporta tout à fait normalement, et ses gestes déplacés cessèrent… pour un temps. J'imagine qu'*il* avait peur. Puis, les agressions reprirent; elles continuèrent pendant six horribles années. J'essayais bien de verrouiller la porte de ma chambre, mais il trouvait toujours des prétextes pour entrer.

Il disait: « Garde ta porte de chambre déverrouillée au cas où il y aurait un incendie. » Il me grondait, même, quand je ne la laissais pas ouverte. Et comme ma mère n'avait aucune idée de ce qui se passait, elle l'approuvait.

Je ne dévoilai rien à personne parce que j'avais terriblement peur de ce qui pourrait alors se passer: mon père avait menacé de tuer toute la famille, y compris lui et moi, si j'en parlais à qui que ce soit. Toutefois, durant toute cette période, ma plus grande peur était que ma mère découvre ce qui se passait. Me croirait-elle? Mon père exécuterait-il vraiment ses menaces? Qu'arriverait-il?

L'année de mes douze ans, un groupe chrétien donna dans ma ville un concert auquel j'assistai. Ce soir-là, j'acceptai Dieu dans ma vie. Comme c'était l'anniversaire d'un de mes amis, je partis avant la fin du concert pour aller lui porter un cadeau. Finalement, je me ramassai dans un café, le genre d'endroit que mon père m'avait interdit. Dix minutes après mon arrivée dans ce café, mon père entra et m'ordonna de rentrer à la maison.

Non seulement étais-je très embarrassée, mais j'avais peur de ce qu'il allait faire. Dans la voiture, il cria tout le long du chemin de retour. Je pleurai comme une Madeleine.

Lorsque nous arrivâmes à la maison, mon père, ma mère et moi nous assîmes dans la cuisine. Mes parents devaient décider quelle punition me donner pour être allée dans un café sans permission et en compagnie de garçons plus vieux que moi. Ma mère se leva et alla faire je-ne-sais-quoi dans sa chambre à coucher, nous laissant seuls, mon père et moi.

Mon père me beugla alors que je ne pourrais faire quoi que ce soit avant d'avoir seize ans. « Je vais ruiner ta vie », ajouta-t-il, furieux.

« Si tu veux ruiner ma vie, alors je vais ruiner la tienne », lui rétorquai-je.

« Ne me menace pas ! » prévint-il. Comme il faisait dos à la porte de la cuisine, il ne s'aperçut pas que ma mère était revenue et avait entendu.

« Te menacer de quoi ? » demanda-t-elle en criant. Elle répéta sa question, dans tous ses états.

« Voilà ta chance de ruiner ma vie », me lança mon père comme un défi.

« T'a-t-il déjà touchée ? » demanda ma mère. Je ne pus faire autrement que me mettre à pleurer. Ma mère, elle, commença à donner des coups à mon père en le maudissant et en criant.

« Sors d'ici ! Sors d'ici ! » lui ordonna-t-elle en hurlant. Je me précipitai dans la salle de bains. Ma mère vint me rejoindre, me tint dans ses bras et s'excusa de ne s'être aperçue de rien. Elle me demanda d'aller l'attendre dans ma chambre. J'y courus et pleurai sans arrêt.

« Il s'en va, Tia. Il est parti », vint ensuite me dire ma mère.

« Maman, nous ne pouvons pas rester ici. Il faut partir! lui dis-je. Papa a dit que si jamais j'en parlais, il me tuerait, tuerait toute la famille et se suiciderait! » J'étais terrifiée. Mon père pouvait très bien passer aux actes, car il serait facile de se faufiler par une des nombreuses fenêtres de notre maison. Je ne voulais pas mourir ou perdre des membres de ma famille.

« Fais tes bagages, me dit ma mère. On s'en va. »

Je me dépêchai de fourrer quelques vêtements dans un sac. Ma mère aida mon frère de quatorze ans à se préparer pour partir avec nous. Comme il se trouvait à l'autre bout de la maison, il ne s'était pas rendu compte de ce qui venait de se produire.

Nous nous contentâmes ensuite de rouler en voiture et de pleurer. À cause de l'important concert qui avait lieu ce soir-là, tous les hôtels de notre petite ville affichaient complet. Nous dûmes donc parcourir plus d'une centaine de kilomètres pour trouver un motel où nous pouvions rester en toute sécurité. Ensuite, nous trouvâmes une maison à louer dans une autre ville.

Tout cela s'est passé il y a deux ans. Mon père a été condamné à six ans de prison sans possibilité de libération conditionnelle. Je ne lui ai pas reparlé depuis le soir où nous avons quitté la maison.

Je suis si heureuse que ma mère m'ait soutenue à 100 %. Sans aucune hésitation, elle a quitté mon père et l'a dénoncé à la police. Elle a ensuite demandé le divorce. Aujourd'hui, elle est plus heureuse que jamais. Elle s'est remariée avec un homme qu'elle trouve « parfait » pour elle.

Si tu es victime de mauvais traitements et que ton agresseur te menace, il s'agit fort probablement d'un bluff. Ne laisse pas les horribles menaces de ton agresseur contrôler ton existence. Personne ne devrait pouvoir s'en tirer avec des menaces. *Dénonce ton agresseur. N'attends pas que les choses empirent.* J'ai souffert pendant six ans!

Que tu sois un garçon ou une fille, si quelqu'un te touche d'une manière qui te rend mal à l'aise, alors c'est mal. C'est un crime. *Suis mon conseil.* Parles-en à un adulte: un de tes parents, les parents d'un ami, un enseignant, un prêtre, un policier. Et continue d'en parler jusqu'à ce que quelqu'un t'aide. Mais, je t'en conjure, demande de l'aide *maintenant*.

Tia Thompson, 14 ans

La force est en moi. Je peux surmonter tous les obstacles qui se dressent devant moi, ou bien me perdre dans le labyrinthe de la vie. C'est mon choix, ma responsabilité. Que je gagne ou perde, moi seule possède la clé de ma destinée.

Elaine Maxwell

Chère maman

Qui accourt quand je viens de tomber?
Qui trouve toujours les mots pour me consoler?
Qui soulage mes bobos avec de petits baisers?
Ma maman.

Anne Taylor

Chère maman,

Je m'ennuie de toi. Je m'ennuie de toutes les choses que nous faisions ensemble. Je m'ennuie de ton rire et de la manière dont tu me bordais le soir. Je m'ennuie de tes baisers et de tes caresses. Je m'ennuie des mots d'amour que tu nous disais. Tu racontais que si tu étais Dieu, tu ne nous quitterais pas.

Chaque soir, je crois te voir et t'entendre, mais ce n'est que mon imagination. Maman, je sais que tu entends tout ce que je dis et que tu vois tout ce que je fais. Parfois, j'ai envie de pleurer, mais je me retiens. Maman, je t'aime de toute mon âme. Ton amour est gravé dans mon cœur. Comme j'aimerais te revoir une dernière fois! Comme j'aurais aimé que tu ne meures pas! Je t'aimerai toujours.

♥ *Ton fils*

J'avais neuf ans quand ma mère est morte. J'étais en troisième année. Je voulais seulement lui écrire, car elle me manque terriblement.

Darnell Hill, 13 ans

Le Grand Chef

Dans toute ta conduite sache le reconnaître, et
lui dirigera tes démarches.

Proverbes 3, 6

« Veux-tu nous aider à nous venger des gars qui ont battu nos amis? » me demanda un jour un élève durant la récréation. « Viens nous rencontrer après l'école. »

Je n'avais jamais assisté à une réunion de gang auparavant. Toutefois, ces gars-là avaient laissé entendre que mon absence à cette réunion signifierait que je laissais tomber mes amis qui s'étaient fait battre par un gang d'un autre quartier. Je décidai donc de me présenter à cette réunion.

Lorsque j'arrivai, tout le monde se prit la main et récita quelque chose qui ressemblait à une prière. Puis, ils nommèrent les membres du gang qu'ils admiraient. Ensuite, le chef de la bande dit: « Ceci est votre famille. Je suis votre père, je suis votre mère, je suis votre frère. » Il répétait ce qu'il avait déjà vu faire dans d'autres réunions de gang avec des plus vieux de son quartier.

J'étais en première secondaire d'une école chrétienne au moment où on me demanda de faire partie de ce gang. Nombre de jeunes qui ne reçoivent pas beaucoup d'attention à la maison cherchent à faire partie d'un gang dans le but d'éprouver une espèce de sentiment d'appartenance. Pour certains de ces jeunes, le gang représente plus qu'un club; il représente leur seule famille.

Au cours de la réunion, j'observai les autres jeunes. Je me dis alors à moi-même: *Non. Ça ne va pas. Je n'ai pas besoin de ce gang pour être quelqu'un. J'ai une bonne famille et je sais qui est le vrai « chef ». Dieu seul est le véritable chef, pas ce type.* Mes parents m'avaient toujours dit que Dieu était mon ami et que si je Lui donnais la priorité dans tout ce que je faisais, Il continuerait à m'apporter ses bénédictions.

Ce jour-là, je décidai de ne pas faire partie du gang, mais il me fallut du temps pour comprendre que mes parents essayaient de me guider dans le droit chemin en me parlant de Dieu.

Même si j'écoutais mes parents, je n'étais pas un enfant parfait, loin de là. Il y eut des moments où je fus foncièrement mauvais. À l'occasion, on me disait: « Comment peux-tu savoir comment je me sens? Tu n'as jamais été dans le pétrin. » Mais ce n'est pas vrai. Je me suis souvent fourré dans le pétrin.

Dans le quartier où j'ai grandi, mes amis et moi n'avions pas d'endroit où jouer, alors nous nous tenions près des voies ferrées, à côté d'une vieille manufacture qui se trouvait derrière chez moi. Mes amis et moi faisions plein de trucs qui n'étaient pas permis, comme crier à des membres du gang du quartier des insultes qui les rendaient assez furieux pour nous tirer dessus. Nous devions littéralement nous enfuir pour sauver notre peau.

D'où je venais, il fallait être capable de courir vite. Nous nous mettions souvent dans le pétrin. Il nous est arrivé plus d'une fois d'être poursuivis par la police parce que nous avions cassé des vitres à la manufacture ou parce que nous étions entrés sans permission sur les terrains de la compagnie ferroviaire pour « exprimer nos talents artistiques » avec de la peinture en aérosol.

Un grand nombre de mes camarades d'école devinrent membres d'un gang. Je perdis d'ailleurs plusieurs d'entre eux au fil des années : certains se ramassèrent en prison, d'autres furent tués dans des guerres de gang.

J'avais un ami qui vivait dans le quartier de l'église, de l'autre côté des voies ferrées. Nous nous étions rencontrés lors d'une réunion de scouts. Un jour, des adolescents de mon quartier se rendirent dans le quartier de l'église avec des bâtons de baseball et battirent quelques jeunes du coin. Plus tard, alors que j'étais avec des amis de mon quartier, une fourgonnette passa et ralentit à notre hauteur.

Mon ami du quartier de l'église était à bord de la fourgonnette avec quelques-uns des gars qui avaient été attaqués à coups de bâton. Peu avant que ces gars se décident à nous tirer dessus, mon ami me reconnut et arrêta ses copains juste à temps. Si j'avais eu le dos tourné et que mon ami ne m'avait pas reconnu, nous aurions probablement été tués. Après qu'il m'eut sauvé la vie, nous devînmes des amis très proches.

À l'école, j'étais un fauteur de troubles qui passait beaucoup de temps en retenue. Je faisais souvent des mauvais coups. Une fois, je mis de la colle *Crazy Glue* sur la chaise d'un ami. On dut faire venir le concierge pour libérer mon camarade. Des éclisses de bois restèrent collées sur le derrière de son pantalon.

Mon enseignant de l'époque avait décidé que chaque fois qu'un élève recevait un billet de réprimande pour mauvaise conduite, il lui donnerait une fessée avec une palette. Tandis que certains de mes camarades avaient accumulé environ six billets de réprimande au moment où notre enseignant se décidait à donner les fessées promises, j'en avais déjà accumulé une vingtaine. Un jour, alors que je savais que j'allais devoir échanger mes billets de réprimande contre une fessée, j'arrivai en classe vêtu d'un pantalon sous lequel j'avais enfilé tous les shorts que j'avais pu trouver dans la maison. Puis, juste avant le moment de la fessée, je me glissai dans les toilettes et plaçai des tonnes de papier dans mon pantalon.

« Penche-toi, Mitchell », m'ordonna mon enseignant avec une grimace de satisfaction. La palette frappa alors avec assez de force pour faire très mal. Cependant, au lieu de produire un claquement sonore, on entendit un grand POOF !

« Mitchell, as-tu mis quelque chose dans ton pantalon ? » cria mon enseignant. Son visage devint rouge de colère et d'humiliation. Les élèves se groupèrent autour de moi pour voir ce qui se passait. Mon enseignant me conduisit aux toilettes et me fit enlever tous les shorts que j'avais mis, jusqu'à ce qu'il ne reste plus que le tout premier que j'avais enfilé ce matin-là, c'est-à-dire le short rose de ma sœur !

Les choses allèrent de mal en pis, jusqu'à ce que ma mère trouve le moyen de m'inciter à mieux me conduire à l'école. En effet, elle me raconta que Dieu lui avait envoyé un message dans un rêve, qu'Il lui avait conseillé de m'inscrire à un cours de théâtre pour l'été. Je décidai donc de faire du théâtre et de continuer à me comporter comme à l'école, mais cette fois au grand bonheur de mes enseignants! J'avais enfin découvert le talent que Dieu m'avait donné. Dès lors, je passai presque tout mon temps libre à apprendre le métier d'acteur. Je jouai autant pour la télévision, le cinéma et même le théâtre.

Plus tard, je déménageai à Los Angeles pour poursuivre ma carrière d'acteur. Un jour, je reçus un appel au sujet de cet ami qui m'avait sauvé la vie. Il s'était fait tuer par un gang qui l'avait piégé dans une ruelle. J'aurais très bien pu finir de cette manière, moi aussi, si Dieu ne m'avait pas dirigé vers le bon chemin. Je me rends compte maintenant que c'est Dieu le « Grand Chef » de tout, qu'Il m'a protégé et permis d'avoir une vie plus extraordinaire que je ne l'aurais imaginé.

Un jour, quand j'aurai des enfants, je vais leur transmettre ma foi. Je vais leur dire que Dieu m'a apporté le bonheur et aidé à me tenir loin des ennuis. J'espère que mes enfants pourront ensuite continuer de croire en Lui; de cette façon, s'ils vivent dans un quartier peu recommandable ou si la société perd la tête, ils auront un ami sur qui compter. Ils pourront demander au « Grand Chef » de les aider à trouver leur chemin, comme Il l'a fait pour moi.

Kel Mitchell

Message personnel
de Kel Mitchell

Je sais par expérience que les jeunes se laissent parfois entraîner dans le monde des gangs, dans le milieu de la drogue ou dans d'autres situations destructrices parce qu'ils s'ennuient, parce qu'ils sont seuls ou parce qu'ils se sentent rejetés ou en colère. Ils ne savent pas où aller ni comment développer les talents que Dieu leur a donnés. Et ils ignorent que d'autres choix s'offrent à eux.

Pourtant, il *existe d'autres choix*. Joins-toi à la Maison des jeunes de ton quartier, encourage ton école à mettre sur pied un programme parascolaire ou joins-toi à une organisation scoute. Fais du sport ou du théâtre. Chaque personne excelle dans un domaine ou l'autre. Tout ce que tu dois faire, c'est découvrir tes talents et les exploiter.

Si tu as des problèmes ou que tes amis sont sur une mauvaise pente, demande de l'aide. Si tu ne sais pas à qui t'adresser ou si tu as peur d'en parler avec une personne que tu connais, il y a toujours quelqu'un quelque part pour t'aider. Dans les premières pages des Pages Jaunes (et parfois dans la section des pages bleues), il y a des numéros 1-800 que tu peux composer pour obtenir conseil ou secours. Tu trouveras dans l'annuaire une liste de sujets et de problèmes qui incluent sûrement tes préoccupations.

Tu peux également prier et demander à Dieu de te guider, comme je l'ai fait. Tu peux parler avec Lui n'importe quand, jour et nuit. Je prie à propos de petites et grandes choses, et je crois sincèrement que Dieu m'aide à réaliser mes rêves. Même si Dieu ne répond pas toujours à mes prières au moment où je le voudrais ou de la façon dont je le voudrais, son intervention est toujours appropriée pour moi. Il a changé ma vie et cela me suffit pour croire en lui.

Je l'aime plus que jamais

Malgré mon jeune âge, je connais beaucoup de choses sur la drogue et sur ce qu'elle peut faire à une famille.

Quand j'étais très jeune, je vivais avec ma mère, mon demi-frère, Christopher, et son père, Michael. Je n'en étais pas conscente à l'époque, mais il se consommait beaucoup de drogues dans la famille. Michael en prenait, et je pense qu'il en vendait également. Il lui arrivait aussi de battre ma mère.

Le seul souvenir que j'ai de mon père naturel, c'est ce soir lointain où il nous rendit visite à l'appartement que ma mère et moi habitions. Ce soir-là, il se mit à boire de la bière et à jeter ses bouteilles vides un peu partout dans la maison. Ma mère me demanda d'aller l'attendre dehors. Quelques instants plus tard, elle sortit en courant et nous partîmes en voiture. J'ai revu mon père naturel l'an dernier, avant son déménagement au Colorado. Je pense qu'il a recommencé à prendre de la drogue. Parfois il ment, parfois il dit la vérité. On ne peut jamais le savoir avec certitude.

Les deux premières années de mon primaire, ma mère ne m'envoyait pas toujours à l'école. Comme elle ne travaillait pas, elle restait toute la journée à ne rien faire. Je manquais très souvent l'école. Des fois, elle me disait de rester à la maison tout simplement parce qu'elle était trop occupée à consommer de la drogue. Ça ne me dérangeait pas trop, car je n'aimais pas les gens dans cette école où des gangs rôdaient partout. J'ai été absente si souvent qu'on m'a fait reprendre une

303

année entière. Je devrais être en sixième année, présentement, mais je suis en cinquième seulement.

Pendant ces années de mon primaire, je n'ai pas toujours habité avec ma mère. Parfois, j'allais vivre dans la famille d'une dame prénommée Deann parce que ma mère était constamment sortie à faire la fête. D'autres fois, quand je ne pouvais pas rester chez Deann, j'allais chez mes grands-parents.

Une des choses que je me rappelle le mieux est arrivée l'année de mes sept ans. J'étais dans la voiture avec ma mère et ma grand-mère. Nous allions déposer maman à un appartement. Moi, je m'en allais encore une fois chez grand-maman parce qu'elle soupçonnait ma mère de consommer de la drogue. J'étais très en colère contre ma grand-mère, car je ne croyais pas un mot de ce qu'elle disait au sujet de ma mère.

Plus tard, j'allai rendre visite à maman. Lorsque j'entrai dans la maison, elle prenait de la drogue avec des amis. Je compris alors que grand-maman avait raison et je repartis en courant, les larmes aux yeux. J'avais peur que ma mère se fasse du mal avec la drogue.

Pendant longtemps, je vécus tour à tour chez ma grand-mère, chez Deann ou chez maman. Un jour que je rentrais de l'école, durant une période où je vivais avec ma mère, je trouvai la maison sens dessus dessous. Les policiers avaient fait une descente parce qu'ils cherchaient de la drogue. Je ne savais pas ce qu'était une descente de police, mais c'est ce que ma mère me dit. Puis, quelques mois plus tard, je compris par moi-même la signification.

Je couchais dans le salon, comme d'habitude, mais cette nuit-là je m'étais levée pour aller dormir avec maman dans sa chambre. J'étais couchée à côté d'elle lorsque la porte s'ouvrit brusquement. Des policiers entrèrent, armes au poing. Ils crièrent à tout le monde de lever les mains. J'avais peur. Comme il y avait une seringue dans le sac à main de maman, les policiers l'arrêtèrent. Elle me raconta que la seringue appartenait à un ami, mais c'était bel et bien à elle. Ma mère avait l'habitude de me mentir.

Un autre soir, pendant que ma mère prenait encore de la drogue, je téléphonai à ma grand-mère. Je ne voulais plus voir ma mère prendre de la drogue. Ma grand-mère vint me chercher et je restai avec elle pendant un bon bout de temps. J'avais l'impression que ma grand-mère était la seule personne capable de s'occuper de moi. Elle prenait soin de moi et m'achetait les choses dont j'avais besoin, par exemple des chaussures. Elle aurait fait n'importe quoi pour moi. Pourtant, soir après soir, je pleurais longtemps avant de m'endormir, car je m'ennuyais de ma mère et j'avais peur pour elle. Je restais couchée à pleurer dans le salon, et ma grand-mère demeurait à mes côtés.

Le temps passa et maman vint habiter avec nous chez grand-maman. Elle avait trouvé du travail dans un restaurant, mais elle prenait encore de la drogue. Un soir, elle emprunta la voiture de grand-maman pour aller travailler. Elle ramena la voiture et laissa une note disant qu'elle reviendrait plus tard. Il était alors une heure du matin. Plusieurs heures plus tard, maman n'était toujours pas rentrée. Très inquiète, ma grand-mère appela Deann pour lui demander si elle l'avait vue, mais celle-ci ignorait où se trouvait maman. Personne ne le savait.

Nous restâmes sans nouvelles de maman pendant six mois. Nous ne le savions pas à l'époque, mais elle avait été admise dans un centre de désintoxication où elle essayait d'abandonner la drogue.

Puis, un jour, maman téléphona. Sa voix était différente, joyeuse. Elle ne prenait plus de drogue. Au téléphone, elle me raconta qu'elle avait senti que Dieu allait lui enlever la vie à cause de ses mauvaises actions et qu'elle avait eu très peur. Elle avait décidé de vivre sans drogue et d'avoir une meilleure vie.

Un peu plus tard, le jour de mon anniversaire de naissance, ma mère me fit une surprise : elle me rendit visite. Elle affirma que je pourrais vivre de nouveau avec elle dans quelques mois. En attendant, elle devait continuer à prendre du mieux. Finalement, nous déménageâmes près de la plage, là où maman avait toujours voulu vivre.

Aujourd'hui, aller à la plage est la chose que nous aimons le plus faire ensemble, ma mère et moi. Nous allons souvent y faire du patin à roues alignées. Parfois, nous allons au restaurant ou au cinéma. Mon demi-frère vit avec ses grands-parents, mais il vient nous rendre visite de temps en temps. Nous sortons beaucoup lorsqu'il est avec nous et nous lui achetons des jouets.

Aujourd'hui, ma mère a un travail dans une entreprise qui fabrique des ordinateurs. Nous allons à l'église et, parfois, nous lisons la Bible ensemble. Chaque soir, nous prions pour ma grand-mère parce qu'elle a le cancer et qu'elle reçoit des traitements de chimiothérapie.

Maman et moi avons une bien meilleure relation depuis qu'elle ne prend plus de drogue. Nous passons plus de temps ensemble et nous avons du plaisir. Mais le plus important, nous sommes toutes les deux plus heureuses. Maintenant, elle me dit la vérité. Elle ne me ment plus. Nous parlons de tout. Ma mère est ma meilleure amie. Je suis fière d'elle, et je l'aime plus que jamais.

Amber Foy, 11 ans

Fumer, c'est cool?

Il y a le bien et le mal. À toi de choisir. Tu choisis l'un et tu vis. Tu choisis l'autre et tu tournes en rond, mais tu es aussi mort qu'une vieille potiche.

John Wayne

L'été dernier, je suis allée à Los Angeles rendre visite à ma cousine Victoria. Mon père fumait une cigarette dehors lorsque ma tante lui demanda de venir dans la maison. Il laissa sa cigarette sur les marches du perron dans l'intention de la terminer lorsqu'il reviendrait.

Intriguée par l'effet de la cigarette, ma cousine la prit entre ses doigts pour l'examiner. Elle me demanda si j'avais déjà fumé. « Jamais de la vie », lui dis-je d'un air dédaigneux. Ce que Victoria fit alors me renversa. Elle plaça la cigarette entre ses lèvres et en tira une bouffée. Aussitôt, elle se mit à tousser violemment. Elle semblait sur le point de vomir, mais elle trouva le moyen de tendre le bras pour m'offrir la cigarette. « Allez, juste une fois! Tu n'en mourras pas! »

Je pris cette stupide chose d'entre ses doigts, la jetai par terre et l'écrasai avec le talon de ma chaussure. Je ne pris même pas le temps de me demander ce que papa allait dire quand il reviendrait. À cet instant précis, papa sortit de la maison et se mit à chercher sa cigarette.

« Où est ma cigarette? » demanda-t-il. Je restai debout sans rien dire, incapable d'avouer ce que j'avais fait ou ce que ma cousine avait fait avant moi. Je savais néanmoins que le moment de vérité était arrivé. Je respirai profondément et commençai à expliquer ce qui s'était passé.

Je dis à mon père que je ne comprenais pas pourquoi il fumait. Il savait à quel point c'était mauvais pour la santé, alors pourquoi continuait-il? Il me répondit qu'il fumait depuis son adolescence et qu'à l'époque, les gens ne savaient pas que c'était dangereux. Aujourd'hui, il était tellement dépendant de la cigarette qu'il était incapable d'arrêter. C'était trop difficile.

Mon père, un adulte, avouait qu'une chose qu'il ne pouvait contrôler était tranquillement en train de le tuer. Je restai sans voix, stupéfaite. J'avais toujours cru que mon père était l'homme le plus fort du monde. Je me rappelai alors cette publicité que j'avais vue à la télévision. On nous montrait une dame qui avait tellement fumé qu'elle était devenue très malade, mais elle continuait à fumer parce qu'elle était trop dépendante du tabac. On avait dû lui percer un trou dans la gorge pour l'aider à respirer, et elle fumait à travers ce trou! Jamais je n'avais vu une chose aussi répugnante. Debout devant mon père, j'éclatai en sanglots. Et s'il lui arrivait la même chose?

Depuis ce jour, je pense que mon père essaie de moins fumer. Je continue de lui dire que je l'aime et que je ne veux pas le perdre à cause de la cigarette. Je sais une chose: je veux vivre longtemps. Et je ne veux pas tomber malade ou perdre toute emprise sur ma vie, comme cette femme dans la publicité. Je ne fumerai jamais. Je me contenterai de prendre des bouffées d'air frais.

Valeria Soto, 12 ans

Mon père

Quand mon père est parti, j'ai pleuré.
J'étais très triste car je croyais qu'il allait mourir.
Ma mère m'a dit de ne pas m'en faire et de prier.
Et moi, chaque jour, je pense à lui.

Je me rappelle combien nous aimions nous amuser
À des jeux qui ne finissaient jamais.
Nous allions au parc pour nous promener,
Puis nous mangions et partagions nos secrets.

Il m'aidait toujours à faire mes devoirs;
C'est pour ça que j'ai de bons résultats scolaires.
Le matin, il brossait mes cheveux devant le miroir;
Je m'en fichais d'avoir quelques couettes en l'air.

Il nous a quittés, j'espère que ça va pour lui.
Je pleure souvent, chaque jour et chaque soir.
Il n'est plus là, j'espère que de moi il s'ennuie.
Papa, si tu lis ce poème, je veux simplement te dire
Que je t'aime vraiment beaucoup!

Aljon B. Farin, 7 ans

Le rap du bon sens

Si tu décides de fumer,
Ce sera pas drôle, tu sais.

Tes poumons deviendront noirs,
Tu tousseras matin et soir.

Si tu fumes du tabac,
Ta voix s'éraillera.

Si tu fumes de la marijuana,
Ton cerveau pourrira.

Si tu bois de la bière,
Ton esprit ne sera plus clair.

Si tu bois de l'alcool,
Ta tête deviendra molle.

Si tu prends une dose,
Tu deviendras morose.

Si tu décides de te défoncer,
Il te prendra peut-être l'idée de voler
Et tu risqueras de te tuer.

Alors si tu vas à une fête,
Ne sois pas bête !

Écoute-moi :
Fais le bon choix !

Pas d'alcool au volant
Et tu t'en sortiras VIVANT !

Shelly Merkes, 12 ans

Je ne suis pas Dana

Ma mère a bien éduqué ses trois enfants, personne ne peut le nier. Cependant, pour une raison que j'ignore, deux d'entre nous ont tiré leur épingle du jeu, mais pas ma sœur aînée, Dana.

Lorsqu'elle fréquentait la même école primaire que celle où je vais présentement, tout allait bien. C'est après la sixième année que les problèmes commencèrent. Dana cessa de voir ses vieilles amies et se mit à fréquenter des jeunes que ma famille ne connaissait pas. Peu importe ce que papa et maman lui disaient, elle n'en faisait qu'à sa tête. Tous les membres de la famille se sentaient misérables, surtout moi. J'avais toujours considéré ma sœur comme un exemple à suivre. À présent, j'étais incapable de comprendre son comportement. Dana n'agissait plus comme une personne qui aime sa famille, sans compter qu'elle ne m'adressait plus la parole.

La situation alla en empirant. À l'école secondaire, elle commença à boire et à rentrer tard le soir. Elle ne venait à la maison que pour se doucher et faire du désordre, puis elle repartait. Je ne reconnaissais plus ma sœur Dana qui, hier encore, fréquentait l'église avec nous. Elle était devenue une étrangère.

Un jour, durant ma sixième année du primaire, j'entendis crier en rentrant à la maison après l'école. Je me précipitai à la cuisine et y trouvai papa, maman, grand-maman et Dana. Dana était attachée, et maman et grand-maman la retenaient au plancher. Dana pleurait, et son visage était rouge d'avoir trop crié. Mon père était assis sur le plancher à côté d'elle, et il pleurait aussi. La seule et unique fois où j'avais vu mon père pleurer, c'était à la mort de son père. Incapable de regarder plus longtemps cette scène, je courus me réfugier dans ma chambre en claquant la porte.

Plus tard ce jour-là, des gens vinrent chez nous et repartirent avec Dana. Mes parents l'envoyèrent en Utah, dans une maison pour les enfants qui ont des problèmes.

Dana nous manque terriblement. Elle est venue passer quelque temps avec nous l'été dernier, mais elle ne peut pas encore revenir définitivement à la maison. Parfois, ma mère pleure quand nous parlons de ma sœur.

Après le départ de Dana, j'ai trouvé ce message dans sa chambre.

À Sabrina,
Quand la mort frappera à la porte, va te cacher dans un coin pendant que je me précipiterai pour l'accueillir.

Dana

Je crois que Dana avait une si mauvaise opinion d'elle-même qu'elle voulait mourir. Elle avait probablement l'impression de ne plus avoir aucun contrôle sur les mauvaises choses qu'elle s'infligeait. J'ai peine à imaginer ce qui l'a poussée à agir de la sorte. Mais je sais une chose. Jamais je ne boirai d'alcool et jamais je ne me ferai du mal à moi-même. Je ne veux pas gâcher mon avenir ou regretter mon passé. J'espère qu'il n'est pas trop tard pour Dana. Elle est ma sœur et je l'aime toujours. Peut-être qu'elle parviendra un jour à retrouver en elle la personne qu'elle était avant de s'enfoncer. Moi, je sais que cette personne est encore là, quelque part en elle.

Sabrina Anne Tyler, 11 ans

Sans foyer

L'Amérique est un gigantesque gâteau couvert de glaçage, placé au beau milieu d'une multitude d'affamés.

Gloria Steinem

Ma mère a perdu son emploi. Comme elle n'a pas d'argent, nous devons déménager, mais nous n'avons nulle part où aller parce que maman n'a pas d'argent. Pendant qu'elle cherche un endroit pour dormir, je m'occupe de ma sœur. Je lui dis de ne pas pleurer et je sèche ses larmes avec ma mitaine.

Nous trouvons finalement un sous-sol d'église où nous passerons la nuit. Cependant, comme il est tard, tous les lits sont déjà occupés. Il fait froid dans ce sous-sol, et le plancher de ciment est douloureux pour ma tête. Je me demande ce qu'il va advenir de nous si maman ne trouve pas de travail. Nous devrons peut-être passer toute notre vie dans un sous-sol d'église.

Pendant que maman se cherche du travail, je passe mes journées aux coins des rues à surveiller ma sœur. Maman parle à beaucoup de gens. Nous passons de longues heures à plusieurs coins de rues. Toute la journée, les gens passent devant nous, pressés. Je me demande pourquoi ils se dépêchent tant. Peut-être qu'ils s'en vont au travail, peut-être qu'ils rentrent à la maison. J'imagine que ce sont les gens sans maison qui restent aux coins des rues.

Maman a fini de parler à des gens pour aujourd'hui. Je décide de ne pas lui demander si elle a trouvé du travail. De toute façon, son visage tendu par l'inquiétude me répond. Pendant que nous marchons, je pense à l'école. Maman dit que je ne pourrai pas aller à l'école pendant un certain temps. Je me demande si j'ai encore envie d'y retourner. Peut-être que je vais avoir pris trop de retard. Peut-être que les autres élèves vont se moquer de moi parce que nous avons perdu notre maison. Qu'arrivera-t-il à ma sœur si je retourne à l'école avant que maman n'ait trouvé du travail? Maman sèche mes larmes avec son gant et me dit de ne pas m'en faire. Elle dit qu'elle va trouver du travail bientôt.

Le soir, nous mangeons à la soupe populaire. Une femme qui porte une casquette de baseball et des gants en plastique met de la nourriture sur mon plateau. J'ai très faim, mais je trie les morceaux dans mon ragoût. Je trouve beaucoup de pois. Les prenant un à un, je les dissimule sous le bord de mon bol. Maman ne se rend compte de rien, car elle épluche les petites annonces. Toutefois, l'homme aux cheveux sales assis en face de moi me voit faire. Il me sourit et je vois qu'il lui manque ses deux dents de devant. D'une voix sifflante, il me dit qu'il s'appelle Joe. Pendant que j'avale mon ragoût, je me demande s'il reste encore des pois dedans. Je mâche lentement, juste pour m'en assurer. Après le souper, maman va porter mon plateau près de la poubelle. Elle aperçoit les pois, mais elle ne dit rien. Quand nous avions une maison, elle m'obligeait à manger mes pois. Les choses ont changé maintenant.

Un peu plus tard, nous trouvons trois lits pour dormir. Sur chacun se trouvent un oreiller, une couverture et une petite serviette. Ma serviette sur le bras, je suis maman jusqu'aux toilettes. Elle me montre comment prendre un bain éponge. J'utilise un savon granuleux qui m'écorche la peau. Je me demande si quelqu'un va entrer dans les toilettes pendant que je me lave. Je me dépêche. J'ai froid. Même après avoir enfilé mes vêtements, je frissonne. Maman dit que je devrai attendre pour me laver les cheveux. Je repense aux cheveux de Joe. C'est peut-être parce qu'il vit depuis longtemps dans un sous-sol d'église qu'il a les cheveux si sales. Je pense à mes cheveux. Peut-être que je les laverai bientôt dans l'évier.

Joe a les cheveux crasseux, mais il a de l'argent. J'aperçois des pièces de monnaie étincelantes dans l'étui de sa guitare. Le soir, il joue de la guitare. Je me concentre beaucoup sur sa musique, et j'ai moins froid. Quand la musique cesse, je vois ma sœur qui tremble. Maman nous couvre de son manteau. Je me demande si elle dort parfois.

Ma mère a perdu son travail, et ça prend beaucoup de temps pour en trouver un autre. Mais je n'ai pas peur, car je sais que ma maman est intelligente et va se débrouiller. Elle me garde au chaud la nuit. Elle sèche mes larmes avec son gant. Je suis certaine qu'elle va se trouver du travail. Je sais que maman nous ramènera à la maison.

Elizabeth A. Gilbert-Bono

10

SAGESSE ÉCLECTIQUE

Je suis moi.
Jamais il n'y aura quelqu'un identique à moi.
Je suis spéciale, unique au monde.
Je suis poussière d'étoiles et rêves.
Je suis lumière.
Je suis amour et espoir.
Je suis caresses et, parfois, larmes.
Je suis les mots « je t'aime ».
Je suis un tourbillon de couleurs
impossibles à nommer.
Je suis eau, air et terre.
J'ai confiance, mais j'ai peur.
J'ai mon jardin secret, mais je sais m'ouvrir.
Je suis libre.
Je suis une enfant qui devient une adulte.
Je suis moi, et c'est bien ainsi.

Beth Schaffer, 15 ans

L'oreille de bébé

Combien de fois avons-nous baissé les bras alors qu'un peu plus d'effort et un peu plus de patience nous auraient permis de réussir?

Elbert Hubbard

Maman se versa un verre de jus d'orange. « Je suis inquiète pour grand-mère », dit-elle. J'étais en train d'étendre du sirop sur du pain doré, chaud et sucré, juste comme je l'aimais.

« Pourquoi? » demandai-je en léchant une goutte de sirop sur ma fourchette.

« Tu te rappelles comme grand-maman se levait tôt avant de déménager en Floride? »

« Elle se levait avant le soleil, répondis-je, pour faire des crêpes et du bacon. »

Maman hocha la tête. « Maintenant, elle dort presque toute la journée ou elle regarde la télé. Elle refuse de mettre le nez dehors et elle reste seule dans son coin. » Ma mère fronça les sourcils et ajouta à voix basse: « Grand-maman parle même de retourner vivre à New York. »

« À New York? Mais tu as dit qu'elle ne pouvait plus vivre seule. C'est d'ailleurs pour ça qu'elle est venue vivre avec nous. » Moi, j'aime la Floride. Il faut dire que j'ai beaucoup d'amies avec qui jouer dans ma classe de 6e année.

« Si grand-maman retourne à New York, elle devra aller vivre dans un centre d'accueil, dit maman. C'est un endroit où les personnes âgées vont habiter et où il y a des infirmières pour s'occuper d'elles. »

« Tu en parles comme si c'était un hôpital », dis-je. Je fis une pause pour réfléchir. « Je vais m'arranger pour que grand-maman aime la Floride. »

Maman me lança un sourire et dit: « Comme j'aimerais que tu dises vrai. »

Ce jour-là, en rentrant de l'école, j'aperçus grand-mère qui regardait la télévision. Elle n'avait probablement pas bougé de la journée. Je me rendis dans ma chambre et m'installai sur mon lit avec ma collection de coquillages. J'avais trouvé des buccins rayés, des limaces de mer et même un casque de Madagascar. J'aimais coller ce coquillage contre mon oreille, car je pouvais alors entendre les vagues de la mer. Mon coquillage préféré était celui qu'on appelle « oreille de bébé ». C'est un magnifique coquillage blanc dont les courbes et la délicatesse rappellent l'oreille d'un bébé.

La contemplation de mes coquillages me donna une idée. J'allai au salon et m'assis sur le sofa. « Grand-maman, allais-tu à la plage quand tu étais petite? » demandai-je.

« Oui, j'y suis allée une fois avec ma mère, mais je n'ai pas aimé ça du tout », répondit-elle en fronçant les sourcils.

« C'est vrai? » Je pris un biscuit à l'avoine dans le plateau qui était sur la table du salon. « Pourquoi tu n'as pas aimé ça? »

« Parce que j'ai peur de l'eau et que je ne sais pas nager. » Grand-mère pinça les lèvres comme si elle mordait dans un citron. J'aurais aimé qu'elle aime la plage comme moi. J'adorais voir des pélicans voler au-dessus de l'eau. Une fois, j'ai même pu apercevoir un énorme iguane vert.

« C'est parce que… vois-tu… je me demandais si tu pourrais m'accompagner à la plage. Je veux trouver de nouveaux coquillages pour ma collection. »

Les yeux de grand-maman restèrent rivés sur la télévision. « Val, j'écoute mon émission. Vas-y sans moi. »

« Non, je n'ai pas la permission d'aller seule à la plage. S'il te plaît! » la suppliai-je en l'imaginant dans un centre d'accueil.

« Bon, d'accord », lança-t-elle en soupirant. Une fois dehors, elle me prit par la main et marcha avec moi jusqu'à la plage. Le soleil était cuisant. Je tendis à grand-maman un sac de plastique. « Tiens. C'est pour mettre les coquillages que tu vas trouver. »

« Oh! J'aime mieux te regarder faire », dit-elle. Une douce brise marine faisait virevolter ses cheveux gris.

Je secouai la tête. « Pas question, grand-maman. J'ai besoin de ton aide! »

« Bon, ça va », dit-elle. Côte à côte, nous arpen-tâmes la plage, têtes baissées, scrutant le sable à la recherche des plus beaux coquillages.

« On dirait qu'il n'y a pas beaucoup de choix par ici », dit grand-maman en s'abritant les yeux avec sa main. « On devrait peut-être rentrer à la maison. »

« Pas tout de suite, grand-maman! Je vais prendre les devants en éclaireur pour voir s'il y a quelque chose à ramasser. » Lorsque je fus quelques pas devant elle, je me retournai pour la regarder. Elle contemplait l'océan et les goélands qui planaient au-dessus de l'eau à la recherche de poisson. Elle enleva ses chaussures et les apporta dans ses mains.

Après avoir pris suffisamment d'avance, je sortis de ma poche quelques-uns de mes coquillages que je laissai délibérément tomber dans le sable à une certaine distance les uns des autres. Puis, je laissai tomber mon préféré, l'oreille de bébé.

L'instant d'après, j'entendis grand-maman crier. « Val! Regarde ce que j'ai trouvé! » Les deux pieds dans le sable, elle tenait un des coquillages.

« Il est splendide, grand-maman, criai-je. Il va enjoliver ma collection. »

Grand-maman hocha la tête et sourit. « Cherchons encore! » dit-elle, soudainement excitée. Je fis semblant de ne pas voir un des coquillages que j'avais laissé tomber, mais grand-maman se pencha lentement et le ramassa. « Val, regarde. Une étoile de mer bleue! »

« Tu es vraiment une bonne trouveuse! »

Le sac de plastique à la main, elle rayonnait de fierté. Grand-maman arriva enfin près de mon coquillage préféré.

« Val, regarde comme celui-ci est étrange. » Elle me le tendit.

Je le pris doucement dans ma main. « On l'appelle oreille de bébé, parce que c'est à ça qu'il ressemble. »

« Tu connais vraiment bien les coquillages, Val », dit grand-maman en me prenant dans ses bras. Sur le chemin du retour, nous pataugeâmes dans la mer. Grand-maman semblait avoir oublié sa peur de l'eau.

Maman nous attendait sur la galerie. « Nous sommes allées à la plage, dit grand-maman. Et tu sais, je pense que je vais commencer ma propre collection de coquillages. Et toi, Val, tu pourras m'aider. »

« D'accord, grand-maman », répondis-je.

Ma mère et moi échangeâmes alors un sourire complice.

Valerie Allen

La gentillesse
est contagieuse

Notre désir d'améliorer le monde réside d'abord et avant tout dans notre propre cœur, dans notre propre tête, dans nos propres mains...

Robert M. Pirsig

Je venais de descendre dans le hall d'entrée après mon rendez-vous chez le médecin. Ma mère était censée venir me chercher, mais sachant qu'elle était toujours en retard, je savais que j'avais un peu de temps devant moi. Je pris donc un siège et souris poliment aux trois personnes âgées qui étaient assises tout près, deux femmes et un homme. Ensuite, je fouillai dans mon sac à dos pour prendre un livre que j'avais emprunté à la bibliothèque.

Je venais de commencer à lire lorsqu'une des deux dames âgées se mit à parler à voix haute à l'intention de quiconque voudrait bien l'écouter. Elle relata en détails l'achat de ses nouvelles lunettes. Le sourire aux lèvres, j'écoutai son histoire; elle était intarissable. Lorsque son mari se gara devant les grandes portes vitrées, elle interrompit brusquement son histoire et s'en alla.

L'instant d'après, c'est le vieil homme assis près de moi qu'on vint chercher. Une jeune femme gara sa voiture familiale bondée d'enfants, entra en trombe et dit: « Es-tu prêt, papa? » Dans le hall d'entrée, il ne restait plus que moi et une ravissante dame à la chevelure argentée.

Je la fixai des yeux. D'une allure digne et posée, elle avait l'air érudite et sûre d'elle. Peut-être une ancienne institutrice, me dis-je. De toute évidence, elle évitait de croiser mon regard; toutefois, dès que je levais mon livre pour reprendre ma lecture, je sentais ses yeux se tourner lentement vers moi.

J'étais incapable de me concentrer sur ma lecture. Je songeais tour à tour à cette belle dame âgée et à mes études.

La remise des diplômes était le grand sujet de conversation à l'école. Les autres élèves parlaient des cadeaux qu'ils s'offriraient les uns les autres. Cette pensée me fit rougir. Je n'étais pas à l'aise avec l'idée de s'offrir des cadeaux entre finissants. Chez nous, c'était la parenté, et non les amis, qui offrait des cadeaux à la personne qui recevait un diplôme. Je n'avais pas d'argent et je ne pouvais pas en demander à mes parents, puisqu'ils n'en avaient pas non plus. Néanmoins, j'avais très envie d'offrir un présent, même modeste, à mes meilleures amies en souvenir de notre amitié.

Mon Dieu, aide-moi. Que vais-je faire?, priai-je.

J'étais profondément absorbée dans mes pensées lorsque j'entendis du brouhaha aux portes d'entrée. Il y avait une dame âgée en fauteuil roulant et une autre vieille dame qui essayait de pousser le fauteuil. Elles avaient de la difficulté à ouvrir les lourdes portes vitrées. Des gens passaient devant les deux femmes sans les remarquer, trop pressés pour leur donner un coup de main. Elles étaient laissées à elles-mêmes.

Je me levai pour les aider. En m'approchant, je me rendis compte que la dame qui poussait le fauteuil roulant avait elle-même de la difficulté à marcher. Je leur ouvris les portes, puis je les aidai à se rendre jusqu'à l'ascenseur. Elles me remercièrent, mais je savais que la partie n'était pas gagnée : elles devaient entrer dans l'ascenseur, en sortir, puis se rendre au cabinet du médecin sans encombre.

Je décidai donc de les accompagner dans l'ascenseur. Je leur demandai à quel étage elles désiraient aller, puis je m'assurai qu'elles trouvent le bon bureau. Elles me remercièrent de nouveau. Je leur répondis que tout le plaisir était pour moi, et j'étais sincère. J'étais effectivement très contente d'avoir pu les aider.

En redescendant dans l'ascenseur, je me rendis compte que j'avais laissé mon sac à dos dans le hall d'entrée. Il ne renfermait aucun objet de valeur, seulement un porte-monnaie contenant cinquante-neuf cents, un petit miroir, un peigne et quelques mouchoirs de papier. Mais je me rappelai aussi que j'avais laissé mon précieux livre sur le siège.

L'ascenseur était d'une lenteur désespérante. Lorsque les portes s'ouvrirent enfin, je retins mon souffle en espérant que mon sac à dos et mon livre seraient toujours là. Je me précipitai dans le hall d'entrée.

Mes affaires étaient là, comme je les avais laissées.

En m'assoyant, je sentis que la belle dame à la chevelure argentée me regardait avec des yeux souriants.

Elle semblait fière pour quelque raison. Quelques minutes plus tard, son taxi arriva et la dame partit.

Je décidai alors de prendre ma monnaie pour m'acheter un paquet d'arachides à la petite pharmacie. J'ouvris mon sac à dos. À ma grande surprise, dans mon porte-monnaie se trouvait un billet de cinquante dollars soigneusement plié.

L'image de la belle dame au regard plein de fierté s'imposa dans mon esprit. J'avais fait preuve de générosité envers des étrangères et, en retour, une étrangère avait fait preuve de générosité envers moi. Je savais que Dieu avait exaucé mes prières.

Kristin Seuntjens

Où est mon portefeuille?

Ce qu'on acquiert dans les livres, bien que valable, relève de l'apprentissage; ce qu'on acquiert dans la vie, en revanche, relève de la sagesse.

Samuel Smiles

L'histoire qui suit raconte une expérience d'apprentissage qui a eu de profondes répercussions sur ma façon de vivre. Le professeur de cette histoire ne crie pas, il ne donne ni devoirs, ni leçons, ni examens, et il n'évalue jamais mon travail. Et pourtant, sa méthode d'enseignement est l'une des plus efficaces qui soient. C'est une méthode que seules les personnes aptes à donner beaucoup d'amour peuvent mettre en pratique.

« Mon portefeuille! Où est-il? » Tels furent mes premiers mots lorsque je pris conscience que j'avais perdu mon précieux portefeuille. Après avoir sondé ma mémoire un bref instant, je me rappelai l'avoir laissé à la bibliothèque. Non seulement à la bibliothèque, mais dans les toilettes publiques de la bibliothèque! Je me souvenais clairement de l'avoir déposé sur une tablette pendant que j'étais aux toilettes.

Comme la bibliothèque venait de fermer, je dus attendre au lendemain matin pour commencer mes recherches. Le jour suivant, lorsque j'entrai dans les toilettes, je ne vis qu'une pièce d'une propreté éclatante, des comptoirs et des planchers d'un blanc étincelant. C'était bien la première fois de ma vie que la vue de toilettes immaculées me dégoûta. En sortant, j'aperçus mon reflet dans le miroir et je secouai la tête en direction de l'imbécile distrait qui me regardait.

Maintenant, mon seul espoir était que la personne chargée de nettoyer les toilettes ait trouvé mon portefeuille. Je décidai donc d'aller voir la vieille dame qui lisait un livre à la réception. Poliment, je lui demandai si on avait trouvé un portefeuille la veille dans les toilettes. Avant d'interrompre sa lecture pour me répondre, la dame attendit la fin de son paragraphe. Ensuite, elle me dévisagea à travers les épaisses lunettes qui lui écrasaient le nez. Elle soupira doucement et quitta avec regret le siège dans lequel elle était confortablement installée. Elle disparut pendant un moment derrière une porte, puis elle revint à son comptoir.

« Non. »

Ce fut tout ce que je tirai d'elle. Je lui lançai un rapide merci et tournai les talons.

Je me demandai alors ce que *moi* j'aurais fait si j'avais trouvé un portefeuille contenant soixante dollars, une carte d'appel et plusieurs objets personnels irremplaçables. Je n'avais d'autre choix que de me résigner au fait que mon portefeuille avait disparu à tout jamais.

Une semaine plus tard, après avoir annulé ma carte bancaire et signalé la perte de mon permis de conduire, je reçus un mystérieux colis par la poste. À l'intérieur se trouvait mon portefeuille! Et plus incroyable encore, il ne manquait rien! Il y *avait* même quelque chose de plus: dans une des pochettes, je trouvai un petit papier

jaune minutieusement plié. Lorsque je le dépliai, lentement, une petite médaille en cuivre de Jésus-Christ
tomba dans ma main. Le papier jaune portait le message suivant.

*Gardez en tout temps cette médaille, quelle que
soit votre religion. Ainsi, l'ange gardien qui veillait
sur vous la semaine dernière sera toujours près de
vous.*

Comme l'auteur du message n'avait laissé aucune
adresse de retour, il me fut impossible de le remercier.
Chose certaine, c'était un geste de pure bonté, aussi
désintéressé que rarissime.

Depuis ce jour, j'ai fait le serment suivant: chaque
fois que j'aurai l'occasion d'aider des gens comme
cette personne m'a aidé, je suivrai son exemple et les
rendrai aussi heureux que je l'ai été en ouvrant ce
paquet!

Laksman Frank, 16 ans

*Je parlerai aux jeunes pour qui tout est pos-
sible, précisément parce qu'ils n'acceptent
pas le passé, n'obéissent pas au présent et ne
craignent par l'avenir.*

Rudyard Kipling

De choses et d'autres

Une œuvre inachevée

En tant qu'enseignante, je sais à quel point on apprend des leçons importantes à la maternelle. Un jour que je visitais l'école où travaillait mon mari, j'allai jeter un coup d'œil dans cet endroit merveilleux qu'est la classe de maternelle.

Je remarquai alors une fillette affairée à barbouiller de peinture une toile déposée sur un chevalet. À mes yeux, sa création ne ressemblait qu'à une grosse tache rouge. « Dis-moi, qu'est-ce que tu es en train de peindre? » lui demandai-je.

L'artiste en herbe cessa de peindre. Elle s'éloigna du chevalet et examina attentivement son œuvre. Puis, elle poussa un profond soupir et s'exclama: « C'est une dinde! »

Après un moment qui parut une éternité, elle ajouta: « Et demain, je vais ajouter la peau dessus! »

Meg Conner

Oui, monsieur!

Cela faisait plusieurs fois que ma mère demandait à mon petit frère de trois ans d'aller se coucher. La dernière fois, maman se fit très insistante. Mon frère répondit alors: « Oui, monsieur! ». Étant donné qu'il parlait à ma mère (et que ma mère est une femme), tout le monde fut surpris de l'entendre dire « monsieur ».

« C'est à un homme qu'on dit "Oui, monsieur". Je suis une femme et à une femme on dit "Oui, madame" », expliqua maman à mon frère. Pour vérifier s'il avait bien compris, elle lui demanda : « Que dirais-tu à papa ? »

« Oui, monsieur ! » répondit-il.

« Et que dirais-tu à maman ? »

« Oui, madame ! » répondit-il avec fierté.

« Bon garçon ! Et maintenant, que dirais-tu à grand-maman ? »

Le visage de mon frère s'illumina d'un sourire et il dit : « Je peux avoir un biscuit ? »

Elizabeth Cornish, 12 ans

Un simple malentendu

À mon école, plutôt que de recevoir un présent le jour de sa fête, la personne dont c'est l'anniversaire doit apporter un livre qui servira à garnir notre petite bibliothèque de classe. Pour mon anniversaire, je décidai que j'allais apporter mon livre préféré : *Il y a un garçon dans la toilette des filles.*

Je me rendis donc dans une librairie et demandai à la dame derrière le comptoir : « Avez-vous *Il y a un garçon dans la toilette des filles* ? » Au lieu de consulter l'ordinateur comme je m'y attendais, elle me dit de patienter une minute et disparut. Ma mère et moi attendîmes et attendîmes.

Au bout d'un très long moment, elle revint et me dit: « Il n'y a pas de garçon dans la toilette des filles. Il a dû s'en aller à la maison avec sa mère. »

J'éclatai de rire, ma mère aussi. La dame était embarrassée. J'imagine qu'elle n'avait pas entendu les mots « Avez-vous » quand je lui avais posé ma question. Tout ce temps, elle était allée voir s'il y avait un garçon dans la toilette des filles.

Melanie Hansen, 10 ans

L'accent

L'été dernier, ma famille et moi sommes allés faire du camping sur le bord d'une rivière. Tous mes cousins, mes tantes, mes oncles et même mes grands-parents nous y attendaient. Après avoir monté la tente, les adultes commencèrent à préparer le dîner. Les enfants, eux, allèrent à la rivière.

Au bord de la rivière, nous vîmes quelques adolescents qui lançaient des cailloux dans l'eau. Nous décidâmes d'aller un peu plus loin. Nous repartions lorsque mon petit cousin de dix ans se mit à lancer des cailloux dans la rivière en criant. Comme il souffre d'un trouble d'élocution, il parlait d'une drôle de façon.

En nous éloignant, nous entendîmes les adolescents se moquer de mon cousin. Ils ridiculisaient sa façon de parler. Sur le coup, mon cousin sembla furieux, mais il se tourna vers les adolescents et leur demanda pourquoi ils riaient de lui. Ils lui répondirent qu'il parlait comme un idiot. À cela, mon cousin rétorqua: « Quoi, vous n'avez jamais entendu quelqu'un parler avec un accent? »

Les adolescents restèrent silencieux pendant un moment, l'air penaud, puis finalement s'en allèrent.

Erin Althauser, 13 ans

Une collation scientifique

Un jour, nous faisions une expérience en classe sur la moisissure et sa croissance. Plus précisément, nous étudiions les effets de la lumière et de la noirceur sur la moisissure. Pour conclure notre projet, nous avions placé des morceaux de pain humide à différents endroits: quelques-uns dans le fond de la classe, dans un coin sombre, d'autres à l'avant de la classe, et quelques autres sur le châssis de la fenêtre ouverte, en plein soleil.

Après plusieurs heures, nous jetâmes un coup d'œil sur nos échantillons. Les morceaux de pain que nous avions laissés sur le bord de la fenêtre avaient disparu. Nous fouillâmes partout, mais ils restèrent introuvables.

Nous apprîmes par la suite que les élèves de maternelle avaient découvert ce « festin » durant leur récréation à l'extérieure. Ils avaient décidé d'y faire honneur en croyant qu'il leur était destiné. Ils s'étaient donc régalé de notre expérience scientifique: des morceaux de pain détrempés et moisis.

Dr Sherry L. Meinberg

La grosse citrouille

En deuxième année du secondaire, je mesurais déjà 1 mètre 90. Je dépassais d'au moins une tête tous les autres élèves de mon école. Ma taille m'embarrassait tellement que je restais seul dans mon coin. Lorsque je marchais, je courbais la tête pour avoir l'air moins grand.

Tout le monde à l'école écoutait un certain animateur de radio qu'on surnommait « la grosse citrouille ». Il animait une émission très populaire dans laquelle il répondait en ondes aux lettres que lui adressaient des jeunes. Un jour, je me dis que « la grosse citrouille » était quelqu'un qui pourrait peut-être m'aider à régler mon problème. Alors, j'écrivis:

Chère grosse citrouille,

Je m'appelle Mark Victor Hansen et je suis en deuxième année du secondaire à l'école Jack Benny. Je mesure 1 m 90 et je suis plus grand que tous les autres élèves de l'école. Que devrais-je faire?

> *Sincèrement,*
> *Mark Victor Hansen*

Une semaine après avoir mis ma lettre à la poste, j'écoutais l'émission de « la grosse citrouille » en me préparant pour l'école. C'est alors que j'entendis: « Et pour ce qui est de Mark Victor Hansen, de l'école Jack Benny: *mon vieux, coupe-toi la tête et apporte-la à l'école dans un sac de papier!* »

Toute la semaine qui suivit, les autres élèves ne cessèrent de me demander: « Hé! Mark, où est ton sac de papier? »

Ce n'est pas parce que quelqu'un est populaire comme « la grosse citrouille » qu'il connaît toutes les réponses.

Mark Victor Hansen

Les ados

Ils portent des vêtements trop grands.
Ils portent des vêtements trop serrés.
Ils arrangent leurs cheveux si bizarrement
Que c'est une perruque qu'ils devraient porter.

Ils ont la permission de sortir.
Ils ont la permission d'embrasser.
Ils ont la permission de revêtir
Les vêtements les plus outranciers.

Ils ont le droit d'avoir la paix.
Ils ont le droit d'avoir des amoureux.
Ils ont une opinion sur tous les sujets
Et ils se reconnaissent entre eux.

Ils se croient très futés.
Ils sont si snobs et vaniteux
Qu'ils me donnent la nausée.
L'année prochaine… serai-je comme eux?

Melissa Mercedes, 12 ans

Le mémo disciplinaire

L'honnêteté est la meilleure politique.

Benjamin Franklin

Une fois, quand j'étais en sixième année, je reçus un mémo disciplinaire du genre « votre-enfant-s'est-mal-comporté-et-a-été-envoyé-chez-le-directeur » communément appelé « mémo jaune » à mon école. Je l'apportai à la maison, mais comme les mémos disciplinaires me rendaient vraiment mal à l'aise, j'attendais toujours au lendemain matin, à la dernière minute, pour les faire signer par mon père. Ainsi, tout juste avant de sortir de la voiture, je disais: « Oh! j'oubliais. J'ai un petit mémo que tu dois signer pour que je puisse aller en classe. » De cette façon, j'évitais les punitions. Je me trouvais très futé!

Malheureusement, ce matin-là, le courage me manqua, et je descendis de la voiture sans en souffler mot. Mon père sortit également pour me dire quelque chose. Finalement, je contournai la voiture et lui tendis mon mémo. Nous étions au beau milieu de la rue et le moteur de la voiture tournait toujours.

Je pris une attitude du genre « Allez, signe-le qu'on en finisse. » Puis je me mis à plaisanter en racontant des choses comme: En fait, ce n'est pas un *vrai* mémo disciplinaire, c'est un faux. C'est juste un test. Et ça marche. Tu vois, tu vois: tu te fâches. Tu as réussi le test. Tu *étais censé* te fâcher. C'est un test pour les parents. Je dois faire rapport à mon prof, car ils veulent savoir si nous avons des problèmes familiaux ou quelque chose du genre… »

Ma blague ne le fit pas rire. Il signa le mémo, non sans me rappeler toutefois que je devais me compter chanceux de m'en sortir aussi facilement, que je ne perdais rien pour attendre et qu'il s'occuperait de moi dès mon retour à la maison.

Ce fut le jour le plus long de toute ma vie. Les heures s'égrenaient avec une lenteur désespérante. J'imaginais toutes les punitions possibles que papa pourrait me donner, comme me priver de sorties avec mes amis ou, pire encore, m'interdire la télévision pendant un mois. Cela m'aurait sûrement tué, moi qui suis un maniaque du petit écran.

Lorsque mon père vint me chercher en voiture, à la fin de la journée, j'essayai de me comporter comme un ange, espérant qu'il avait oublié le mémo. Rien ne se passa. Nous arrivâmes chez nous et entrâmes dans la maison. Toujours rien. C'est alors qu'il dit: « Bon, va dans ta chambre et attends-moi. » Je songeai: « Oooohhhh! Mamannnnn! »

Je ne fus pas privé de télé pendant un mois, mais je reçus une fessée dont je me souviendrai jusqu'à la fin de mes jours. Le message était compris. J'avais eu ma leçon. N'essaie pas de jouer au plus fin avec tes parents. N'aie pas peur et dis la vérité, cela te *libérera*!

Kenan Thompson

Mon ange gardien

On croit souvent que la vie est là pour rester. On attend parfois que la mort frappe à la porte pour se rendre compte à quel point la vie est un cadeau précieux.

J'avais environ deux ans quand j'ai frôlé la mort. À part ce que ma mère m'a raconté, je ne me souviens d'à peu près rien de cet incident.

C'était une belle journée d'été et tout le monde était dehors pour profiter de la chaleur. Pour se rafraîchir, ma sœur et son amie avaient sauté dans la piscine. Évidemment, à deux ans, je ne savais pas encore nager. Ma mère nous surveillait de très près, comme toujours. À un moment donné, toutefois, elle s'éloigna une minute pour dire un mot à mon père qui s'affairait devant la maison. Elle avait demandé à ma sœur de veiller sur moi, mais celle-ci était trop occupée à rire et à jouer avec sa copine.

Sans que personne ne s'en rende compte, je tombai dans la piscine. Personne n'entendit ma chute dans l'eau, car j'étais si petit; il y eut à peine un plouf.

Ce qui se produisit par la suite tient du miracle. Ma mère raconte qu'elle sentit quelqu'un lui taper sur l'épaule, mais qu'il n'y avait personne derrière elle lorsqu'elle se retourna. C'est à ce moment qu'elle se rendit compte que je n'étais plus dans les parages. Elle courut jusqu'à la piscine et me vit en train de me débattre pour garder la tête hors de l'eau. Elle plongea dans l'eau et me sortit de la piscine. Heureusement, je n'avais rien. Elle me serra dans ses bras en remerciant Dieu de m'avoir sauvé.

Cet incident dura moins d'une minute. Il montre à quel point la vie est précieuse et qu'elle peut se perdre en un clin d'œil.

Personne ne sait comment il se fait que ma mère s'est retournée au bon moment. Encore aujourd'hui, elle croit que c'est mon ange gardien qui lui a donné une tape sur l'épaule.

Travis Ebel, 14 ans

Je le savais depuis longtemps, mais mainte-nant j'en ai fait l'expérience. Dorénavant, je le comprends non seulement avec ma tête, mais avec mes yeux, mon cœur, mes tripes.

Hermann Hesse

Le jour où je découvris
que personne n'est parfait

J'ai déjà eu dans ma classe une fille que je trouvais belle et intelligente. Elle représentait la perfection à mes yeux. Je l'invitai donc à ma fête d'anniversaire et elle accepta mon invitation.

Quelques mois plus tard, alors que son propre anniversaire approchait, je trouvai un joli collier que je comptais lui offrir en cadeau. J'étais très excitée, persuadée qu'elle serait enchantée de mon présent.

Or, quand je lui demandai quel jour elle fêterait son anniversaire, elle me répondit: « Pourquoi tu veux savoir ça? Tu n'es pas invitée. Je ne veux pas d'un épouvantail à lunettes à ma fête! »

Sa réponse m'attrista beaucoup. Je restai là, bouche bée, devant elle. Toutes les filles qui étaient à côté d'elle, cependant, vinrent se ranger près de moi. Ensuite, nous nous éloignâmes, la laissant seule.

Ce jour-là, j'ai compris que même les gens qui semblent parfaits ne le sont pas forcément. En matière de perfection, la façon de traiter les autres importe davantage que l'apparence.

Ellie Logan, 9 ans

Le poisson volant

L'occasion de votre vie, vous l'avez peut-être ici même en ce moment.

Napoleon Hill

Un été, ma famille partit en vacances à Sunriver, dans l'Oregon. Après avoir loué un chalet et un petit bateau à moteur au lac Big Lava, nous étions prêts pour une bonne semaine de vraie pêche. Le premier matin, nous emportâmes quelques victuailles, nos cannes à pêche et l'appareil photo de maman. Ma mère adore prendre en photo celui ou celle qui réussit à capturer un poisson, chose rare dans notre famille de pêcheurs malchanceux. Nous nous rendîmes au lac avec l'espoir d'en attraper « un gros ». Ce que nous ne savions pas encore, c'est *à quel point il serait gros…*

C'était un de ces beaux matins ensoleillés et clairs où le bleu du ciel était parsemé de gros nuages blancs ouatés. Le lac aux eaux turquoise se trouvait au milieu d'un cercle de montagnes, un peu comme une cuillerée de sauce déposée au milieu d'une portion de pommes de terre en purée. D'immenses pins vert foncé peuplaient toute la région, y compris les rives du lac, et embaumaient l'air de leur merveilleux parfum. On pouvait voir leur reflet sur la surface lisse de l'eau.

Une fois sur le lac, nous nous éloignâmes le plus possible des autres bateaux, nous ancrâmes notre embarcation et nous lançâmes à l'eau nos cinq lignes dans des directions différentes. Ensuite, on distribua les sandwichs et tout le monde commença à se détendre.

« Rien de tel qu'une journée paisible sur un lac », affirma papa en savourant son sandwich au beurre d'arachide et à la confiture. « Votre oncle Pat dirait "une famille qui pêche ensemble reste unie". Quelle belle journée ! »

Après un moment, nous dûmes nous rendre à l'évidence : s'il n'y avait pas d'autres bateaux autour de nous, c'est parce que nous étions dans une partie du lac sans poissons.

« Eh ! Comment se fait-il que nous choisissons toujours le côté du lac où ça ne mord pas ? » demanda mon frère Ethan.

« Soyez patients. Vous attraperez bien quelque chose. Vous finissez toujours par attraper quelque chose », dit maman pour nous encourager.

« Quelque chose d'assez gros pour nourrir une famille de cinq, ça serait bien », dit mon frère Colin. « Je pense que je vais relaxer un peu en attendant ces gros poissons qui font la queue pour avoir mon appât… »

Le bourdonnement d'un petit avion au-dessus de nous interrompit mon frère. Maman dut crier pour couvrir le bruit : « Regardez, tout le monde, un hydravion qui va amerrir sur le lac ! »

« Non, il ne va pas amerrir. Le pilote a des problèmes ! » s'écria papa.

Papa avait raison. L'appareil que ma mère avait pris pour un hydravion était en fait un avion qui essayait de faire un atterrissage d'urgence, et c'est ce lac que le pilote avait choisi! En quelques secondes, l'avion s'écrasa sur le ventre comme un gros boulet de canon. *Plouf!!!* D'énormes vagues s'étendirent sur le lac. Le nez de l'appareil pointait vers le bas: l'avion coulait rapidement!

Papa, qui savait depuis le début que le pilote éprouvait des difficultés, essaya sur-le-champ de démarrer le moteur de notre bateau. Notre embarcation fit un brusque mouvement vers l'avant qui secoua tout ce qui se trouvait sur le bateau. Sandwichs et hameçons volèrent dans tous les sens. Nous nous dépêchâmes d'exécuter les ordres de nos parents et notre famille fonça dans l'action. Sur le coup, on aurait dit une comédie dramatique. Mais mes parents réagirent exactement comme il le fallait. Ils gardèrent leur sang-froid. « Restez calmes! Restez assis! Retirez vos lignes de l'eau! Assoyez-vous! Donnez-moi le gilet de sauvetage qui reste! Allez! Dépêchons-nous! C'est une urgence! »

Papa poussa le moteur à plein régime, au maximum de ses 10 chevaux-vapeur. Seulement une centaine de mètres nous séparaient de l'avion, mais le temps pour parcourir cette distance nous parut interminable. Nous apercevions plus nettement le pilote: c'était un homme aux cheveux gris qui portait une chemise à carreaux, un jeans et des bottes de cow-boy. Il avait grimpé sur une des ailes tandis que le nez de l'avion sombrait et que la queue pointait vers le ciel. Une vieille valise brune à la main, l'homme attendait que nous venions à sa rescousse. Debout sur l'aile de son appareil, il semblait aussi calme qu'un homme qui attend l'autobus.

Lorsque nous parvînmes finalement près de l'avion, maman saisit le gilet de sauvetage et le lança à l'homme. Maintenant, l'avion avait coulé. Le pilote s'accrochait à sa valise comme à une bouée. Il semblait avoir de la difficulté à nager et n'arrivait pas à atteindre le gilet de sauvetage qui se trouvait à moins de deux mètres de lui. Après quelques tentatives, maman et papa prirent l'homme par les ganses de son jeans et le hissèrent à bord du bateau. Il était sauvé.

« Oh! mon Dieu… Merci, merci! » Le visage du pilote était figé par la peur. « Merci… Je m'appelle Wave, Wave Young… Ça fait plus de quarante ans que je pilote… », dit-il à bout de souffle, l'air secoué.

« Je m'appelle Mike. Voici ma femme, Trish, et nos enfants, Megan, Ethan et Colin », dit papa, soucieux de mettre le pilote à l'aise.

« Je savais que j'avais des problèmes avec mon moteur et que je perdais de l'altitude, alors j'ai essayé d'amerrir sur le lac. Il y a quelques années, un pilote a atterri parmi ces beaux pins et l'atterrissage a provoqué un gros incendie de forêt. Je ne voulais pas faire la même chose! », dit Wave d'une voix tremblante.

« Eh bien, une chance que vous étiez là. Je ne sais pas ce que j'aurais fait sans vous. J'étais tellement secoué que je n'arrivais pas à nager! Merci de m'avoir sauvé. »

Après avoir confortablement installé le pilote dans le bateau, nous l'emmenâmes sur la rive pour laisser les équipes de secours, déjà arrivées sur les lieux, s'en occuper. Et même si le temps de location de notre bateau n'était pas entièrement écoulé, nous rendîmes l'embarcation. Papa jugeait que nous avions suffisamment pêché pour la journée. Toute la famille fit donc ses adieux au pilote, se fraya un chemin parmi la foule de badauds qui se formait et monta dans la voiture.

« Je suis très fier de vous, les enfants. Vous vous êtes comportés comme des pros », nous dit papa, le visage rayonnant de fierté.

« Qu'est-ce que vous avez appris de tout cela aujourd'hui ? » demanda maman en se tournant vers la banquette arrière.

« Nous n'étions pas encore du côté du lac où ça mordait, mais finalement cette fois, il s'est passé quelque chose », répondit timidement Ethan.

« On a appris qu'il est important de toujours être prêt pour une urgence », ajouta Colin.

« Et on ne sait jamais à quel moment Dieu aura besoin de nous pour aider quelqu'un, dis-je. Nous n'étions pas là pour rien. Nous étions les seuls de ce côté du lac. Le pilote avait tellement peur qu'il était incapable de nager. Si nous étions allés de l'autre côté du lac comme les autres pêcheurs, nous ne serions pas arrivés à temps pour le sauver. »

Ce soir-là, à la télévision, nous vîmes un reportage sur l'écrasement de l'avion de Wave. Chose étonnante, maman avait eu le temps de prendre une photo saisissante de Wave qui attendait debout sur l'aile de son avion, juste avant que nous le sauvions. Maman donna la photo au journal local, qui la mit en première page le lendemain matin.

Nous allons bientôt faire encadrer cette photo qui montre la « plus grosse prise » de notre histoire familiale. Nous l'accrocherons quelque part dans la maison pour garder vivante cette journée mémorable. Sur la photo, on ne voit pas un gros poisson, mais plutôt le pilote que nous avons repêché ce jour-là. C'est sûrement le plus gros poisson volant qu'on ait jamais vu!

Megan Niedermeyer, 12 ans
En collaboration avec Killeen Anderson

Ce que j'ai appris
jusqu'à maintenant

Lorsque tu te sens confus, assieds-toi et réfléchis.
Ignore les gens qui te rabaissent.
N'abandonne jamais, jamais, jamais.

Andrea Gwyn, 12 ans

S'il n'y a rien dans le réfrigérateur, ne mange pas
la nourriture du chien.
Ne triche jamais, car ça n'en vaut pas la peine.

Samantha Jean Fritz, 9 ans

Si ta mère ou ton père claque la porte en rentrant du
travail, fais-toi petit.
Si tu te fiches de tes résultats scolaires et que tu ne
fais plus d'efforts à l'école, ton vocabulaire se
résumera bientôt à ces mots: « Une portion de
frites avec ça? »

Michelle Nicole Rodgers, 10 ans

Ne demande jamais à ton père de t'aider à faire un
problème de maths. C'est un cours de trois heures
qu'il te servira.
Si tu as un problème ou un secret, confie-le à ta
mère.

Katie Adnoff, 13 ans

N'embête pas ta mère si elle attend un bébé.

Elvis Hernandez, 12 ans

Quand ta mère est furieuse, cache les choses que tu ne veux pas voir disparaître.

Katie Fata, 10 ans

Si quelqu'un meurt, pense au positif et non au négatif. Le négatif empirera les choses.
Ne juge pas les gens par leur apparence. La personne la plus laide du monde peut être très gentille.

Ashlee Gray, 9 ans

Assure-toi qu'il y a du papier hygiénique *avant* de t'asseoir.
Quand tu déménages, ne donne pas une mauvaise impression à tes nouveaux voisins.
Ris des blagues de tes parents.

Natalie Citro, 12 ans

Quand mes parents parlent ensemble, je ne dois pas les interrompre, mais attendre plus tard. À moins qu'il y ait du sang ou une autre urgence du genre.

Alle Vitrano, 8 ans

Quand tu dois faire un résumé de lecture devant la classe, lis le livre avant!
Ne laisse jamais ta petite sœur seule avec tes affaires.

Amanda Smith, 12 ans

Chose promise, chose due.

Demande la permission avant de prendre quelque chose qui ne t'appartient pas.

Si tu fais pleurer quelqu'un, demande-lui pardon.

On n'est jamais trop grand pour demander de l'aide.

La gentillesse peut te mener loin.

Les gens méchants envers toi ne sont pas tes amis.

Ne roule pas à vélo sur la glace.

Ne dis jamais à d'autres amis ce qu'un ami t'a dit.

Ne dis jamais, jamais « je te déteste ».

Attends ton tour.

N'utilise pas le frein avant de ta bicyclette en premier.

Si tu ralentis et prends ton temps, ton travail sera meilleur.

N'essaie pas d'en montrer à ton professeur.

Tu arriveras aussi vite que les autres si tu ne pousses ni ne bouscules, et personne ne sera fâché contre toi.

Porte des chaussures confortables lors des sorties éducatives.

Ne cours jamais avec une chaussure délacée.

La classe de 4ᵉ de Mme Pat Wheeler

Les gens n'aiment pas que tu n'écrives pas correctement leur nom.

Benjamin Mitchell, 10 ans

Ne dors jamais avec une gomme à mâcher dans la bouche.

Ashley Parole, 12 ans

Quand tu portes deux hauts, celui du dessous s'enlève toujours quand tu essaies d'enlever seulement celui du dessus.

Ben Hall, 10 ans

Tu as une seule vie. Alors prends-en bien soin.
Quand tes amis se comportent comme des idiots, tu n'as pas besoin de faire pareil.

Maria McLane, 9 ans

Si ta mère suit un régime, ne mange pas de chocolat devant elle.

Corey Schiller, 12 ans

Ne tousse pas et n'éternue pas dans la figure des gens, surtout si tu ne les connais pas.

Karen Perdue, 12 ans

La souffrance n'est jamais agréable.
Les filles sont plus importantes que tu ne le crois.

Philip Maupin, 13 ans

N'importune pas un jeune qui est plus grand que toi.

David Neira, 12 ans

La vie est comme un livre dont tu écris la fin; tu peux vivre toutes les aventures que tu veux.

Erika Towles, 12 ans

Tu n'as pas besoin de gagner une course pour être content de toi-même; tu dois seulement la terminer. N'abandonne jamais.

Becky Rymer, 12 ans

Ne va pas dans la cour de quelqu'un que tu ne connais pas, surtout s'il y a un écriteau qui dit « Attention au chien ».

Nedim Pajevic, 13 ans

Quand mon enseignante se fâche, c'est *pour de vrai*.
Plus tu es drôle, meilleure est la vie.

Lauren Aitch, 10 ans

Les attitudes sont contagieuses.
Ne te moque pas de quelqu'un qui fait son possible.

Mikie Montmorency, 12 ans

Déménager est la chose la plus dure que j'ai faite de ma vie.
Je n'ai pas le droit de cacher mes fèves de lima dans le verre de lait de ma sœur.

Evan de Armond, 12 ans

Ne dis pas à ton professeur que ton chien a mangé ton devoir, surtout si tu n'as pas de chien.

Raelyn Ritchie, 12 ans

Postface

Nous espérons que ces histoires t'ont inspiré, qu'elles t'ont apporté espoir, joie et courage, et qu'elles continueront à vivre à travers toi. Car maintenant, c'est à toi de les raconter. Nous souhaitons que ces histoires ne cessent de te toucher et de t'ouvrir de nouvelles portes.

Lire des histoires :
un acte de cocréation

Une histoire est un instrument magique et mystérieux. Transmise non pas avec des images, mais avec des mots, une histoire écrite permet à ceux et celles qui la lisent ou qui l'écoutent d'entrer dans une collaboration créative avec son auteur et de devenir ainsi le cocréateur de cette histoire.

Il peut alors vivre pleinement et à sa façon le rythme de l'histoire, les leçons qu'elle contient et la signification qu'elle renferme.

James Elwood Conner

À propos des auteurs

Jack Canfield

Jack Canfield est un auteur à succès et un des plus grands spécialistes américains du développement du potentiel humain. Conférencier dynamique et coloré, il est également un formateur très en demande.

Jack a passé son enfance à Martins Ferry, en Ohio, et à Wheeling, en Virginie occidentale. De son propre aveu, Jack raconte qu'il était un adolescent timide et peu sûr de ses moyens. Grâce à son acharnement, il a pu exceller aussi bien dans les sports qu'à l'école.

Une fois son diplôme universitaire en poche, Jack a enseigné à Chicago et dans l'Iowa. Par la suite, il a travaillé avec des enseignants afin que ceux-ci puissent aider des jeunes à croire en eux-mêmes et à se lancer à la poursuite de leurs rêves. Auteur et narrateur de plusieurs audiocassettes et vidéocassettes, dont *Self-Esteem and Peak Performance*, *How to Build High Self-Esteem* et le programme *GOALS,* Jack participe régulièrement à des émissions de radio et de télévision. Il a aussi publié quatorze livres, tous des best-sellers dans leurs catégories respectives.

Jack donne annuellement une centaine de conférences. Sa liste de clients comprend des écoles, des conseils scolaires, des associations qui œuvrent dans le domaine de l'éducation et des corporations comme *AT&T, Campbell Soup, Clairol, Domino's Pizza, GE, Re/Max, Sunkist, Supercuts* et *Virgin Record*.

Tous les ans, Jack organise un programme de formation de sept jours destiné aux gens qui travaillent dans le domaine de l'estime de soi et de la performance. Ce programme attire des éducateurs, des conseillers, des formateurs auprès des groupes de soutien aux parents, des formateurs en entreprise, des conférenciers professionnels, des ministres du culte.

Mark Victor Hansen

Mark Victor Hansen est né à Waukegan, en Illinois. Fils de Una et Paul Hansen, immigrants originaires du Danemark, il a commencé à travailler dès l'âge de neuf ans comme camelot. À 16 ans, il était devenu superviseur adjoint pour ce journal.

Mark étudiait à l'école secondaire lorsqu'il regarda la première apparition des Beatles à la télévision. Il appela son meilleur ami, Gary Youngberg, et lui annonça : « Formons un groupe rock ! » En moins de deux semaines, ils fondèrent un groupe de cinq membres appelé The Messengers. Grâce à ce groupe, Mark put amasser suffisamment d'argent pour payer lui-même ses études.

Mark est ensuite devenu conférencier professionnel. Au cours des 24 dernières années, il a livré plus de 4 000 conférences devant plus de deux millions de personnes. Ses conférences portent sur l'excellence et les stratégies dans le domaine de la vente et sur le développement personnel.

Mark consacre encore sa vie à sa mission : apporter des changements profonds et positifs dans la vie des gens. Tout au long de sa carrière, il a su inciter des centaines de milliers de gens à se bâtir un avenir meilleur et à donner un sens à leur vie.

Auteur prolifique, Mark a écrit de nombreux livres, dont *Future Diary*, *How to Achieve Total Prosperity* et *The Miracle of Tithing*. Il est coauteur de la série *Bouillon de poulet pour l'âme*, de *Osez gagner* et *Le facteur Aladin* (en collaboration avec Jack Canfield), et de *Devenir maître motivateur* (avec Joe Batten).

En plus d'écrire et de donner des conférences, Mark a réalisé une collection complète d'audiocassettes et de vidéocassettes sur le développement personnel qui ont permis à une foule de gens de découvrir et d'utiliser toutes leurs ressources dans leur vie personnelle et professionnelle. On a notamment pu le voir sur les réseaux ABC, NBC, CBS, CNN, PBS et HBO.

Mark vit à Costa Mesa, en Californie, avec sa femme, Patty, ses filles, Elizabeth et Melanie, et sa ménagerie d'animaux.

Patty Hansen

Patty Hansen a signé plusieurs histoires publiées dans la série *Bouillon de poulet pour l'âme*. Elle est coauteure et rédactrice en chef du *Condensé de Bouillon de poulet pour l'âme* et coauteure (avec Mark Victor Hansen et Barbara Nichols) de *Out of the Blue: Delight Comes into Our Lives*.

Pour Patty, il était essentiel que ce *Bouillon de poulet pour l'âme de l'enfant* reflète les préoccupations des enfants d'aujourd'hui. Non seulement cet ouvrage se devait de plaire aux enfants de 9 à 13 ans, mais il devait également pouvoir leur servir de guide dans la vie de tous les jours.

Native de la Californie, Patty a grandi à Pleasant Hill, là où sa mère, Shirley, vit toujours. Quant à sa sœur, Jackie, elle vit en Oregon.

Avant d'amorcer sa carrière d'auteure, Patty a travaillé pendant 13 ans comme agente de bord chez United Airlines. Au cours de cette période, son travail lui a valu deux distinctions pour bravoure. Elle a reçu la première pour avoir préparé avec succès 44 passagers à un atterrissage d'urgence, et la seconde pour avoir éteint un incendie au cours d'un vol au-dessus de l'océan Pacifique, incident qui aurait pu mettre en danger des centaines de vies.

Après avoir « accroché ses ailes », Patty a épousé Mark Victor Hansen et est devenue responsable en chef des finances et médiatrice pour M.V.H. and Associates, Inc., à Newport Beach, en Californie. Tout au long de ses dix-huit années de mariage, elle est restée l'associée de son mari.

En 1998, l'organisme *Mom's House, Inc.*, qui offre gratuitement de l'assistance aux enfants de jeunes mères, lui a décerné le titre de mère célèbre de l'année.

Patty vit avec Mark et leurs deux filles, Elizabeth, 13 ans, et Melanie, 10 ans. Avec l'aide de leur gouvernante, Eva, ils partagent leur vie avec un lapin, un canard, deux chevaux, trois chiens, quatre chats, quatre oiseaux, cinq poissons et vingt et un poulets.

Irene Dunlap

C'est en découvrant son amour pour la poésie, une passion qu'elle croit avoir hérité de sa grand-mère paternelle, qu'Irene Dunlap a commencé sa carrière d'écrivain à l'école primaire. Elle a d'abord exprimé son amour des mots par des nouvelles et des paroles de chansons, puis à travers des concours oratoires et, plus tard, comme choriste.

Pendant ses années d'études universitaires, Irene a fait le tour du monde à bord d'un navire-école en compagnie de 500 autres étudiants. Détentrice d'un baccalauréat en communications, elle est devenue directrice des communications au Irvine Meadows Amphitheatre, à Irvine, en Californie. Elle a ensuite cofondé une agence de publicité et de relations publiques spécialisée dans le domaine des loisirs et des soins de santé.

Tout en travaillant sur ce livre, Irene n'a cessé de vaquer à ses nombreuses occupations : accompagner ses enfants à leurs activités sportives et parascolaires, présider le conseil d'école du Kaiser Elementary School, mener une brillante carrière de chanteuse de jazz et participer activement à la chorale de son église.

Irene vit à Newport Beach, en Californie, avec son mari, Kent, sa fille, Marleigh, son fils, Weston, et leur chienne, Gracie. Sa mère, Angela, qui n'a cessé de prodiguer soutien et affection à sa fille, vit dans la ville voisine d'Irvine. Les sœurs d'Irène, Kathi, Pattie et Pam, qui sont également ses meilleures amies, vivent en Californie avec leur famille.

Pendant ses loisirs, Irene aime chanter, faire de l'équitation et de la peinture, jardiner et cuisiner. Si vous vous demandez où elle trouve le temps de tout faire, elle vous suggère de consulter ce passage de la Bible pour trouver la réponse : Éphésiens 3, 20.

Autorisations

Nous aimerions remercier tous les éditeurs ainsi que les personnes qui nous ont donné l'autorisation de reproduire leurs textes. (Remarque: Les histoires qui sont de source anonyme, qui appartiennent au domaine public ou qui ont été écrites par Jack Canfield, Mark Victor Hansen, Patty Hansen ou Irene Dunlap ne figurent pas dans cette liste.)

Kelly, l'ange volant. Reproduit avec l'autorisation de Louise R. Hamm. © 1998 Louise R. Hamm.

Le pylône. Reproduit avec l'autorisation de Robert J. Fern. © 1998 Robert J. Fern.

Le camion de pompier. Reproduit avec l'autorisation de Lori Moore. © 1998 Lori Moore.

Oncle Charlie. Reproduit avec l'autorisation de Patty Hathaway-Breed. © 1998 Patty Hathaway-Breed.

Les jeux de l'amour. Reproduit avec l'autorisation de Lou Kassem. © 1998 Lou Kassem.

« Et mon baiser, alors? » Avec l'autorisation de Ann Landers et Creators Syndicate. Reproduit avec l'autorisation de M.A. Urquhart. © 1998 M.A. Urquhart.

La visite. Reproduit avec l'autorisation de Debbie Herman. © 1998 Debbie Herman.

Joyeux Noël, mon ami. Reproduit avec l'autorisation de Christa Holder Ocker. © 1998 Christa Holder Ocker.

Un extraterrestre sur Internet. Reproduit avec l'autorisation de Joanne Peterson. © 1998 Joanne Peterson.

Edna Mae et les préjugés. Reproduit avec l'autorisation de Sandra Warren. © 1998 Sandra Warren.

Voir avec le cœur. Reproduit avec l'autorisation de Marie P. McDougal. © 1998 Marie P. McDougal.

Le vase favori. Reproduit avec l'autorisation de Belladonna Richuitti et Alicia Cunningham. © 1998 Belladonna Richuitti.

BOUILLON DE POULET POUR L'ÂME

1er bol *(aussi en format de poche)*
2e bol
3e bol
4e bol
5e bol
Ados *(aussi en format de poche)*
Ados II *(aussi en format de poche)*
Ados dans les moments difficiles
Ados — Journal
Aînés
Amateurs de sport
Amérique
Ami des bêtes *(aussi en format de poche)*
Canadienne
Célibataires *(aussi en format de poche)*
Chrétiens
Concentré *(format de poche seulement)*
Couple *(aussi en format de poche)*
Cuisine (livre de)
Enfant *(aussi en format de poche)*
Femme
Femme II *(aussi en format de poche)*
Future Maman
Golfeur
Golfeur, la 2e ronde
Grands-parents *(aussi en format de poche)*
Infirmières
Mère *(aussi en format de poche)*
Mère II *(aussi en format de poche)*
Mères et filles
Noël
Père *(aussi en format de poche)*
Préados *(aussi en format de poche)*
Professeurs *(aussi en format de poche)*
Romantique
Survivant
Tasse *(format de poche seulement)*
Travail

PARTICIPEZ AU PROJET

Vous avez une histoire inspirante,
d'espoir ou de courage, à nous raconter?
Faites-nous-la parvenir.

POUR INFORMATION
www.bouillondepoulet.com

OU

Bouillon de poulet pour l'âme des Québécois
a/s *Je désire soumettre une histoire*
271, Maurice St-Louis,
Gatineau, QC J9J 3V9

Marquis imprimeur inc.

Québec, Canada
2008